Kriminalprotokolle und Strafregister gehören zu den reichhaltigsten Quellen, die den Historikern der Vormoderne zur Verfügung stehen. Sie geben Aufschluß über obrigkeitliche Disziplinierungs- und Kriminalisierungsstrategien, lassen aber die Angeklagten, Verurteilten und Bestraften nicht nur als Opfer und Beherrschte, sondern auch als selbstbewußte Akteure und Konfliktparteien erscheinen. Sie erzählen von alltäglichen menschlichen Verhaltensweisen und liefern ebenso Informationen über das Gefühlsleben von Einzelmenschen wie über kollektive Ängste und Mentalitäten. Insofern erlauben sie immer wieder überraschende Ausblicke in die Welt außerhalb der Gerichtssäle und Gefängniszellen.
Die Historische Kriminalitätsforschung hat gerade erst begonnen, sich als neue Disziplin in der deutschen Geschichtswissenschaft zu etablieren, ganz im Gegensatz zur Situation in den europäischen Nachbarländern oder in den Vereinigten Staaten. Historikerinnen und Historiker interessieren sich dort schon seit längerem für die sich wandelnden Formen des Verbrechens und Strafens, dabei immer bemüht, diese im Kontext der allgemeinen historischen Entwicklung zu interpretieren. Die Historische Kriminalitätsforschung ist insofern stärker den Methoden und Theorien der jüngeren Sozialgeschichtsforschung als denen der klassischen Strafrechtsgeschichte verpflichtet.
Der vorliegende Band bietet einen Querschnitt durch die Themen, Methoden und Fragestellungen der aktuellen kriminalgeschichtlichen Forschung.

Die Angaben über die Herausgeber finden sich am Ende des Bandes.

Mit den Waffen der Justiz

Zur Kriminalitätsgeschichte des Spätmittelalters und der Frühen Neuzeit

Mit Beiträgen von

Andreas Blauert, Martin Dinges, Karen Lambrecht, Lyndal Roper, Walter Rummel, Peter Schuster, Gerd Schwerhoff und Otto Ulbricht

Herausgegeben von

Andreas Blauert und Gerd Schwerhoff

Fischer Taschenbuch Verlag

Lektorat: Walter H. Pehle

Originalausgabe
Veröffentlicht im Fischer Taschenbuch Verlag GmbH,
Frankfurt am Main, Dezember 1993

Umschlaggestaltung: Buchholz / Hinsch / Hensinger
Gesamtherstellung: Clausen & Bosse, Leck
Printed in Germany
ISBN 3-596-11571-X

Gedruckt auf chlor- und säurefreiem Papier

Inhalt

Anhang

Vorbemerkung

Ein großer Teil der Meldungen und Berichte, auf die wir bei unserer heutigen Zeitungslektüre stoßen, beschäftigen sich mit Kriminalität und Strafjustiz. Auch wenn das Interesse für Polizeiprotokolle, Kriminalstatistiken und das Geschehen in den Gerichtssälen vielfach voyeuristischen Bedürfnissen entspringt, erschöpft es sich nicht darin. Nicht ohne Grund gehen wir davon aus, daß Ausprägung und Häufigkeit von Normabweichungen mehr darstellen als zufällige Unregelmäßigkeiten im gesellschaftlichen Gefüge. Kriminalität wird allgemein als ein wichtiger Indikator für die soziale Wirklichkeit und für das Bewußtsein der gesellschaftlichen Akteure betrachtet.

Was in diesem Sinne für die Gegenwart gilt, trifft auch für die Vergangenheit zu. Jedoch haben die Historiker, zumal diejenigen in Deutschland, die Kriminalität erst allmählich als historischen Forschungsgegenstand entdeckt. Die Rechtsgeschichte kann zwar auf eine lange und ehrwürdige Tradition zurückblicken, aber sie beschäftigte sich in erster Linie mit den gesetzlichen Normen und ihrem Wandel. Die soziale Wirklichkeit blieb weitgehend ausgeblendet; man gab sich der irrigen Annahme hin, mit den Normen auch einen großen Teil dieser Wirklichkeit in den Blick bekommen zu können. Ansätze zu einer historischen Kriminologie kamen kaum über die Betrachtung von sensationellen Einzelfällen wie dem des Räuberhauptmannes Schinderhannes hinaus, Einzelfälle, die ebenso spannend wie gleichermaßen abnorm und untypisch erschienen.

Vor allem den Impulsen der internationalen Forschung ist es zu verdanken, daß die Situation inzwischen grundlegend verändert ist und sich in Deutschland eine historische Kriminalitätsforschung herausgebildet hat, die in engem Kontakt zu ausländischen Historikern steht. Es wurde mit der Auswertung der zahlreichen und reichhaltigen Quellen begonnen. Achtbücher und Urfehderegister, Bußlisten und Rechnungsbücher, Anklageschriften, Verhörprotokolle und Strafregister können über das tatsächlich sanktionierte abweichende Verhalten Auskunft geben. Delikte wurden ausgezählt und in ein quantitatives Verhältnis zueinander gesetzt. Die Erstellung von Sozialprofilen der Täter und manchmal auch der Opfer ließ den sozialen Kontext verschiedener Verhaltensmuster deutlich hervortreten. Schließlich konnte man auch über die tatsächlich angewandten rechtlichen Sanktionen ein klareres Bild gewinnen.

Schnell wurde deutlich, daß die gesetzlich geforderten Strafen nur in der Minderzahl der Fälle wirklich verhängt wurden, daß die Strafpraxis von den Normen oft systematisch abwich. Gleichzeitig wurde aber erkennbar, daß schriftlich fixierte Statuten und Gesetze nur eine Ebene von Normen darstellten, denen die Gesellschaft ein System informeller Regeln zur Seite stellte, die sich nur zum Teil mit den ersteren deckten. Überhaupt trat neben der rechtlichen Sanktionierung die soziale Kontrolle der verschiedenen gesellschaftlichen Instanzen, von Familie, Nachbarn und Gemeinde, deutlich hervor.

Nach alldem hat sich unser Bild von der Kriminalität verändert: Im Mittelpunkt des Interesses steht nicht mehr ein individueller Verstoß gegen rechtlich fixierte Normen, dem systematisch die festgelegte Strafe folgt. Vielmehr wird im Spiegel unserer Quellen ein flexibles und historisch variables Zusammenspiel rechtlicher und sozialer Kontrollen sichtbar, im Zuge dessen bestimmte Verhaltensweisen als abweichend definiert und zum Teil auch sanktioniert werden. Manchmal sind die Selektionsmechanismen, die bestimmte, normativ mit Strafe belegte Handlungen aussortieren, interessanter als diejenigen Fälle, die nachher übrigbleiben.

Natürlich werden die ›Waffen der Justiz‹ durch diese Beobachtungen nicht entwertet, sie werden lediglich in ihren gesellschaftlichen Kontext eingebunden und von modernen anachronistischen Vorstellungen befreit. In Frage gestellt werden aber auch allzu simple Vorstellungen von der Klassengebundenheit der Justiz. Natürlich waren die Chancen der Reichen und Mächtigen, daß ihr Verhalten nicht als abweichend definiert und sanktioniert wurde, besser als die der Randgruppen und Vaganten. Und natürlich blieb die Justiz auch und vor allem eine Waffe in der Hand der Obrigkeit, um bestimmte Verhaltensstandards durchzusetzen. Einige Beiträge in diesem Band bieten Beispiele dafür, wie die Justiz zur Disziplinierung, zur Sittenzucht, zur Ausgrenzung oder zur

Stigmatisierung von unerwünschtem Verhalten oder unliebsamen Personen / Gruppen verwandt wurde.
Aber das ist doch nur die halbe Wahrheit: Die Waffen der Justiz wurden nicht nur von der Obrigkeit gegen ihre Untertanen benutzt, nicht nur von der Elite gegen das »Volk«, nicht nur von den Reichen gegen die Armen. Einer Disziplinierung von oben stand oft eine Instrumentalisierung von unten gegenüber. Die Konflikte, die mit diesen Waffen ausgefochten wurden, sind vielschichtig und lassen sich nicht auf einen simplen Nenner bringen.

Eine Geschichte der Kriminalität steht oft im Verdacht, die Domäne von besessenen Quantifizierern und Fliegenbeinzählern zu sein; etliche methodisch fragwürdige Untersuchungen haben diesem Vorurteil Nahrung gegeben. Dabei werden wenige Forscher bestreiten wollen, daß es sinnvoll und notwendig ist, die quantitative Bedeutung bestimmter Delikte oder Sanktionsformen zu bestimmen, um Aussagen über ihre Relevanz zu machen. In den Aufsätzen dieses Bandes spielt Quantifizierung jedoch eine nachgeordnete Rolle.
Es ist auffällig, daß gerade die subjektive Seite menschlicher Existenz darin einen zentralen Platz einnimmt, einerlei ob es dabei um kollektive Mentalitäten oder um individuelle Gefühle geht: Thematisiert werden z. B. die Psyche einer angeblichen Hexe, die Einstellungen von Müttern, die ihre Kinder getötet haben, die gemeinschaftlichen Ängste vor angeblich pestbringenden Totengräbern und die Phantasien von streitenden Parisern. Gerade durch ihre Detailfülle bieten die Kriminalquellen Informationen über die Subjektivität vergangener menschlicher Existenz, die man in vielen anderen Quellengattungen vergeblich sucht.
Gleiches gilt für den Aspekt des Geschlechts. Neben allen übrigen Differenzierungen nach Sozialstatus, Beruf, Herkunft oder Alter ist die Frage nach dem Geschlecht der Beteiligten von zentraler Bedeutung. Viele, wenn nicht sogar die meisten kriminalisierten Handlungen und Verhaltensweisen sind keineswegs geschlechtsneutral, sondern lassen sich als geschlechtsspezifisch verstehen, ob es sich dabei um männliche Gewaltrituale handelt oder um den vornehmlich gegen Frauen gerichteten Vorwurf der Hexerei. Im Spiegel der Kriminalquellen lassen sich die Beziehungen zwischen den Geschlechtern beobachten, aber auch Interaktionen in geschlechtshomogenen Gruppen und Zirkeln werden

gelegentlich sichtbar. Demzufolge erscheint die historische Kriminalitätsforschung eng mit der prosperierenden Frauen- und Geschlechtergeschichte verknüpft.

Im vorliegenden Band fehlt einiges, was so mancher Leser in einem Buch zur Kriminalitätsgeschichte vermuten würde, etwa eine Studie über das klassische Thema der Räuber und Wegelagerer. Andere Themen, etwa die Ghettoisierung und Stigmatisierung von ledigen Frauen im 15. Jahrhundert oder die Klagen vor der Pariser Polizei im 18. Jahrhundert gehören nicht unbedingt zum klassischen Kanon der Kriminalität. Zweifel kommen auf, ob der – entsprechend dem internationalen Sprachgebrauch gebildete – Terminus ›Kriminalitätsgeschichte‹ den Gegenstandsbereich treffend umschreibt. Definiert man Kriminalität als »die Summe aller strafrechtlich mißbilligten Handlungen«, dann vertiefen sich diese Zweifel. Historisch sind – gerade für den hier betrachteten Zeitraum – die Umrisse und die Ränder des ›Strafrechts‹ oft nur schwer auszumachen. Zudem wird die legalistisch-positivistische Definition dem angesprochenen gesellschaftlichen Zuschreibungs- und Selektionsprozeß nicht gerecht. Es fehlt deshalb nicht an Versuchen, durch andere Begriffswahl das Problem zu entschärfen. Dem wertneutraleren Terminus ›Delinquenz‹ fehlt der Beigeschmack von automatischem gesellschaftlichem Ausschluß als Folge eines sanktionierten Normverstoßes, der gemeinhin mit der ›Kriminalisierung‹ verbunden ist. Noch universaleren Geltungsanspruch besitzt der aus dem soziologischen Sprachgebrauch entlehnte Begriff ›Devianz‹. Ihm fehlt die Anbindung an die Rechtssphäre, und er trägt damit der Tatsache Rechnung, daß die Definition dessen, was als ›abweichend‹ definiert wird, eben nur zu einem Teil der Justiz obliegt.
Gleichwohl: Die Quellen, aus denen wir unser Wissen schöpfen, sind das Ergebnis einer (straf-)rechtlichen Sanktionierung von Handlungen, die von der Justiz potentiell als strafwürdig befunden wurden, oder die von Konfliktgegnern vor die Schranken der Gerichte gebracht wurden. Mit welchem Begriff man sie auch immer belegen mag, immer muß beachtet werden, daß es sich dabei nur um eine Auswahl des gesellschaftlich und auch rechtlich überhaupt geahndeten Verhaltens handelt: Nur ein Teil der möglichen ›kriminellen‹ oder ›devianten‹ Handlungen wurde entdeckt, nur ein Teil der entdeckten juristisch überhaupt bearbeitet oder gar sanktioniert, nur ein Teil der sanktionierten

wurde aufgeschrieben, und nur ein Teil der Überlieferung blieb erhalten.
Wenn die Historiker so durch das Schlüsselloch der Kriminal- und Justizquellen in die Räume der Vergangenheit schauen, müssen sie sich fortwährend darüber Rechenschaft ablegen, welchen Ausschnitt des Raumes sie erblicken, und was ihren Blicken aus welchen Gründen systematisch entzogen ist. Gleichzeitig werden sie bestrebt sein, aufgrund des Blickes durch das Schlüsselloch eines Raumes Aussagen über das gesamte mentale und soziale Verhaltensgebäude zu machen. Letztlich dient die Beschäftigung mit Kriminalität nicht dem voyeuristischen Interesse am Abnormen und Exotischen, sie soll vielmehr dazu beitragen, die – immer konfliktbehaftete – ›Normalität‹ vergangener Wirklichkeiten besser verstehen zu lernen. Dieses Spannungsverhältnis zwischen der Relativierung dessen, was in den Quellen zu lesen ist, und der quellengestützten Spekulation darüber, was mit einiger Plausibilität jenseits des Abgebildeten zu vermuten ist, machen Schwierigkeit und Reiz der Kriminalitätsgeschichte zugleich aus.

Der Band wird eröffnet mit einem Beitrag von Peter Schuster über ›weibliche Sexualität und gesellschaftliche Kontrolle an der Wende vom Mittelalter zur Neuzeit‹. Seinen Ausgangspunkt bilden Zwangseinweisungen von Frauen in das in städtischer Regie betriebene Bordell, ins sogenannte Frauenhaus, durch den Regensburger Magistrat zu Beginn des 15. Jahrhunderts. Was sich zunächst als Versuch deuten läßt, das Monopol des kommunalen Bordells gegenüber privat arbeitender Konkurrenz zu behaupten, hat nach Schusters Deutung sehr viel weitergehende Implikationen. Der Fall stellt ein Indiz dar für die Stigmatisierung und Entrechtung einer ganzen Lebensform, nämlich die der ledigen und alleinstehenden Frauen. Alle Frauen, die nicht in das männliche Klischee der Jungfrau oder Ehefrau paßten, mußten damit rechnen, als ›Huren‹ klassifiziert zu werden und damit kaum mehr vor männlichen sexuellen Übergriffen geschützt zu sein. Mit der Reformation wurden zwar die Frauenhäuser allenthalben geschlossen, entfielen fortan also als Erziehungsinstrument für ledige und nonkonforme Frauen, doch indem die ›Hurerei‹, verstanden als jegliche Form außerehelicher Sexualität, endgültig kriminalisiert wurde, verschärfte sich der Disziplinierungsdruck noch weiter.
Kein anderes Kriminaldelikt der frühen Neuzeit ist in den letzten Jah-

ren so gut untersucht worden wie die Hexerei und ihre Verfolgung. Der Analyseansatz jedoch, den Lyndal Roper in ihrem Beitrag ›Ödipus und der Teufel‹ entwickelt, ist ebenso neu wie ungewöhnlich. Sie unterzieht die Geständnisse der Augsburgerin Regina Bartholome aus dem Jahr 1670 einer präzisen psychoanalytischen Deutung, ohne den spezifischen historischen Kontext zu verkennen. Reginas Erzählungen über ihr Zusammenleben mit dem Teufel erscheinen als Spiegelbild der ödipalen Konflikte ihres realen Lebens; vor diesem Hintergrund werden ihre zum größeren Teil freiwilligen Geständnisse besser verständlich, ein Phänomen, das die Forschung bisher weitgehend ignoriert hat. Aber auch die Rolle der Inquisitoren, der Herren des Rates, wird näher beleuchtet. Für sie stellte der Teufel die Wurzel von Reginas kriminellem Verhalten dar. Der Sieg über ihn verkörperte zugleich eine Bestätigung der eigenen, christlich legitimierten, patriarchalen Autorität. Die Reihe von Verhören und Geständnissen von Regina erscheint so als Produktionsprozeß der Hexereiphantasie, an dem die Gefangene und ihre Befrager als – allerdings höchst ungleiche – ›Partner‹ partizipierten und aus dem beide Seiten ihren – allerdings höchst fragwürdigen – Gewinn zogen.

Mit dem zweiten ›klassischen‹ Verbrechen, bei dem vorwiegend Frauen als Täterinnen vor den Schranken der Justiz standen, beschäftigt sich der Beitrag von Otto Ulbricht. Auch hier geht es vor allem um die subjektiven Realitäten dieser ›Kindsmörderinnen vor Gericht‹. In einer idealtypischen Schilderung des Verfahrens von der Voruntersuchung bis hin zur abschließenden Tortur werden die Möglichkeiten und Grenzen der angeklagten Frauen deutlich, sich erfolgreich zu verteidigen und etwa die Richter davon zu überzeugen, daß eine Tot- oder Frühgeburt vorlag. Die Argumente und Strategien der Frauen erlauben aber auch Einblicke in die Lebenswelt der Beteiligten, die weit über das unmittelbare Prozeßgeschehen hinausreichen. So erhalten wir Auskünfte über die voreheliche Sexualmoral, über die dörflichen Konventionen, die bei einer Niederkunft eingehalten werden mußten oder über die weiblichen Wahrnehmungen von Schwangerschaft, Geburt und Kindstod, die mit den Normen der Obrigkeit nicht übereinstimmen mußten. Auch die Möglichkeiten des Gerichts, die Strategien der Angeklagten auf ihren Wahrheitsgehalt hin zu überprüfen, werden untersucht.

Mit der Gewalt und dem Diebstahl stehen zwei Delikte im Mittelpunkt des Beitrages von Walter Rummel über die ›Verletzung von Körper, Ehre und Eigentum‹, die in den Kriminalstatistiken der Zeit einen zentralen Platz einnehmen. Der dörfliche Umgang mit beiden Phänomenen war jedoch im 17. Jahrhundert höchst unterschiedlich. Körperliche Gewalt darf nicht lediglich als blinde Affektentladung verstanden werden, sondern sie diente zur Verteidigung des materiellen Eigentums wie des sozialen Kapitals der Ehre. Die gerichtsnotorisch gewordenen Fälle von Gewalt offenbaren ein hohes Maß an sozialer Akzeptanz gegenüber dieser Form der Interessenverteidigung und des Konfliktaustrages. Selbst ein heimtückisch ausgeführter Mord konnte mit einem gewissen Verständnis der unmittelbaren Umwelt und sogar der lokalen Amtleute rechnen; erst die entfernten Regierungsräte bestanden auf korrekter Anwendung der harten Strafnorm. Ganz anders bei bestimmten Eigentumsdelikten: Einen als notorischen Dieb berüchtigten Mann versuchte die Dorfgemeinschaft mit allen Mitteln der Justiz auszuschalten. Er wurde als eine Bedrohung für den gesamten materiellen Bestand der Gemeinschaft gesehen und rigoros ausgegrenzt, wobei die Justiz trotz mehrfacher harter Bestrafung hinter den Strafwünschen der Dorfbewohner zurückblieb.

Standen in den bisher genannten Beiträgen einzelne Delikte und Verhaltensbereiche im Mittelpunkt, so wendet sich Andreas Blauert in seinem Beitrag über ›Kriminaljustiz und Sittenreform im Hochstift Speyer im 16. und 17. Jahrhundert‹ dem Zusammenhang von gesellschaftlichen Krisenerfahrungen und Kriminalität zu. Nicht nur die Hexenverfolgungen, sondern auch die allgemeine Entwicklung der Delinquenz in Speyer, die Ende der 1620er Jahre einen quantitativen Höhepunkt erreichte, wird vor dem Hintergrund von Krisenfaktoren wie Teuerung, Krieg, Hunger und Seuchen interpretiert. Diese Faktoren summierten sich zu einem allgegenwärtigen Gefühl der Angst und der übermächtigen Bedrohung. Der Wille der Bevölkerung, als Hexen berüchtigte Personen mit den Waffen der Justiz verfolgen zu lassen, und das Bestreben der Speyerer Bischöfe zur sittlichen Disziplinierung ihrer Untertanen und besonders ihres Klerus, wie es sich in den Kriminalquellen spiegelt, werden beide als Reaktionen auf dieses Gefühl der Angst verstanden. Kriminaljustiz und Sittenreform erscheinen als Medium der Erfahrung und versuchten Bewältigung gesellschaftlicher Krisenphänomene.

Mit einem verwandten Phänomen beschäftigt sich der Beitrag von Karen Lambrecht. Als ›Jagdhunde des Teufels‹ wurden in der Frühen Neuzeit jene schlesischen Totengräber verurteilt, die unter dem Vorwurf grausam hingerichtet wurden, durch das Ausstreuen von magisch hergestelltem Giftpulver die Pest verbreitet zu haben. Auch diese Vorwürfe reflektieren tiefliegende, durch Krisenerfahrungen hervorgerufene Ängste und den Versuch ihrer Bewältigung durch die Suche nach konkreten Verantwortlichen. Man fand sie in den Totengräbern, einer sozialen Randgruppe, die durch ihre Beschäftigung mit Leichen und Tod offenbar unheimlich und verdächtig erschienen. In einer bestimmten Region, die Schlesien, Sachsen und Österreich umfaßte, wurden viele Totengräber in die Rolle von Sündenböcken gedrängt, die andernorts die Juden, die Leprosen oder die Hexen übernehmen mußten. Die grausamen Hinrichtungsrituale – keineswegs repräsentativ für die gesamte Strafjustiz der damaligen Zeit – können demzufolge als dramatische Akte kollektiver Reinigung verstanden werden.

Eine Geschichte der Kriminalität hat immer auch die Formen rechtlicher und sozialer Sanktionen von abweichendem Verhalten im Auge zu behalten. Daß beide Dimensionen keineswegs immer zur Deckung gelangten, versucht der Aufsatz von Gerd Schwerhoff über ›spätmittelalterliche und frühneuzeitliche Ehrenstrafen zwischen Rechtsakt und sozialer Sanktion‹ zu veranschaulichen. Wo der sozialen Gemeinschaft das Bewußtsein von der Unrechtmäßigkeit einer Tat abging, konnte die von der Justiz intendierte entehrende Wirkung einer Strafe leicht verfehlt werden. Auf der anderen Seite konnten die gesellschaftlichen Spielregeln einer entehrenden Strafe größere und nachhaltigere Bedeutung zumessen, als es der Absicht der Richter entsprach. Differenziert werden muß auch zwischen dem sozialen Status der Betroffenen, der für die Anwendungshäufigkeit, die Umgehung und die Wirkung von entehrenden Strafen entscheidend war. Schließlich wird deutlich, daß sich der Zusammenhang zwischen den alltäglichen Ehrkonflikten und den Gerichten nicht in der Verhängung tatsächlicher entehrender Strafen erschöpfte. Die Justiz spielte in dieser Alltagskommunikation als Instanz der Drohung, der Hoffnung und der Symbolisierung eigener Wünsche eine zentrale Rolle.

Hier liegt eine Verbindung zum letzten Beitrag des Bandes von Martin Dinges über ›Michel Foucault, Justizphantasien und die Macht‹. Der Bereich von Gerichtsbarkeit und Justiz wird dabei nicht als Repressions- und Disziplinierungsinstrument verstanden, die Justiz erscheint vielmehr als eine Instanz, die von gesellschaftlichen Akteuren für ihre Interessen genutzt werden konnte und genutzt wurde. Mehr noch: In den alltäglichen Justizphantasien spielen Drohungen mit den Gerichten und ihren Sanktionen, Anspielungen auf Kontakte zur Polizei oder auch im Gegenteil die demonstrative Zurschaustellung von Furchtlosigkeit vor diesen Instanzen eine wichtige Rolle. Im alltäglichen Diskurs über die Justiz wird die Vorstellung von ihrer Verfügbarkeit zu eigenen Zwecken erkennbar, die in einem gewissen Widerspruch zu ihrer eigentlichen Funktion steht und in der vielleicht eine unterschwellige Tendenz zu Anarchie und Selbsthilfe erkennbar wird. Als Instrumentarium zur Analyse des Diskurses der Justizphantasien dient hier das Werk Michel Foucaults. Insofern stellt der Beitrag zugleich ein Plädoyer dafür dar, den französischen Philosophen nicht pauschal als historisch unbrauchbar abzutun, sondern sich durch seine Arbeiten – insbesondere seinen Machtbegriff – anregen zu lassen.

Konstanz und Bielefeld, im März 1993

Andreas Blauert,
Gerd Schwerhoff

Peter Schuster

Hinaus oder ins Frauenhaus

Weibliche Sexualität und gesellschaftliche Kontrolle an der Wende vom Mittelalter zur Neuzeit[1]

I.

Die historische Forschung hat mit kriminalistischen Ermittlungen mehr gemeinsam, als es auf den ersten Blick scheint. Wie der Kriminalist nimmt sich der Historiker eines Falls bzw. eines Themas an, sucht Spuren, stellt Vermutungen an, recherchiert weiter und gelangt schließlich, so er Glück und Ausdauer hat, zur (Er)Klärung des Falls. Gelegentlich jedoch, und vielleicht öfter als gemeinhin bekannt, scheitert der Historiker wie der Kriminalist am unzureichenden Material: Verdachtsmomente können letztlich nicht zu Beweisen erhärtet werden, die Ermittlungen verlaufen im Sande, oder es wird ein indiziengestütztes Verfahren angestrebt, das auf den letzten Beweis zunächst verzichtet.

Dieser Beitrag beschreibt ein geschichtswissenschaftliches Indizienverfahren. Er will den Verdacht erhärten, daß im Waffenarsenal der spätmittelalterlichen Justiz zweifelhafte Gewaltinstrumente lagerten, deren Zweck es war, sogenannte »unzüchtige« Frauen zur Prostitution in stadteigenen Bordellen zu zwingen. Dabei stützt sich dieser Beitrag auf begründete Vermutungen, präsentiert ein Bündel von Verdachtsmomenten, ohne den letzten Nachweis für den Realitätsgehalt seiner Vermutung führen zu können. Dieses Vorgehen ist weder spektakulär noch neu und durchaus legitim. Immerhin eröffnet es Perspektiven für die Forschung, auf deren Grundlage andere später vielleicht evidentes Beweismaterial zusammentragen werden.

Das früheste Indiz in der Beweiskette ist ein aus dem Jahr 1410 stammender Eintrag in ein Regensburger Strafregister, das sogenannte Purtingbuch. Für drei dort aufgelistete Frauen, Elsel Swarz, Chünel Swarz und Katerl von Languelt, wird als Strafmaß genannt: »(Hin)aus oder in daz gemain frawenhaws«.[2] Weder an die eine noch an die andere Maßgabe scheinen sich die drei Frauen gehalten zu haben. Im Jahr darauf, wieder ein Jahr später und 1415 begegnet uns dieselbe Strafandrohung bei denselben Frauen erneut. Ohne zunächst nach dem Delikt der Frauen zu fragen, wenden wir uns dem bizarren Strafmaß zu. »Hinaus« ist eindeutig zu verstehen: Den Frauen wird geboten, die Stadt zu verlassen. Diese Bestrafungsart war im Mittelalter geläufig. Mit der Ausweisung von Straftätern war die Stadt den Delinquenten los, er (oder sie) stellte fürderhin keine Bedrohung der öffentlichen Ordnung dieses Gemeinwesens mehr dar. Das alternativ angebotene Strafmaß »ins Frauenhaus« ist von der Rechtsgeschichte hingegen bisher geflissentlich ignoriert worden, und es ist in so hohem Maße merkwürdig, daß es uns im folgenden beschäftigen soll.

II.

Ins Frauenhaus... Hinter der Bezeichnung Frauenhaus verbarg sich in Regensburg wie im gesamten oberdeutschen Sprachraum das städtische Bordell. Diese Stadtbordelle, im Jargon der Zeit euphemistisch Frauenhaus genannt, etablierten sich, wie ich an anderer Stelle[3] nachgewiesen habe, seit dem 14. Jahrhundert nicht nur im deutschsprachigen Raum, sondern in ganz Europa. Diese Gleichzeitigkeit des Entstehens von Stadtbordellen läßt auf eine zentrale Ursache schließen. Auch wenn die Quellen dazu schweigen, spricht einiges dafür, daß die vermehrte Gründung von Stadtbordellen seit der zweiten Hälfte des 14. Jahrhunderts mit den säkularen Erschütterungen durch das europäische Massensterben im »Schwarzen Tod«, der verheerenden Pestwelle von 1348/52, zusammenhängt. Denn viele Zeitgenossen führten das Massensterben während des Schwarzen Todes auf eine sündhafte, ausschweifende Lebensart der Epoche zurück, die Gott zu einer Strafmaßnahme veranlaßt habe. Empirisch hat diese Selbstanklage zwar wenig Substanz, aber sie läßt einen Zeitgeist erkennen, der nach Ordnung, Regelhaftigkeit und Tugend verlangte. In diesem Kontext war die Prostitution nur ein Problem unter vielen, aber sie war ein Problem, und die Stadtväter erdachten zumindest in diesem Feld eine Lösung. Die bisher ausschließlich privat in Wohnungen, Gasthäusern, Trinkstuben oder auf der Straße gelebte Prostitution sollte unter städtische Kontrolle gebracht und damit gleichzeitig aus dem Stadtbild verdrängt und in ein Ghetto verwiesen werden.

Die zeitgenössischen Begründungen für die Einrichtung oder das Betreiben eines kommunalen Bordells sind aufschlußreich für die damalige Sichtweise von Prostitution und darüber hinausgehend von weiblicher und männlicher Sexualität. Alle diese Stellungnahmen und Begründungen gehen im Kern zurück auf einen Text des Kirchenvaters Augustinus aus dem 4. Jahrhundert. In seiner Schrift »Von der Ordnung« (de ordine) benutzte er die Prostituierten als ein eher beiläufiges Beispiel, um den »Beitrag des Schlechten für die Schönheit des Alls«, d.h. für die gottgefällige Ordnung der Welt, zu belegen. Die wenigen Sätze sollten eine ungeahnte gesellschaftliche Wirkung erzeugen: Immerhin mehr als ein Jahrtausend lang, bis zur Reformation, schuf Augustinus damit ein theoretisches Gerüst für den gesellschaftlichen und vor allem auch den kirchlichen Umgang mit der Prostitution und den Prostituierten. Nach einem klaren Hinweis auf seine negative Einstellung zur Prostitution – »kann man von etwas Verächtlicherem sprechen, das noch weniger Anstand, noch mehr Schmach besitzt als Dirnen, Zuhälter und die ganze damit zusammenhängende Seuche« – gab Augustinus in diesem als Dialog aufgebauten Text seinem jungen Gesprächspartner zu bedenken: »Schaffe die Dirnen in der menschlichen Gesellschaft ab, und du wirst eine einzige Verwirrung durch die ungezügelten Genußsüchte schaffen. Gib ihnen den Platz von Ehefrauen, und Schmach und Schande wird auf alle fallen.«[4]
Diese Warnung haben die mittelalterlichen Realpolitiker beherzigt und ihre Schlüsse daraus gezogen. Das kommunale Bordell diente ihrer Ansicht nach, in enger Anlehnung an Augustinus, zur Vermeidung »merer ubels«, wie es die Nürnberger Frauenhausordnung von 1470 formulierte, oder »größer Übel (der ledigen gesellen, die nit Eefrawen haben, noch zu keuschhait verbunden sind)«, wie ein anonymer Heidelberger Geistlicher 1490 anzumerken wußte.[5] Erleichtert verwiesen die Städte bei ihren Beschlüssen auf die entsprechende duldsame Haltung der Kirche zur Prostitution. In Amsterdam argumentierte im 15. Jahrhundert der Rat: »Gemeine Frauen [= Prostituierte] sind in einer großen Handelsstadt wie der unsrigen nicht zu entbehren. Und da auch die Heilige Kirche sie duldet, so wollen auch wir sie nicht ganz verbieten.«[6] In eben diesem Sinne leitete 1472 der Nördlinger Rat eine umfassende Frauenhausordnung ein: »Diewyl die Mutter der hailigen Cristenhait von mer übels zufurkommen duldet, das man in ainem Common ain haws und freytöchtern [= Prostituierte] darien haben mag...«[7] Mit

diesen Verweisen, so gewinnt man den Eindruck, war für die weltlichen Gesetzgeber die Frage der Moralität eines städtischen Bordellbetriebs außer Frage gestellt. Damit war das schlechte Gewissen beruhigt. Gerade in der Reichsstadt Nördlingen hatte es sich nämlich vor der Veröffentlichung dieser Frauenhausordnung im Jahre 1472 besonders heftig geregt. 1471 war im dortigen Stadtbordell eine Abtreibung bzw. ein Kindsmord vorgekommen. Dies hatte den Rat veranlaßt, das Milieu zu durchleuchten. Die zutage geförderten Mißstände waren erschrekkend. In einer Reihe von Verhören berichteten die Prostituierten des Hauses von Ausbeutung, Zwang und Willkür des Bordellpächters. Dieser Pächter, Leonhart Freyermut, war erst 1469 eidlich auf seine Rechte und Pflichten gegenüber der Stadt und den Prostituierten verpflichtet worden. Offenbar war dieser Eid das Papier nicht wert, auf dem er uns überliefert ist. In seiner Urfehde von 1472 bestätigt Freyermut die Beschuldigungen der Prostituierten. Er gibt zu, »das ich dieselben verschrybung [= den Eid] nicht gehalten, sondern die frawen merklich... beschwert hab; also, das sie von mir und unser wirtin angestrengt, so die frawen in ir frawenkrankhait [= Menstruation] gewest sein. Das sy zu der selben zytt, auch an den hailigen sambstag[en] und zwolffbotten und andern hailigen nächten, auch in der hailigen karwochen die männer zu ine lassen und unkeusche werck mit ine tryben und mir gelt haben verdienen müssen. Und wenn sy das nit getan, so sey[en] sy darumb, so sy mir nit vil geltz verdient haben, übel gehandelt und zu zytten geschlagen worden. Die frawen sein auch zu spinnen und zu [ge]schencken gedrungen, auch deß kirchengannngs zu ettlichen zytten, durch uns verhindert. Auch den wein, den sy in dem frawenhaws ußtrincken, [habe ich ihnen] teurer [ge]geben, in[en] auch ettliche zytten ire claider an die Juden versetzt und uff die frawen, die mir versetzt worden, sein vil geltz unzimblich getriben, so schuld gehawffet [= sie mir verschuldet] und inen claider umb gelt angeschlagen und geben die des halbtails mit wert [= Kleider zum doppelten Preis verkauft]. Sein gewest alles wider innhalt mir geschworenen patt [= Vertrag], und sy [= die Prostituierten] mit sölicher schuld dermassen beschwärt, das sy das gelt, darumb sy mir gestannden [= schuldig] sein, nit haben abbezalen mugen. Solch mich nun laider mins ayds und verschraybung vergessen... und solchermaß mißbrauch darinn getan, hab das ich darumb in der obgenannten mainer herren von Nordlingen fancknus komen und ain mynen lyb merlich straff wol verschult hett.«[8]

Freyermuts Zwangsregiment war Anlaß des schlechten Gewissens der Stadtobrigkeit, das ihr die Feder führte, als sie der Ordnung die Duldung durch die Kirche gleichsam als Entschuldigung voranstellte. Doch aus ordnungspolitischen Gründen hielten die Stadtväter trotz der nicht hinreichend gewährleisteten Kontrolle des Bordellbetriebs das Frauenhaus für unverzichtbar. Es verband sich mit der Frauenhausgründung konkret die Hoffnung, so der Münchner Rat 1433, »das dadurch vil übels an frawen vnd Junckfrawen vnnderstanden [= verhindert] werde«.[9]

Vor welchen größeren Übeln sollten die Frauen geschützt werden? Diese Frage scheint banal zu sein. Offenkundig mußten die Frauen und Mädchen der Stadt vor den Nachstellungen von Männern geschützt werden. Daraus ergäbe sich ein Verständnis von männlicher Sexualität, das den charakteristischen männlichen Qualitäten, wie sie das Mittelalter sah, nämlich Vernunft, Vorausschau etc., scheinbar zuwiderlief. Der Mann wird als potentieller Vergewaltiger vorgestellt. Wenn er nicht verheiratet war, mußte der Mann demnach »Dampf« ablassen können, sein Sexualtrieb mußte bedient werden in Gestalt eines Bordells, sonst waren die Frauen und Töchter der Stadt vor Nachstellungen nicht sicher. Dieser Gedankengang, dem eine Art Güterabwägung zugrunde liegt, scheint mir so fremd nicht. Vermutlich würde er auch heute, wenn es eine öffentliche Debatte über das Für und Wider der Prostitution gäbe, seine Anhänger finden.

Bei einem genaueren Blick auf die Augustinische Argumentation keimt jedoch der Verdacht, daß die mittelalterlichen Zeitgenossen alles ganz anders verstanden und gemeint haben als wir Heutigen. Für das Mittelalter waren nicht die Männer die potentiellen Störer der sexuellen Ordnung, sondern die Frauen. Seit den Zeiten des Apostels Paulus wurden die Frauen diffamiert als »die Ursache alles Schlechten«, wie es ein anderer Kirchenvater, der Hl. Hieronymus formulierte. Die Frauen repräsentierten in der Vorstellung der christlichen Welt, also auch bei Augustinus und im Mittelalter, Gefühl, Verführung, Aufreizung und Geilheit. Das biblische Fundament dieses Menschenbildes war die Darstellung des Sündenfalls, der durch Evas Neugier und Verführbarkeit provoziert worden war.

Vor diesem Hintergrund liest sich Augustinus' Plädoyer gegen die Abschaffung der Prostitution als Maßnahme zur Eindämmung der weiblichen Lüsternheit. Wenn es die schlecht beleumdeten Prostituierten nicht gibt, so Augustinus, werden die Männer den Verführungskünsten der nur scheinbar tugendhaften, in Wirklichkeit nur mühsam domestizierten Ehe- und Jungfrauen erliegen. Gibst du den Prostituierten gleiche Rechte, d. h. gibst du ihnen das Recht, in einem ehrbaren Eheverhältnis zu leben, so ist der zweite Satz Augustinus' zu interpretieren, werden sich alle Frauen die Huren zum Vorbild nehmen und selbst ihre verborgene Lüsternheit ausleben. Die Prostituierten sind demnach für die Gesellschaft nützlich, weil sie den anderen Frauen zeigen, wie die Gesellschaft mit »Huren« umgeht: Sie stellt sie auf die unterste Stufe der gesellschaftlichen Hierarchie und schmäht sie mit infamierenden und diskriminierenden Gesetzen. Die Prostitution ist die gesellschaftlich institutionalisierte Nische, in denen die Frauen ihre unausrottbare Neigung zu Promiskuität und Hemmungslosigkeit ausleben können.

So hat es wohl auch der berühmte Bußprediger des 13. Jahrhunderts, Berthold von Regensburg, gesehen, als er sich an eine Ehebrecherin gewandt auf die sarkastische Empfehlung verstieg, »daz dir bezzer wäre, daz du in einem offenen huse [= einem Bordell] säzest, da hundert zuo dir gingen«.[10] Er konnte nicht ahnen, daß etliche städtische Gesetzgeber später seiner Empfehlung folgen würden.

III.

Dieser Ausflug zu Institutionen und Ideologien führt uns schließlich zurück nach Regensburg. Die Urteile im Purtingbuch sind nichts anderes als die obrigkeitliche Aufforderung an die drei Frauen, sich als Prostituierte im Bordell einzufinden. Man könnte ein gewisses Verständnis für diese Strafvorschrift aufbringen, indem man sie als den Versuch deutet, privat arbeitende Prostituierte unter städtische Aufsicht zu stellen. Denn auch nach der Gründung kommunaler Bordelle war es keiner Stadt gelungen, die Prostitution im Frauenhaus zu ghettoisieren. Mindestens die Hälfte der Prostituierten arbeitete weiterhin privat, wurde von Zuhältern den Freiern zugeschleust, logierte vorübergehend in Wirtshäusern oder bot sich in den stadtbekannten Strichgebieten auf der Straße an. Spätestens ab 1450 ist in den meisten großen Städten des Reichs, aber auch in Frankreich und Italien, das Bemühen unübersehbar, diese private Prostitution aus dem Stadtbild zu verdrängen und das

Frauenhaus zum Monopolanbieter der Ware Sexualität zu erheben. In diesen Kontext gehört als ein frühes Zeugnis die Eintragung in das Regensburger Purtingbuch.
Doch was hier scheinbar als wertneutrale Ordnungspolitik der städtischen Polizeiorgane daherkommt, war in Wirklichkeit eine zynische Attacke auf das sexuelle Selbstbestimmungsrecht lediger Frauen. Sie richtete sich nicht nur gegen Prostituierte, sondern knüpfte an Berthold von Regensburgs Empfehlung an, mit dem Instrument Frauenhaus alle Frauen, die den strengen Moralkodex nicht einhielten, zu bedrohen. Ideologisch war dieses Vorgehen legitim. Das Mittelalter vermochte nur drei Formen weiblicher Lebensgestaltung kategorial sauber zu trennen: eine Frau war entweder Jungfrau, Ehefrau oder Hure. Natürlich gehörten die Prostituierten zu den Huren, aber sie waren nur eine Untergruppe dieser weiblichen Spezies. Als Hure wurde jede Frau betrachtet, die sich nicht in das enge Korsett von Enthaltsamkeit und Monogamie pressen lassen wollte. Demgemäß stand die Hure auf der untersten Stufe der gesellschaftlichen Hierarchie und in schlechtem Ruf. In Beichtspiegeln, diesen Handreichungen an Geistliche zur angemessenen Einordnung der Sünden, standen Frauen (aber auch Männer), die außereheliche Geschlechtsbeziehungen unterhielten, auf der gleichen Stufe der Sünde wie die Prostituierten.[11]
Der weltliche Gesetzgeber folgte dieser Vorgabe. Die Kleiderordnungen des Mittelalters mit ihrem Anspruch, jedem und jeder vorzuschreiben, sich so zu kleiden, »daß sie in ihrem Werth erkannt werden«[12], wiesen den Huren einen denkbar niedrigen Status zu. Ziel müsse es doch sein, so der berühmte Prediger des 15. Jahrhunderts, Geiler von Kaisersberg, »zwueschen edlen wybren [= Weibern] und huoren… d'kleyder halb« unterscheiden zu können.[13] Wie zu unterscheiden sei, gab 1490 der Würzburger Bischof bekannt. Ziel der von ihm erlassenen Kleiderordnung sei es, daß »ere und frumkheit erhort [= erhöht] und gefurdert, unere und laster getruckt und geniedert« werden.[14] Wohl wurden regelmäßig auch die Prostituierten des Frauenhauses mit diskriminierenden Kleiderordnungen belegt, aber ebenso zahlreich sind Ordnungen, die alle »Huren« diskriminierten. In Lüneburg durften seit 1399 sogenannte berüchtigte Weiber keinen Schmuck mehr tragen; »mulieres infamate«, also übel beleumdete Frauen, durften in Wismar keine sogenannte ehrbare Kleidung sowie keinen Schmuck tragen. In Hamburg traf eine Kleiderordnung vergleichbaren Inhalts »beruchten

vrouwen, de unechte [= uneheliche] kinder had hebbe«. Selbst »vrouwen, de in vortiiden [= Vorzeiten] in unordeliken levende gewest«, behielten ihr Stigma und durften in Hamburg bestimmte Schmuckstücke nicht tragen.

Die Begriffe zur Kennzeichnung der Adressatinnen dieser Kleiderordnungen sind in ihrem Bedeutungsgehalt schwer zu decodieren. Berüchtigt, unordentlich oder unzüchtig charakterisierte wohl auch damals nur sehr vage den Personenkreis, auf den diese Kleiderordnungen angewandt werden sollten. In wenigen Ordnungen wurden Gruppen aus dem Kreis der berüchtigten Frauen direkt genannt, so daß wir diesen Personenkreis etwas genauer kennenlernen können. 1471 in Straßburg und wohl auch 1486 in Berlin wurde Frauen, die unehelich mit einem Mann zusammenlebten, bestimmter Schmuck untersagt. Sogenannte Pfaffenmägde, Frauen, die mit einem Geistlichen zusammenlebten, mußten seit 1469 in Goslar eine Männerkapuze tragen und durften keinen Schmuck anlegen.[15] In diesem Netz vager Begrifflichkeiten und präziser Vorschriften konnten sich durchaus Frauen verfangen, die sich subjektiv nicht angesprochen fühlten. 1527 wurde einer Frau, genannt Waltheinin, in Leipzig auf dem Marktplatz ihr Mantel beschlagnahmt, weil sie »als ein verdächtig weib nit einen gelen [= gelben] Mantel nach des Rats Verordnung hat tragen wollen«. Es kam zu einem langwierigen Prozeß der Frau gegen den Marktmeister, bis zuletzt der Landesherr, Herzog Georg, diesen Streit gütlich beilegte.[16]

Welche Frau berüchtigt und unordentlich war, bestimmten die Männer. Mit seismographischem Gespür für die Semantik der Zeit und den Wertehorizont ihrer Ankläger versuchten vor allem Vergewaltiger und Verwandte der Täter, diese vage Begrifflichkeit für sich nutzbar zu machen. »Diese Jacote ist eine, die nie verheiratet und unter rechter Aufsicht war«, protokollierte ein Dijoner Schreiber die Aussage einer Zeugin in einem Vergewaltigungsverfahren.[17] Damit sollte ihre Lebensführung als grundsätzlich fragwürdig und anrüchig charakterisiert werden. Als sich 1496 in Augsburg Hans Rochling wegen der Vergewaltigung einer jungen Magd verantworten mußte, versuchte er, den Vorwurf zu entkräften, indem er darauf verwies, »er hab das medlin nit genott [= vergewaltigt], sonnder es sey vor hie ein huerlin [gewesen]«.[18] Indem er ihr, der unverheirateten Magd, sexuelle Erfahrungen unterstellte, war sie allgemein, war sie Freiwild und konnte in Rochlings Vorstellungen gar nicht vergewaltigt werden. Der angebliche Verlust der Jungfräulichkeit machte in Rochlings Augen die Frau zur Hure, derer er sich bedienen konnte. Sexuelle Freizügigkeit der Frau degradierte sie in der Normenwelt der Männer zu einem Menschen zweiter Klasse, der wie eine Ware konsumiert und anschließend abgelegt oder weggeworfen wurde. 1575 konnte so der Italiener Lorenz Corlantzi nichts Unrechtes an dem Ehebruch mit Anna Neuberin erkennen. »Er sey damals ledig gewesen«, gab er zu Protokoll, »und habe sie wie ein ander gemein vettel gebraucht undt ihr ihren lohn darumb gegeben.«[19]

Doch es waren nicht außereheliche Sexualität oder sexuelle Freizügigkeit allein, die eine Frau zu einer berüchtigten und damit minderwertigen Person machten. Grundtenor aller Verteidigungsstrategien von Vergewaltigern war es, daß die Frau durch ihr Verhalten die Tat provoziert habe. In Dijon versuchte sich ein Täter zu entlasten, indem er darauf verwies, daß das Opfer »lustig ist und gern lacht«. Ein anderes Opfer mußte sich vorhalten lassen, in der Dunkelheit auf den Gassen unterwegs gewesen zu sein, denn, so die altväterliche Belehrung durch das Gericht, »dies ist nicht die Zeit, in der Frauen durch die Stadt spazieren sollen«.[20]

War die Frau als Hure eingeordnet, galt sie als moralisch entgrenzt. So folgerte 1541 der Augsburger Rat aus der Nicht-Jungfräulichkeit der angeklagten Catharina Ziegler ihren Status als Hure. Er verstieg sich auf die waghalsige Schlußfolgerung, »dhweil sie der Junckfrauschafft beraubt, ist zuvermuten, sie sei seithere nit frumme bliben«.[21] Begriffe wie Tugend, Ehre und Würde konnten von Huren nicht in Anspruch genommen werden. Deshalb erschien es nicht anrüchig, sogenannte Huren der Prostitution zuzuführen. Daß sich hier Männer wie Frauen gleichermaßen als Zuhälter und Kuppler betätigten, sei nur am Rande als ein Beispiel fehlender Geschlechtersolidarität angemerkt.

1533 berichtete in Augsburg die aus Ingolstadt stammende Elisabeth Schwarz, wie dieses allmähliche Abdriften in die Prostitution verlief. Sie war alleinstehend (ledigs stands) und kam nach einem beendeten Dienstverhältnis bei einer Frau, der Veiherin, unter. Eines Tages kam ein Mann namens Sigmund zu Besuch. Sigmund gab im Verlauf der Unterhaltung den beiden Frauen Geld für den Besuch des Rappenbades. Nach dem Besuch des Bades saßen die beiden Frauen zusammen beim Wein. »Inn dem sei der Sigmund auch hinzu komen und an sie, die Elisabeth begert, mit ime haim zu geen, des sie abgeschlagenn, darauff die veiherin zu ir gesagt, so sie nit mit ime wollte geen, warumb sie dan das Bad gellt genommen.« Die Worte wechselten, schließlich gab Elisabeth nach und folgte Sigmund, der dann wiederholt »leiplich werck« mit ihr »gepflegt«. Gezielt verkuppelte in der Folgezeit die Veiherin Elisabeth, um an Geld oder Alkohol zu kommen.[22] Vier Tage nach diesem Verhör wurde Elisabeth Schwarz wegen »unkeusch werckh« auf ewig der Stadt verwiesen.[23]

Diese Zuhälterinnen und Kupplerinnen waren, wie ihre männlichen Kollegen, frei von schlechtem Gewissen. Margaret Rupfenvogel verteidigte sich in Augsburg gegen die Beschuldigung, Frauen zur Prostitution animiert zu haben, mit dem Hinweis darauf, daß sie »allein was ledigs maidlen, die zuvor auch on nucz gewesen seien«, den Männern zugeführt habe. Ähnliches gab Veronica Haug, wegen des gleichen Delikts angezeigt, zu bedenken. Die Frauen, mit denen sie gehandelt habe, seien niemals »fromm« gewesen.[24] Daß diese Zuhälterinnen in Augsburg strafrechtlich belangt wurden, sollte nicht als Ausdruck einer Schutzverpflichtung des Rates gegenüber alleinstehenden Frauen mißverstanden werden. Hinter diesem Vorgehen verbarg sich vielmehr der Anspruch, die Prostitution nur innerhalb des Frauenhauses (bzw. nach Schließung der Frauenhäuser gar nicht mehr) zuzulassen. Dieses Ziel erforderte die Verfolgung von Zuhältern und Kupplern, aber auch eine genaue Kontrolle alleinstehender Frauen.

Frauen, die nicht unter väterlicher oder eheherrlicher Kontrolle standen, erhielten von den Städten keinen besonderen Schutz gegen Nachstellung von Männern und Zuhältern, sondern sie wurden im Verlauf des 15. Jahrhunderts zunehmend als gesellschaftliche Bedrohung empfunden. Sie paßten nicht ins Klischee von Jungfrau und Ehefrau, also mußten sie potentielle Huren sein. 1471 verfügte der Bamberger Rat, »auch das man alle eefrawen in bamberg, dy fremde und bey irem man nicht sein, erforschen und sie aus der stat weisen sulle«.[25] Der diese Anordnung leitende Gedanke fügt sich in unsere Argumentation. Die Schar der alleinstehenden Frauen sollte auf ein Minimum reduziert werden, damit sich die von diesen Frauen ausgehende Gefahr für die sexuelle Ordnung vermindere. Für Ehefrauen gab es nur einen Ort, an dem sie sich legitim aufhalten durften: beim Ehemann. Waren sie von ihm räumlich getrennt, bedrohten sie die Ordnung, da sie nicht unter Aufsicht standen. Es ist für dieses Denken bezeichnend, daß in Verhören von straffällig gewordenen auswärtigen Frauen immer zunächst gefragt wurde, ob sie verheiratet seien und wo ihr Mann sei.

Das Maß des gesellschaftlichen Drucks auf die Frauen hat die am französischen Hof lebende Christine de Pisan um 1400 in ihrer »Apologie au Dieu d'amour« präzise benannt: »So werden wir unschuldigen Frauen immer von den Männern verwünscht werden, die glauben, ihnen sei alles erlaubt und sie stünden über den Gesetzen, wohingegen uns überhaupt nichts zugestanden wird. Sie lassen sich von unsteter Verdorbenheit hinreißen, und wir, wenn wir nur ein wenig den Blick wenden, bezichtigt man uns des Ehebruchs; wir sind keine Ehefrauen oder Gefährtinnen, sondern beim Feind gemachte Gefangene. ... An den Straßenecken, in den Wirtshäusern und in verrufenen Gegenden, von denen ich schweigen will, reden sie abfällig über uns, machen uns schlecht, beleidigen uns, beschuldigen uns, und oft verlangen sie von uns das, was sie uns nicht geben. ... Sie sind ungerechte Richter.«[26]

Die ungerechten Richter pflegten, wie gezeigt wurde, ein weites Verständnis von Huren. Insofern war die Regensburger Drohung »ins Frauenhaus« gegen alle ledigen Frauen gerichtet, die außer- und voreheliche Sexualerfahrungen machten. Jacques Rossiaud hat diesen Sachverhalt präzise erkannt: »Das Dirnenhaus wurde zum Instrument der ›Furcht vor dem Gesetz‹, die den Frauen eingeflößt werden sollte.«[27]

1463 wurde in Zerbst die Magd Ilse Clemens von den Prostituierten des Frauenhauses in das Bordell geholt und zur Prostitution gezwungen. Ein offenbar üblicher Vorgang, den die Prostituierten (oder der Frauenwirt) damit begründeten, Ilse Clemens sei bereits in der Nachbarstadt Magdeburg als Prostituierte tätig gewesen. Der Fall wäre nie ruchbar geworden, denn die Einlassungen der Betroffenen galten nur als Ausflüchte. Über welche Kanäle auch immer erfuhren Friedrich und Hans Loze, zwei Magdeburger Brüder, bei denen Ilse Clemens als Magd gedient hatte, von ihrer Zwangseinweisung in das Stadtbordell. In einem Brief appellierten sie an den Zerbster Rat, die Magd freizulassen, da sie niemals Prostituierte war, sondern sich in Magdeburg »fromm und wohl gehalten« habe.[28] Bemerkenswert an diesem Fall ist nicht nur, daß eine Frau gegen ihren Willen zur Prostitution gezwungen wurde. Wichtiger noch erscheint es, daß sie offenbar keine Möglichkeit hatte, sich diesem Zwang zu widersetzen. Es bedurfte der schriftlichen Intervention ehrbarer und männlicher Garanten für ihren tugendhaften Lebenswandel. Auf solche Fürsprecher konnten andere zwangsrekrutierte Prostituierte selten hoffen.

Seit der zweiten Hälfte des 15. Jahrhunderts wurde die Praxis der Zwangseinweisung in das Stadtbordell zu einem verbreiteten Polizeiinstrument. Sicherlich richtete sich diese Politik vorrangig gegen Privatprostituierte und war eingebettet in das allgemeine Ziel, Prostitution nur im Stadtbordell zuzulassen. In diesem Sinne beschwerte sich um 1500 der Esslinger Frauenwirt über die Tatenlosigkeit des Rates der Stadt: »In anderen stetten ist der bruch [= Brauch], wa semlich [= solche, hier: Prostituierte] frowen kamen in ain wiertz huß und mit dem handel [= der Prostitution] ummgend, tribt man sie ins gemain huß und uß der stat.«[29] Aber der Fall Ilse Clemens lehrt uns, daß Übergriffe nicht auszuschließen waren. Vielleicht wußten das auch die städtischen Behörden. 1478 begegnet uns in dem Nördlinger Frauenwirtseid eine neue Bestimmung: »Ob sich auch begeb, das fremd frowen in irer stat, die solcher ding [= Prostitution] pflegen yber drei tag sein wurden, die sol und mag ich oder mein frow warnen und wollten sie solcher ding nit absteen, so mugen ich oder mein frow die mit erlawptniß der, so solches von ain rat befohlen wirt, in das frawenhaws ziehen.«[30] Hier wurde, anders offenbar als in Magdeburg, dem Frauenwirt eine städtische Kontrollinstanz zur Seite gestellt, die die Angemessenheit der Zwangseinweisung überprüfen sollte.

Diese städtische Kontrolle des Frauenwirtes bei seinen Polizeiaktionen findet sich in zahlreichen Städten. Aber was besagt sie? In einer Gesellschaft, die sexuelle Promiskuität von Frauen mit Prostitution gleichsetzte, wenig. Wie eingangs erwähnt, beruht dieser Beitrag auf Indizien. Wir wissen zunächst, daß viele Frauen zwangsweise ins Bordell der Stadt geführt wurden. Der Würzburger Frauenwirt hatte allein 1519 »uff bevelh des schulthaiss Junckere martin vonn Schaumberg... sechs unendlich weyber inns frawenhauß gezogenn«.[31] Damit war die Hälfte der Frauenhausprostituierten in Würzburg zwangseingewiesen. Wer diese Frauen waren, auf diese spannende Frage geben die Quellen jedoch keine Antwort.

Die Herkunft der Prostituierten des Stadtbordells interessierte die städtische Aufsicht des Hauses nur insofern, als es dem Frauenwirt untersagt war, Jungfrauen, Ehefrauen und Bürgerinnen in das städtische Bordell aufzunehmen. Diesbezügliche Bestimmungen fanden Aufnahme in die Frauenwirtseide, in denen die Pflichten und Rechte der Bordellpächter festgehalten wurden. Die Einhaltung dieser Bestimmungen wurde auch überwacht. Selbst aufgrund von Gerüchten ging

der Stadtrat dieser Sache nach. So war 1548 dem Nürnberger Rat zugetragen worden, daß »im frawen hauß etliche bürgers dochter seindt«, die als Prostituierte dort arbeiteten. Der Wirt ließ auf eine entsprechende Mahnung hin diese Frauen frei. Auch in Nördlingen ging 1513 das Gerücht um, der Frauenwirt habe in seinem Haus in Ulm zwei Jungfrauen festgehalten, sie mit Branntwein betrunken gemacht und sie in ein Bordell verpfänden wollen, ähnlich wie der Konstanzer Frauenwirt Hans Stertzinger, der 1449 eine junge Frau »mit worten darzu gelukert [= verführt]..., das si iren maytam [= Jungfräulichkeit] in sinem frowe hus verloren hat«. Stertzinger wurde für diesen Übergriff auf ewig der Stadt verwiesen.[32]
Richteten sich die Anwerbungsbemühungen der Frauenwirte jedoch nicht auf Bürgertöchter, Ehefrauen oder Jungfrauen, kurz auf ehrbare Frauen, konnte der Frauenwirt schalten und walten, wie es ihm gefiel. Gerade in den Städten, wo die Frauenwirte eine unkontrollierte Polizeigewalt gegen privat arbeitende Prostituierte erhielten, etwa in Luzern, Basel, Augsburg und München, war der Willkür Tür und Tor geöffnet. Dies gilt um so mehr, wenn die Obrigkeit, wie der Münchener Rat, von der Zwangseinweisung ins Bordell erzieherische Impulse bei den betroffenen Frauen erwartete. 1531 verkündete er, der Frauenwirt solle über »ettliche unverschampte weybspersonen... macht und gewalt haben, [sie] on alle mittel in das gemayn hauß [= Stadtbordell] zeziehen und daselbst zu enthalten, unntz [= bis] sy ir leben von sünden unnd schannden zu pueßfertigkeit keren unnd zu eren wider wenden«.[33] Zu Ehren wenden bedeutete eine strenge Vorgabe: nicht Abschied von der Prostitution war damit verlangt, sondern Abschied vom Status Hure. Explizit wurde keiner Frau gestattet, das Frauenhaus zu verlassen und dann wieder als Alleinstehende zu leben. Zu Ehren wenden hieß heiraten oder in ein Kloster eintreten.

IV.

Hier endet die Zusammenstellung der Indizien. Der Verdacht ist nicht ohne weiteres zu entkräften, daß die spätmittelalterlichen Städte seit dem Ende des 15. Jahrhunderts systematisch versucht haben, das Stadtbordell als ein Erziehungsinstrument für sexuell nicht konforme Frauen einzusetzen. Ob das Frauenhaus nur eine Drohung oder bittere

Realität für die »Huren« in den Jahrzehnten vor und während der Reformationszeit war, muß vorerst offen bleiben.

Der hohe moralische Druck auf die Frauen des 15. und 16. Jahrhunderts findet in der Drohung mit der Einweisung ins Frauenhaus nur eine besonders zynische Variante. Den Frauen war bewußt, daß sie mit jedem außerehelichen Geschlechtsverkehr[34] ihren sozialen Status aufs Spiel setzten und, wie dargelegt wurde, zumindest in die Nähe zur Prostitution gerückt, wenn nicht sogar in die Prostitution gezwungen wurden.

Ausbaden mußten diese Moral neben den Frauen auch die Kinder. Im 15. Jahrhundert finden sich noch Belege für soziale Fürsorge gegenüber mittellosen, schwangeren, alleinstehenden Frauen. 1436 wurden in Augsburg mehrere arme Kindbetterinnen mit einer Geldsumme bedacht.[35] Gleichzeitig alimentierte die Stadt 18 Findelkinder, Kinder von Frauen, die aus Not oder Scham ihre Kinder nicht behalten konnten.[36] Das Maß des sozialen Drucks bei einer nichtehelichen Schwangerschaft auch vor der Reformation ist anhand eines Erfurter Falls deutlich nachzuspüren, der strafrechtlich verfolgt und so überliefert wurde. Als Barbara Kirchners ledige Tochter 1512 ein Kind zur Welt bringt, eilt die verzweifelte Großmutter zu ihrer Nachbarin und klagt, »ich weiß kein rath..., mein tochter hat ein kindt gehat, ich wolt sie gerne bey eren behalten«. Sie bittet die Nachbarin, »das sie das kindt in ein kirchen tragen wolt«, also an einen Ort, wo Sorge um das Kind gewährleistet ist. Nachdem der Fall ruchbar geworden war, wurde Barbara Kirchner gefangengenommen und auf dem Erfurter Fischmarkt an den Pranger gestellt.[37]

Mit der Reformation zu Beginn des 16. Jahrhunderts verschärfte sich der moralische Druck auf die Frauen. Außereheliche Schwangerschaft kam nunmehr einem Delikt gleich. So verfügte 1543 der Rat der Stadt Ulm, man solle »personen, die sich ergerlich halten unnd geschwenngert werden unnd aber allein beywonerin sein..., der statt verweysen, doch das den vättern die kinder zugestöllt werden«. Schwangeren, ledigen Bürgerinnen, die Almosen empfingen, sollte dieses gestrichen werden.[38] In der Folge wurde die außereheliche Schwangerschaft in noch höherem Maße von den Frauen als Bedrohung ihres sozialen Status empfunden und deshalb heimlich ausgetragen. Ende 1576 wurde in Nürnberg bekannt, daß sich über die Stadt verstreut halbprofessionelle Beherbergungsstätten für schwangere Frauen etabliert hatten. Als die

Behörden ermittelten, bestätigte sich der Verdacht. Bis zu sechs Monate hielten sich die Schwangeren bei fremden Leuten versteckt, um ihre Schwangerschaft vor ihrem sozialen Umfeld und vor der Obrigkeit geheimzuhalten. Ein Kindbettbeherberger gab im Verhör dann auch zu bedenken, daß diese Frauen »sonsten nirgendts hin under kommen mögen«. Er bestritt ein Profitinteresse, er habe vielmehr aus Mitleid gehandelt.

Offenbar ging es bei diesen Beherbergungen recht konspirativ zu. Trotz des langen Aufenthaltes ihrer Schützlinge in der heimlichen Unterkunft gaben die Beherberger an, keine Nachnamen zu kennen. Der Nürnberger Rat war ob dieser Gepflogenheiten empört, aber auch verunsichert. Er erbat sich ein Rechtsgutachten über die Frage, ob die Kindbettbeherberger strafrechtlich belangt werden können. Weiter wollte er wissen, was die »Vetteln«, wenn sie nirgends mehr unterkommen könnten, im Falle einer Schwangerschaft tun würden. Nicht ganz unbegründet wurde in diesem Zusammenhang auch die Gefahr der Kindstötung angesprochen.[39] Die Nürnberger Vorfälle belegen, daß der hohe moralische Anspruch, den die Reformation in die Gesellschaft trug, erkauft wurde mit einer noch stärkeren sozialen Diffamierung jener, die dieser strengen Moral nicht folgen konnten oder mochten.

Einweisungen ins Frauenhaus mußte seit der Reformation keine der als Huren diffamierten Frauen mehr befürchten. Die Stadtbordelle sind mit oder im Gefolge der Reformation geschlossen worden. Jede Form der Prostitution war von nun an als kriminell eingestuft. Aber die Palette gesellschaftlicher und sozialer Strafen blieb vielgestaltig. Ausweisung, Pranger, Unehrlichkeit, Zuchthaus waren nun die Menetekel, die über einem nichtkonformen Lebenswandel der Frau schwebten. Nichts an der Sittengesetzgebung der Reformatoren war eigentlich neu. Sie knüpfte an die Praxis des Spätmittelalters an, verdichtete sie und verschärfte zuweilen die Gesetze. Als Kontinuum in die Neuzeit hinübergerettet hat die Reformation die Verfolgung der außerehelichen Sexualität. Auch wenn Männer gelegentlich dieses Deliktes bezichtigt wurden, im wesentlichen richtete sich der entsprechende Vorwurf gegen Frauen. Und die patriarchalische Welt war vor und nach der Reformation nicht zimperlich, wenn es darum ging, sexuelle Verfehlungen bei Frauen zu bestrafen.

Lyndal Roper

Ödipus und der Teufel[1]*

Im Jahre 1670 gestand Regina Bartholome, mit dem Teufel wie Mann und Frau zusammengelebt zu haben. Fünf Jahre waren seit ihrem ersten Zusammentreffen mit dem Teufel vergangen, als sie – einundzwanzigjährig – vom Augsburger Rat verhört wurde. Sie erinnerte sich, daß der Teufel »sametin Hosen«, Stiefel und Sporen getragen und wie ein Edelmann ausgesehen habe. Sie hätten sich zweimal in der Woche zum Stelldichein in einem Wirtshaus in Pfersee getroffen, einem nahegelegenen Dorf, wo Juden lebten. Der Teufel bestellte Lungenwurst, Schweinebraten und Bier für sie, und die beiden aßen mit großem Appetit allein in der Gaststube. Er versprach ihr Geld, aber sie hatte kaum sechs Kreuzer von ihm erhalten, und selbst dieser Betrag entpuppte sich später als Falschgeld. Für diese magere Entlohnung hatte Regina für die Dauer von sieben Jahren einen Pakt mit dem Teufel geschlossen, Gott und der Dreifaltigkeit abgeschworen und den Teufel – ihren Liebhaber – an Gottes Statt zum Vater genommen.

Diese Geschichte, dramatisch in ihrer Einfachheit, ergibt mehr Sinn im Zusammenhang mit Reginas Lebensgeschichte, die sie ebenfalls erzählte. Ihr Vater, ein armer Mann, arbeitete als Tagelöhner für den Rat.[2] Ungefähr zu der Zeit, als Regina zum ersten Mal dem Teufel begegnete, ging sie, gerade erst in die Pubertät gekommen, ihre erste sexuelle Verbindung mit Michael Reidler ein; Reidler war ein älterer Mann, der als Stockmeister arbeitete. Etwa zur selben Zeit hatte ihre Mutter ein Verhältnis mit einem jungen Mann, Reginas Cousin, der zur Untermiete im Haus der Bartholomes lebte. Mutter und Cousin hatten ebenfalls das Dorf Pfersee besucht, wo die Mutter gelegentlich etwas bei den Juden verpfändet hatte. Das Verhältnis endete katastrophal: Reginas Mutter wurde an den Pranger gestellt, öffentlich entehrt und

* Aus dem Englischen übersetzt von Peter Sillem.

für immer aus der Stadt verbannt; ihr junger Liebhaber floh und wurde wenige Jahre später Opfer seiner Trunksucht. Regina, alleingelassen mit ihrem Vater, kochte und führte den Haushalt für ihn. »Wann Jch Von meiner harten Arbeith anheimbs komme, so mir etwann Wass Warmbes kochen kann, darmit ich mich Widerumben erlabe, nicht habe«[3], so der Vater in einem Gesuch an den Rat für seine Tochter. Was die praktischen Dinge betraf, so hatte Regina den Platz ihrer Mutter eingenommen.

Bartholome nahm erneut einen jungen Mann zur Untermiete auf, Jakob Schwenreiter, der verlobt war und wie Bartholome selbst als Tagelöhner arbeitete; Schwenreiter und er schliefen gemeinsam im Ehebett. Regina, inzwischen getrennt von ihrem ersten Liebhaber, verliebte sich leidenschaftlich in dieses neue männliche Wesen, brachte ihm Schnaps, Brot, Käse und Suppe und saß bei ihm auf dem Bett. Sie erzählte ihm, daß sie wüßte, wie sie an Geld von den Juden in Pfersee kommen könnte, und versprach ihm einen Anteil. Doch ihre Gefühle wurden nicht erwidert. Schwenreiter brachte bald seine Braut mit ins Haus und erging sich, wie Regina glaubte, stundenlang in Zärtlichkeiten mit ihr. In der Zwischenzeit war Reginas Vorhaben, den Juden in Pfersee zu betrügen und den jungen Mann für sich zu gewinnen, gescheitert: Sie hatte einen Juden beschuldigt, mit ihr geschlafen zu haben, was gegen das Tabu des Verkehrs zwischen Juden und Christen verstoßen hätte. Doch die Zielscheibe dieser Anschuldigung war ein Mann von unzweifelhaftem Charakter, so daß man Regina keinen Glauben schenkte. Sie hatte Glück, nur mit einem Verweis und einer kurzen Gefängnisstrafe wegen Meineids davonzukommen. Ihren Jakob Schwenreiter verlor sie endgültig, als er heiratete; etwa um dieselbe Zeit, behauptete Regina, habe ein weiterer junger Mann, von Beruf Kürschner, mittels eines Liebestranks ihre Leidenschaft für ihn zu wecken gesucht.

Die fortdauernden Querelen im Hause der Bartholomes brachten schließlich den gesamten Haushalt, einschließlich der Frischvermählten, vor den Amtsbürgermeister. Reginas öffentlich geäußerte Drohung, die junge Braut umzubringen, reichte aus, um ihre Inhaftierung sicherzustellen; auf diese Weise kam es zu dem Verhör, in dessen Verlauf Regina nicht nur gestand, sich mit dem Teufel eingelassen zu haben, sondern in dem sie auch ihre eigene Geschichte erzählte, die ich hier kurz wiedergegeben habe.[4]

I.

Wie können wir uns die Phantasie von Regina Bartholome erklären, jener Frau, die zu dem Glauben gelangte, des Teufels Geliebte, Tochter und Eheweib zu sein? Wie hängen ihre verschiedenen Erzählungen, die diabolische und die – für unsere Begriffe – reale, zusammen? Ich werde hier zeigen, daß die Phantasie, eine Hexe zu sein, in diesem Falle durch das Zusammenwirken von Verhörendem und Angeklagter zustandekommt, und daß die Triebkraft, durch die diese Phantasie Gestalt annimmt, tatsächlich auf nützliche Weise psychoanalytisch erklärt werden kann. Ich behaupte nicht nur, daß die Menschen der Frühen Neuzeit – auch wenn ihre geistige Landschaft auf den ersten Blick exotisch wirkt – über eine erkennbare Subjektivität verfügten, die uns vertraute Muster aufweist. Ich werde außerdem versuchen zu zeigen, daß die Logik der Verhöre und die Konstruktion einer ausgereiften Hexenphantasie mittels psychoanalytischer Begriffe erhellt werden können.[5]

Man könnte meinen, dies sei eine ungewöhnliche Verfahrensweise für eine Historikerin. Schließlich haben die Historiker, die sich mit dem Europa der Frühen Neuzeit beschäftigen, nach einigen anfänglichen kühnen Versuchen, psychoanalytische Methoden auf historische Figuren anzuwenden, weitgehend Vorsicht walten lassen. Sie bestanden auf der grundlegenden psychischen Verschiedenheit der frühneuzeitlichen Menschen von denen der Jetztzeit und verwiesen auf den historischen Charakter von Konzepten wie Familie, Individuum und Subjektivität.

Natalie Zemon Davis hat daran erinnert, daß die Menschen der Frühen Neuzeit bezeichnenderweise ihre Subjektivität in bezug auf andere bestimmten – auf Familie, Gilde oder Stadt.[6] Die Ehre, so haben viele Historiker betont, war der Kern, um den herum frühneuzeitliche Menschen ihre eigene Identität konzeptualisierten – und Ehre ist ein schlechthin sozialer Begriff. In einer Ehrengesellschaft leiten die Menschen ihr eigenes Selbstwertgefühl von dem der Gruppe ab, der sie angehören: Die Unehrenhaftigkeit eines einzelnen Mitglieds gefährdet nicht nur das Individuum, sondern die gesamte Gruppe.[7] David Sabean hat ausgeführt, daß das Gewissen, welches die Psychoanalyse als inhärenten Teil des Über-Ich werten würde, tatsächlich ein spätes Produkt des Protestantismus des 17. Jahrhunderts sei.[8] Stephen Greenblatt hat behauptet, daß die Psychoanalyse auf einer Wahrnehmung des Selbst beruhe, die in der Frühen Neuzeit erst allmählich entstanden sei. Daraus folge, daß es nicht möglich sei, die Theorie der Psychoanalyse auf Menschen anzuwenden, die eine vollkommen andere Vorstellung vom Subjekt hatten.[9] Es heißt, den Menschen der Frühen Neuzeit habe es an jenem Bewußtsein von Individualität gemangelt, das wir als entscheidend für das Selbstverständnis erachten: Modernität besteht in der Kluft, die uns von diesen Menschen trennt. Obwohl psychoanalytische Vorstellungen zuweilen unsere Textinterpretationen noch geschmacklich verfeinern, scheint die Verpflichtung gegenüber dem Historischen die ernsthafte Anwendung der Psychoanalyse als Theorie zur Interpretation nicht zu erlauben.[10]

Obwohl es sicher richtig ist, daß die Menschen der Frühen Neuzeit anders über das Verhältnis von Geist und Körper dachten[11], daß sie der Ansicht waren, Träume seien eher bei der Diagnose körperlicher denn geistiger Störungen hilfreich[12], daß sie glaubten, der Teufel sei am Werke in der Welt, und daß sie schließlich Phänomene als »real« einschätzten, die unserer Auffassung nach ins Reich der Phantasie gehören, treiben es diese Argumente mit der Vorsicht allzu weit. Es ist auffallend, daß die Historiker und Historikerinnen stets auf die andersartige Natur der frühneuzeitlichen Menschen verweisen, wenn sie gegen die Psychoanalyse argumentieren, so daß modern ist, was durch eine Veränderung des Begriffs des Selbst definiert wird – eine grundsätzliche Unterstellung von Andersartigkeit, die jedoch parasitär von unserem eigenen Entschluß lebt, Subjektivität zu historisieren, indem wir eine aussagekräftige Darstellung der Geburt des Selbst liefern. Gleichzeitig jedoch basiert die historische Interpretation, wie wir sie tagtäglich betreiben, fast immer auf der Annahme eines bestimmten Maßes an Ähnlichkeit: Wie sonst könnten wir uns eine Vorstellung von historischen Gestalten machen? Ich glaube nicht, daß der Status des Historischen gefährdet ist, wenn man anerkennt, daß einige seiner Merkmale fortdauern: die Bedeutung der Phantasie, das Unbewußte, der zentrale Einfluß von Elternfiguren auf die Psyche und die Art und Weise, wie Symbole oder Objekte mit tiefer psychischer Bedeutung viele Sphären des Lebens eines Individuums durchdringen. Die Psychoanalyse betont, daß Identität immer wieder neu errungen werden muß und sich teilweise durch Identifikation mit und Abgrenzung von anderen ausformt, eine Eigenschaft, die auch für die Epoche der Frühen Neuzeit gilt.

Es scheint mir, als sei der Ehrbegriff nicht die einzige oder gar hauptsächliche Möglichkeit der frühneuzeitlichen Menschen gewesen, um sinnvoll mit Mißlichkeiten umzugehen: Der durch Entehrung verursachte Furor, die Verteidigung des Leumunds gegen Beleidigungen und die Angst vor Schmach waren Ausdruck für das, was die Menschen als einen Angriff empfanden, bei dem das psychische und das körperliche Element ununterscheidbar waren – schließlich hing die Ehre einer Frau mit ihrem Körper zusammen. Ich glaube, wir wären besser beraten, die Ehre in Beziehung zu anderen Elementen des psychischen und emotionalen Lebens der frühneuzeitlichen Menschen zu setzen, als ihr Verhalten mittels eines konkretistischen Ehrbegriffs erklären zu wollen. Ein Phänomen wie das der Hexerei, bei dem geistige und emotionale Vorgänge körperliche Auswirkungen haben, dem das individuelle Handeln sowohl der Hexe wie auch ihrer Opfer wesentlich ist und das uns konfrontiert mit der fesselnden Natur der grellen Hexenwahnphantasmen, verlangt nicht nur nach einer soziologischen, sondern auch nach einer psychologischen Erklärung. Wenden Historiker oder Historikerinnen bei der Untersuchung des Hexenwahns einmal psychoanalytische Methoden an, so tun sie dies gewöhnlich, um Schlüsse über eine ganze Gesellschaft zu ziehen. Hier jedoch beabsichtige ich, auf der Grundlage von psychologischen Überlegungen das geistige Leben eines Individuums zu rekonstruieren.[13]

Regina Bartholome stand allgemein nicht im Ruf, eine Hexe zu sein. Niemand bezichtigte sie der Hexerei, auch wenn die Leute darin übereinstimmten, daß sie »seltsam« sei. Die Geschichte der Hexerei hat viele Frauen als Opfer gekannt, die zur Bewältigung der Ängste einer Gesellschaft herhalten mußten. Zu den beunruhigenden Eigenschaften eines Falles wie diesem jedoch zählt das selbstzerstörerische Potential einer Hexe. Regina erzwang ihre Inhaftierung selbst. Zuerst ließ sie sich auf das höchst riskante Unternehmen ein, einen Juden des Ehebruchs mit ihr zu bezichtigen, eine Anschuldigung, die sie nicht beweisen konnte und die ihren eigenen Ruf ebenso gefährdete, wie sie dem seinen schadete. Außerdem hatte die Angelegenheit ein gerichtliches Nachspiel, das mit einer kurzen Gefängnisstrafe noch glücklich für Regina ausging.[14] Im weiteren Verlauf ihrer Geschichte häufen sich die falschen Anschuldigungen: Sie bezichtigte die Braut Jakob Schwenreiters, also des jungen Mannes, dem ihre Leidenschaft galt, etwas von ihr gestohlen zu haben – und das hatte sie tatsächlich; doch nicht eine Pfanne, eine

Bettstatt und ein halbes Maß Korn waren Regina abhanden gekommen, sondern der Bräutigam.[15] Als Regina die Braut vorladen ließ und in der Kanzlei auch noch damit drohte, sie umzubringen, war ihre Verhaftung unvermeidbar.[16]

Ein ausschlaggebendes Moment für Reginas Prozeß war ihr Drang, sich selbst zu beschuldigen, sich selbst zu bestrafen und die Wahrheit über ein Vergehen zu enthüllen, das sie begangen zu haben glaubte. Beim Verhör wurde die Hexe mit zwei Ratsmitgliedern und schließlich mit dem für die Durchführung der Folter zuständigen Scharfrichter konfrontiert, der später auch die Hinrichtung ausführte. Es ist leicht zu erkennen, daß diese Personen Macht über ihr Opfer ausübten: Sie verkörperten die Macht des Rates und verfügten über Folterwerkzeuge. Es ist weniger leicht und weniger tröstlich für den Historiker und die Historikerin, die – wie auch immer erfolglose – eigene Einflußnahme der Hexe auf die Situation zu erkennen und überdies auszumachen, inwieweit der Sadismus des Verhörs den Bedürfnissen der Hexe selbst entgegengekommen sein mag.

Doch wie ist ihr Geständnis zu interpretieren? Hexenphantasien stellen für uns Historiker und Historikerinnen unwegsames Gelände dar – geschult wie wir sind, alles zu verifizieren und soziale Bedeutung zu konstruieren. Wie kann man soziale Bedeutungen von einer Grundlage ableiten, die uns ebenso offenkundig irreal wie auf widerspenstige Weise persönlich gefärbt vorkommt? Die erhellendsten Interpretationen haben Hexengeständnisse als kollektive Psychosen gewertet, deren Charakteristika sich am besten mittels historischer Entwicklungen darstellen lassen. Aufgabe der Historiker ist es, das allmähliche Erscheinen von Motiven wie Hexentanz, Teufelspakt und satanischer Messe aufzuspüren; sie werden als Phantasien erklärt, die allmählich von den Verhörenden durch sorgfältige Befragung produziert und durch die Verfolgten artikuliert wurden.[17] Carlo Ginzburg nimmt den entgegengesetzten Standpunkt ein, indem er diese Vorstellungen als ein Produkt des Volkes selbst, nicht seiner obrigkeitlichen Befrager, versteht und sie als Wiederkehr alter heidnischer Glaubensmuster interpretiert.[18] Er deckt ihre mythischen Strukturen auf und spürt ihren Bestandteilen bis zu ihren folkloristischen Manifestationen nach. Bei diesem Vorgehen spielen die Phantasien einzelner Hexen kaum eine Rolle: Den Hexen selbst, weniger bedeutsam als die Kulturen, in welchen sie leben, gilt nicht Ginzburgs vornehmliches Interesse.[19]

Beide Ansätze haben jedoch gemeinsam, daß sie den Ursprung der Phantasie außerhalb der Hexe lokalisieren, in der sich danach lediglich die Reste einer längst verschwundenen primitiven Religion verkörpern oder aber sich der Hexenglauben ihrer Befrager manifestiert. Doch eine Hexenphantasie mußte die Hörer von ihrem Wahrheitsgehalt erst überzeugen. Tatsächlich war das Verhör ein Prozeß, in dessen Verlauf die Obrigkeiten sich immer wieder versichern mußten, daß die Hexe die Wahrheit sagte, indem sie Zeugen verhörten, um Details zu bestätigen, und indem sie Punkt für Punkt die Aussagen der Hexe auf Unstimmigkeiten hin überprüften.[20] Die Phantasien mußten sich aus Vorstellungen zusammensetzen, die einer einzelnen Hexe zur Verfügung standen, aus dem Wissen ihrer Kultur über den Teufel und seine Machenschaften; was sie daraus auswählte, folgte einer eigenen Logik.[21]
In Regina Bartholomes Ausführung wimmelt es nicht von diabolischen Gestalten, um vom Kern der Darstellung, nämlich der Verbindung zwischen Regina und dem Teufel, abzulenken. Es gibt keine Hexenschwestern, keine Komplizen und keine Hexenlehrlinge, die Regina verführt hätten, und auch nächtliche Zusammenkünfte kommen nicht vor. Statt dessen gestattet es diese reduzierte Form des Zeugnisses, daß die Charakteristika der persönlichen Psychologie Reginas klarer zutage treten.

II.

Wie entstand die Hexenphantasie? Regina Bartholomes Darstellung von ihren Verbindungen mit dem Teufel, mit deren Zusammenfassung ich oben begonnen habe, war kein freies Geständnis. Es kam erst, mit beträchtlichem Widerstand, im Verlaufe von acht Verhören zum Teil unter der Folter bzw. ihrer Androhung zustande. Während dieser Verhöre gab sie vier verschiedene Darstellungen ihrer Beziehung zum Teufel, indem sie den Zeitpunkt der ersten Begegnung jedesmal weiter zurück in die Vergangenheit verlegte; und jedesmal brachte sie den Moment der ersten Begegnung in Zusammenhang mit einer anderen Liebesbeziehung in ihrem kurzem Leben.
Zunächst berichtete sie, der Teufel sei ihr erschienen, nachdem ihr der junge Kürschner, von dem sie glaubte, er wolle sie zur Hochzeit zwingen, den Liebestrank verabreicht hatte.[22] Dies war ein außergewöhn-

liches, freiwilliges Eingeständnis und nicht die Antwort auf eine Frage. Regina selbst brachte den Teufel ins Spiel, als sie erzählte, wie er sie bei ihrer ersten Inhaftierung durch den Rat in ihrer Zelle besucht habe. Eine diabolische Interpretation lag nicht von vornherein in der Absicht des Rates. Doch einmal erwähnt, wurde der Teufel ein Hauptgegenstand des Bemühens des Rates, sich auf Reginas Verhalten einen Reim zu machen. Ihre erste Darstellung wurde aber bald schon durch die Version abgelöst, daß der Teufel ihr bereits einige Monate zuvor erschienen sei, nämlich im Zusammenhang mit ihrer Verwicklung in die Anschuldigungen gegen den Pferseer Juden, also zur selben Zeit, da sie hoffte, den jungen Tagelöhner Jakob Schwenreiter dazu bringen zu können, ihr Geliebter zu werden. In einem späteren Verhör gestand Regina, den Teufel schon viel länger gekannt zu haben, und datierte die diabolische Verführung auf jenen Lebensabschnitt, als ihre Mutter die ehebrecherische Beziehung zu Reginas Cousin unterhalten hatte, die mit der Verbannung der Mutter endete. Schließlich, in einem letzten Ausbruch von Racheverlangen, brachte sie das Erscheinen des Teufels mit ihrer ersten Affäre zu dem Gefängnisaufseher Michael Reidler in Verbindung. Warum er nicht ebenso bestraft werde wie sie, wollte sie wissen: Dieser Mann, ihr erster Verführer, »möge wol selbs der Teuffel gewesen sein«.[23] Wie Regina sehr wohl wußte, war dies eine Anschuldigung, die – hätte der Rat ihr geglaubt – dazu geführt hätte, daß Reidler ebenso wie sie verhaftet und gefoltert worden wäre.[24]

Jede dieser verschiedenen Fassungen, die in Antwort auf die Fragen des Rates entstanden, verlegte also den Augenblick von Reginas Loslösung aus der christlichen Gemeinschaft zurück in einen immer früheren Lebensabschnitt, bis schließlich die Pubertät erreicht war. Wir sollten nebenbei die Parallelen zur Erklärungslogik der Psychoanalyse beachten, in deren Verlauf der Patient oder die Patientin ermutigt wird, weiter zurückliegende Lebensabschnitte zu erkunden, um später aufgetretene Konflikte und Zusammenhänge zu verstehen; sowohl Rat als auch Hexe verfahren gemäß dieser Erklärungslogik.[25] Wie auch in den Schilderungen der Psychoanalyse kann die »realistische« Erzählebene nicht von der diabolischen losgelöst werden, und nur die Erzählung in ihrer Gesamtheit erschließt uns ihre Bedeutung. Im Verlaufe ihrer Darstellung macht Regina uns mit den Figuren bekannt, die ihre Lebensgeschichte bevölkern. Aber dies scheinbar »wirkliche« Leben hat etwas Merkwürdiges: Alle Episoden, abgesehen von der Liebestrank-Affäre, variieren das Motiv von Liebe und Zurückweisung. Und selbst diese erste Geschichte ist eine Umkehr des Themas, denn hier spielt Regina selbst die Rolle der Zurückweisenden; übrigens versucht sie diese Rolle auch, veranlaßt durch die Befragung, gegenüber dem Teufel zu spielen, indem sie sich von seiner Macht zu befreien und in die christliche Gemeinschaft zurückzufinden versucht. Wir können außerdem beobachten, daß es das Erzählen ihrer Geschichten während der Befragungen Regina erlaubt, Vergeltung an jenen zu üben, die sie zurückgewiesen hatten, eine Triebkraft, die ihren Höhepunkt in der Anschuldigung findet, ihr erster Verführer sei der Teufel selbst gewesen.

Hier sollten wir Joyce MacDougalls hilfreiches Bild vom »Theater der Seele« zu Rate ziehen. Sie zeigt, wie Individuen sich andere Menschen zunutze machen, um sie einzelne Bereiche ihres Innenlebens darstellen zu lassen, so daß die inneren Konflikte des Individuums in Phantasievorstellungen hineinprojiziert und im Zusammenspiel mit anderen ausagiert werden. Weil diese Konflikte ebenso unerträglich wie unlösbar sind, werden sie ständig wiederholt und neuinszeniert.[26] Die Hexenbefragung, könnte man sagen, bot den Beschuldigten eine Bühne, um die miteinander verknüpften Konflikte zu erzählen und in Szene zu setzen – ein besseres Publikum als die hochaufmerksamen Ratsmitglieder und den Henker hätte man sich schließlich nicht wünschen können.

Doch wovon handeln diese Dramen? In den Bildern, die Regina wählte, und in ihren Berichten wimmelt es von ödipalen Motiven. Die Logik ihrer Erzählung läßt darauf schließen, daß Regina glaubte, es sei ihr gelungen, ihres Vaters Liebe zu erringen und ihrer Mutter die angestammte Position wegzunehmen, indem sie für ihren Vater kochte und den Haushalt führte. Es schien, als hätte sich ihr verbotenes ödipales Verlangen durch eine schreckliche Vergeltung der Phantasie erfüllt. Es ist also nicht verwunderlich, daß sie meinte, eine Strafe zu verdienen. Hierbei ist zu beachten, daß sich diese Vorgänge auf der Ebene der Phantasie abspielen; es gibt keinen Hinweis darauf, daß wir es mit einem Fall von Inzest zu tun haben, was jedoch die Bedeutung dieses Motivs nicht schmälert.

Ödipale Topoi scheinen auch in Reginas Beziehungen zu den anderen Figuren auf. Ihren ersten Liebhaber hatte sie just zu der Zeit, da ihre Mutter ein neues Verhältnis einging und den Vater verließ. Regina war damals gerade zwölf Jahre alt. In den Augen der Zeitgenossen erschien dies als die sexuelle Affäre einer Frühreifen mit jemandem, der gesellschaftlich höher stand und älter war. Wie ein böses Omen will es scheinen, daß Reidler als Gefängnisaufseher arbeitete. Hatte Reginas erster Liebhaber schon einige väterliche Eigenschaften verkörpert, weil er älter als sie und ein Landsmann ihres Vaters war, so ist die Nähe des zweiten Mannes, in den sie sich verliebte, zu ihrem Vater noch auffälliger. Jacob Schwenreiter übte nicht nur die gleiche Tätigkeit aus wie ihr Vater, sondern schlief auch mit ihm im selben Bett. Seine Unerreichbarkeit und die gefühllose Art, in der er sich mit seiner Braut zur Schau stellte, unterstreichen Reginas Scheitern, eine unabhängige Liebesbeziehung aufzubauen.

Tatsächlich gestattete ihr dies eine Wiederaufnahme des ödipalen Dramas, diesmal mit einer Mutterfigur, die sich nicht aus dem Haus vertreiben ließ. Als Regina dann versuchte, den Pferseer Juden mit der Behauptung zu erpressen, eine sexuelle Beziehung zu ihr unterhalten zu haben, wies dies eine ähnliche Logik der Vergeltung auf. Auch dieser Mann war älter und verheiratet; sie hatte Dinge bei ihm verpfändet wie ihre Mutter etwas bei den Juden in Pfersee verpfändet hatte, doch er hatte ihr weder mehr Geld gegeben noch hatte sie ihre Sachen zurückbekommen. Recht und Gesetz waren auf seiner Seite: Reginas Rache mußte daher die Form eines extremen und unehrlichen Angriffs auf seinen sexuellen Leumund annehmen. In der Art der Wiederholung von Symbolen, wie sie für Reginas Geschichte typisch ist, beschuldigte sie ihn, ein Tabu verletzt zu haben, das mit dem Inzesttabu verwandt ist, nämlich das Verbot von sexuellen Beziehungen zwischen Juden und Christen. Pfersee war der Ort der Romanze zwischen ihrer Mutter und ihrem Cousin. Und in einer Art »Rückkehr zum Tatort«, die für jede Wende in Reginas Schilderung charakteristisch ist, wird Pfersee am Ende dann zum Schauplatz ihrer eigenen Verführung durch den Teufel. In eben jenem Wirtshaus, behauptete sie, hätten der Teufel und sie sich regelmäßig in einen Nebenraum geschlichen, wo sie ihm zu Willen gewesen sei – was weder der erstaunte Wirt noch dessen Frau oder seine Bedienung bestätigen wollten.

Die gewohnte historische Vorgehensweise, die »realen« von den phantastischen Elementen dieser Erzählung ablösen zu wollen, bringt uns nicht weiter. Es ist nicht möglich, jenen Punkt auszumachen, an dem »wirkliche« Vorkommnisse wie die Affäre der Mutter oder das Verhältnis zu dem Stockmeister[27] ins Phantastische übergehen. Das Phantastische außer acht zu lassen, wäre tatsächlich deshalb nicht angebracht, weil jene Elemente bedeutsam sind, die Regina auswählte, um ihr Leben sinnvoll zu erklären. Ereignisse – ob real oder phantastisch – dienen in ihrer Erzählung nicht dazu, einen kausalen Zusammenhang mit späteren Geschehnissen herzustellen, als vielmehr dazu, dasselbe Bedeutungsmuster zu variieren: in diesem Falle den mehrfachen Inzest. Dies soll natürlich nicht heißen, daß ein Trauma nicht seine Spuren in der Psyche hinterließe. Aber man kann nicht einfach das wirkliche Geschehen aus dem Protokoll des Verhörs »herauslesen«. Es kommt darauf an, zunächst die psychische Logik der Erzählung zu erhellen, in der diabolische mit sexuellen Motiven verwoben sind, bevor wir Vermutungen über ihre Bedeutung anstellen können.

Bisher ähnelten die von mir nachgezeichneten Muster solchen, von denen man erwarten könnte, daß sie in einer Art freier Assoziation entstünden. Doch die Verhöre waren keine analytischen Gespräche. Die Gefahr der Folter – selbst wenn sie weder ausdrücklich angedroht noch tatsächlich angewandt wurde – bestand implizit während der gesamten Befragung. Wenn es Punkte gab, in denen der Rat mit den Antworten der Beschuldigten nicht zufrieden war, genehmigte er nach einer Beratung zunächst das Vorzeigen der Folterwerkzeuge und dann ihre Anwendung. In Reginas Fall griff man nur einmal – nach der sechsten Befragung – tatsächlich zur Folter, indem Regina zweimal mit leeren Gewichten aufgezogen wurde. Doch die Anwendung der Folter – die in diesem Falle noch verhältnismäßig milde ausfiel – erklärt nicht allein, was die Hexe gestand, warum ihre Schilderung just so ausfiel, wie sie ausfiel, und wie sie den Rat vom Wahrheitsgehalt ihrer Erzählung überzeugte – denn der Rat wußte, daß Schmerz die Menschen manchmal zu falschen Geständnissen verleitet.[28]

Und noch ein weiterer Unterschied der Hexenerzählungen des 17. Jahrhunderts fällt ins Auge: die Rolle des Teufels. Uns scheinen die Phantasien, die sich mit ihm beschäftigen, eindeutig ins Reich der Einbildung zu gehören und mit größerer Wahrscheinlichkeit unwirklich zu sein als das, was ich beschrieben habe. Doch für die Menschen jener Zeit waren sie Bestandteil der realen Welt. Indem Regina vom Teufel erzählte, tat sie nichts anderes als während des übrigen Geständnisses auch. Diese Beobachtung ist hilfreich für die Interpretation der diabolischen Elemente. Die Teufelsphantasie, wie sie in der Befragung zum Ausdruck kommt, kann meiner Ansicht nach nicht mit Halluzinationen gleichgesetzt oder mit größerer Berechtigung ins Reich der Phantasien verbannt werden als irgendein anderer Teil von Reginas Geständnis.[29] Statt dessen sollte sie als ein gleichwertiger Bestandteil der gesamten Darstellung der Hexe verstanden werden. Mit dem Teufel stand der Hexe eine Figur zur Verfügung, die es ihr ermöglichte, psychische Konflikte mit außerordentlicher Klarheit zu dramatisieren.

Im Deutschland des 17. Jahrhunderts gab es gute Gründe dafür, im Zuge eines Hexengeständnisses sowohl die eigene Lebensgeschichte wie auch eine Geschichte über den Teufel zu erzählen. Der Teufel, mit dem sich die Hexen trafen, war keine abstrakte Macht oder ein Symbol für das Böse: Obwohl er verschiedene Erscheinungsformen annahm, verkörperte er in erster Linie eine Gestalt, zu der man eine Beziehung unterhielt. Regina zum Beispiel entdeckte, daß er ihre Vorliebe für Lungenwurst und Bier teilte. Seine elegante Kleidung wies ihn als Adeligen aus, er bildete also einen Gegensatz zu Reginas trister Alltagswelt. Seine Erscheinung, seine Gestik und seine Aufmachung mußten von der Hexe stets genauestens beschrieben werden, selbst wenn sie auf ein Repertoire vertrauter Elemente zurückgriff, um ihn damit zu charakterisieren. Zur Hexe zu werden, hieß, eine – meist sexuelle – Verbindung zum Teufel einzugehen; folgerichtig bedeutete die Entdeckung einer solchen Beziehung eine Analyse der Ursprünge von Persönlichkeit, Motiven und Gefühlen der Hexe.

Die Befragung hatte also zum Ziel, einen Bericht zu konstruieren, der Rechenschaft über die Lebensgeschichte eines Individuums und seine Beziehungen zu anderen gab und erklärte, wie jemand dazu kommen konnte, sich aus menschlichen Verbindungen zu lösen und statt dessen in einer Art Perversion der Seele zu einer Anhängerin des Teufels zu werden.

Die diabolischen Elemente in Reginas Verhör spiegelten somit exakt die wichtigen Themen aus Reginas Leben wider. Wie die Formel für Reginas Abkehr von Christus besagte, hatte sie Gott abgeschworen und den Teufel zum Vater genommen. Er war gleichzeitig ihr Geliebter. Sie hatte sogar in Betracht gezogen, ihm Kinder zu gebären; der Teufel hatte verlangt, sie müsse ihm alle ihre Kinder überlassen, ob sie von ihm stammten oder nicht. Man könnte also sagen, daß die Geschichte vom Teufel es Regina gestattete, ihre ödipale Erzählung noch weiterzuentwickeln, so daß sie in ihrer Vorstellung ihren Vater mit der phallischen Kompensation der Kinder ausstattete; doch war diese Vaterfigur so mächtig und grausam, daß es ihr noch nicht einmal erlaubt war, diese Kinder zu behalten.[30] Natürlich hätte kein Gericht des 17. Jahrhunderts ihre Geschichte auf diese Weise interpretiert. Doch ihre Zuhörer hätten der diabolischen Erzählung eine ähnliche epistemologische Bedeutung beigemessen. In ihren Augen trug diese Erzählung dazu bei, die persönliche Lebensgeschichte zu erklären, und diese wiederum die Beziehung zum Teufel. Weil Regina auf den Teufel gehört hatte, handelte sie so, wie sie es tat; weil sie lüstern und auf Geld aus war, konnte der Teufel sie verführen.[31]

III.

Das ödipale Element beschränkte sich jedoch nicht nur auf die Motive, die Reginas Erzählung enthielt. Ihre Darstellung war das Ergebnis eines Gesprächs. Wenn man die Interaktion des Verhörs betrachtet, ist festzustellen, daß ein großer Teil davon Vater-Tochter-Beziehungen dramatisiert.[32] Regina begann ihre Befragung mit der Bitte, »zu ihrem Vater zurückkehren« zu dürfen, und im Verlauf des Verhörs wiederholte sie dieses Ansinnen immerzu: »Sie bitte vmb gottes barmherzigkeit, meine herrn solen ihr bald ausschaffen dass sie wider zu ihrem vatter keme.«[33] Sie schreie immerfort nur »O du armer Vatter, soll dein Kind nimmer zu dir komen«; wenn sie ihr etwas antäten, brächten sie zugleich den Vater ums Leben.[34]
Rückkehr wird mit der Rückkehr zum Vater gleichgesetzt, eine Vorstellung, die in dem Begriff »Vaterland« zum Ausdruck kommt, den Regina gebraucht, um in düsterer Vorahnung zu bitten: »Meine herrn wollen sie doch in ihrem Vatterland absterben lassen, dass sie nur wider zu ihrem vatter keme«[35]; »wann sies ausschaffen, dan sie brechtens vmbs leben. Sie wollen sie doch in ihrem Vatterland absterben lassen«[36]. Halb bittend, halb reumütig klingen ihre letzten Worte während des abschließenden Verhörs: »Vnd bittet in fine vmb gottes willen ob man Ihr doch dz leben geschenkt hette, vmb ihres alten Vatters willen«.[37] Indem sie ihre Liebe zum Vater und ihr Verlangen unterstreicht, zu ihm zurückzukehren, wird der Vater implizit dem mächtigen, unbarmherzigen Rat gegenübergestellt, der damit ebenfalls die Rolle einer starken Vaterfigur übernimmt: »Sie bitte Meine herrn woll doch an ihr thuen als Vatter, vnd sie nicht aus dem Vatterland treiben.«[38] Wieder-

holt bezichtigt sie den Rat, kein Mitgefühl zu kennen, und schreit, »sie spure niht dass es Ein gnedige Obrigkeit alhier habe, weiln man sie also ins Ellend hinaus zutreiben begehre«.[39] Hier weist sie also den eigenen Anspruch des Rates zurück, jene wohlwollende väterliche Autorität zu sein, als die er sich so unermüdlich in seinen steten Verfügungen und Verlautbarungen gerierte. Über dem Rat schließlich thronte eine weitere Vaterfigur, die seine Macht sanktionierte: Gott. Für Regina war auch er ein Vater, der ihre Hoffnungen enttäuscht hatte, und an seiner Stelle hatte sie den Teufel zum Vater genommen: »Sie habe gesagt, weiln Gott nicht Mehr Jhr Vatter, so wolle sie den Teuffel zu ihrem Vatter annemen, der soll Ihr vatter sein.«[40]

Reginas Wüten gegen diese Vaterfiguren ist nicht zu zügeln: Es richtet sich gegen den Rat, den sie für die Verbannung ihrer Mutter verantwortlich macht, und gegen Gott, der sie nicht erhören will. Ihr Ärger offenbart sich in andauernden Suiziddrohungen, und sie gibt dem Rat die Schuld daran: »Wan Ihr Meine herrn Ein schmach anthun und sie ausschaffen werden, so sturze sie sich in ein wasser. Sie haben ihre Muetter auch also hinaus gebracht, sie gebs ihnen auf Ihr gewissen«[41]; sie bitte darum, »dass Meine herrn sie nicht hinaus ins Ellend treiben, sonst muese sie sich ertrencken oder erhencken, vnd sage es frey heraus sie wolle alsdan auff Meine herren sterben«[42]. Die Menschen des 17. Jahrhunderts, die den Freitod als Verbrechen und Sünde ansahen, besaßen möglicherweise ein deutlicheres Gespür für die aggressive Logik der Selbsttötung als wir.[43]

Die Wut kommt zudem in der Angst vor Spott zum Vorschein. Öffentliche Entehrung, das Schicksal ihrer Mutter, war etwas, das Regina beständig fürchtete; und doch war es ihr eigenes Verhalten, das zur Befragung und schließlich zur schlimmsten Schmach überhaupt führte, nämlich zur öffentlichen Schilderung ihrer sexuellen Einlassungen mit dem Teufel, für alle hörbar bei Reginas Hinrichtung verlesen.

Es ist offensichtlich, daß gute und schlechte Väter Reginas Welt bevölkerten. In Anlehnung an Melanie Klein könnten wir sagen, daß es, indem sie ihr geistiges Universum in »gute« Väter, die ihr Schutz und Liebe boten, und »schlechte« Väter, denen sie gleichgültig war, aufteilte, Regina möglich wurde, ein »gutes« Bild von ihrem eigenen Vater zu bewahren, während sie den »schlechten« Vater auf andere Figuren projizierte.[44] Diese Wertverteilung war hochgradig instabil: Der Teufel, also der »gute« Vater, der Regina Wurst, Geld und Liebe schenkte, erwies sich als unzuverlässig und böswillig, als er ihr Falschgeld gab, ihre Inhaftierung nicht verhinderte und sie in ihrer Zelle schlug.[45] Für die verkehrte Zuordnung moralischer Werte mußte Regina teuer bezahlen. Durch ihren Pakt mit dem Teufel war sie aus der christlichen Gemeinschaft ausgeschlossen, und es war ihr unmöglich, das Vaterunser zu beten. Ihr Wüten, ihr Furor gegen andere ließen sie nicht in Frieden mit ihren Nachbarn leben. Es ist paradox, daß die Befragung ihr die Re-Integration und die Aussöhnung mit der christlichen Gemeinschaft der Stadt, mit dem Rat – durch Anerkennung seiner gerechten Macht und durch Unterordnung unter seine Verfügungen über ihr Schicksal – und schließlich – durch die Bekehrung vor ihrer Hinrichtung – mit Gott ermöglichte.

Reginas moralische Umwertungen hatten ihr geholfen, das Bild von ihrem Vater als gutem Vater zu bewahren und ihre Wut am Leben zu erhalten. Als diese geistige Ordnung ins Wanken geriet, kam auch der uneingestandene Haß auf ihren Vater – dessen Unfähigkeit, die Affäre der Mutter oder wenigstens deren Verbannung zu verhindern, schließlich in gewisser Hinsicht den Untergang der Mutter verursacht hatte – zum Vorschein. Während der sechsten Befragung fing Regina an, sich noch weiter vom Teufel zu distanzieren, indem sie auf die Frage des Rates, ob der Teufel sie nicht getröstet habe, antwortete: »Er habs Ja vertröst, aber dass ihr dz trösten nichts thue. Er lasse sie iezo... stecken. Were besser gewesen sie hette Gott im himmel zugeruffen. Gott wolle Ihr helffen überwenden.«[46] Dies führte dann, unter Folter, im Verlaufe desselben Verhörs zu dem schrecklichen Geständnis, daß sie beim Apotheker etwas gelbes Pulver gekauft hatte, um damit ihren Vater zu vergiften.

Während der nächsten Befragung erklärte sie, wie sie das Pulver in eine Brühe getan habe, die sie für ihn gekocht hatte – eine Enthüllung, die sie umgehend dadurch einzuschränken versuchte, daß sie aussagte, der Teufel habe ihr lediglich aufgetragen, dem Vater das Pulver zu geben; sie habe nicht gewußt, daß es sich um Gift handle – womit sie den Rat natürlich darüber in Kenntnis setzte, daß das Pulver tatsächlich giftig war. Bis hin zur sechsten Befragung hatte Regina keinen Schadenzauber zugegeben. Ihr Vergehen hatte darin bestanden, einen Pakt mit dem Teufel geschlossen zu haben, und nicht in der Anwendung von Schadenzauber an Menschen oder Tieren. Doch jetzt gab sie zu, versucht zu haben, zwei Häuser in Brand zu stecken und die Braut des Mannes zu vergiften, den sie liebte, und sie gestand, daß sie des Nachts zu Göggingen nackt auf Tieren geritten sei und so deren Krankheit verursacht habe und daß sie schließlich versucht hatte, Vatermord zu begehen, was gegen die natürliche Verwandtenliebe und die soziale Ordnung verstieß.

Es wurden Zeugen geladen, um diese neuesten Geständnisse zu überprüfen. Die angeblichen Opfer der Brandstiftung wiesen jegliches Gerede von Zauberei von der Hand, und die Schafhirten aus Göggingen konnten von ihren Herden nicht Außergewöhnliches berichten. Die junge Braut hatte keine Vergiftungserscheinungen bemerkt, äußerte aber, sich vor Regina zu fürchten. Als jedoch Reginas Vater Hans Bartholome befragt wurde, schwankte er. Er erklärte, nichts von einem solchen Versuch seiner Tochter geahnt zu haben. In seinem Bemühen, die Unterstellung väterlicher Verantwortungslosigkeit zurückzuweisen, sagte er aus, »Er kenne nicht sagen, dass Er die Tag seines lebens gespührt habe, dass der böse zu ihr kommen, allein wie Er Jezo höre, so solle sie beym Pfersensteg mit ihm zu thuen gehabt haben«.[47] Er gab zu Protokoll, seine Tochter sei seit ihrer Jugend »leppisch im Kopf« gewesen, konnte aber nicht eindeutig die Möglichkeit widerlegen, daß sie eine Hexe sei, oder auch nur, daß sie Haß auf ihn empfunden habe. Regina beschloß ihr letztes Verhör mit der flehenden Bitte an den Rat, sie zu ihrem Vater zurückkehren zu lassen. Tragischerweise konnte dieser sie am Ende nicht beschützen. Wie schon vorher seine Frau, war er gezwungen, auch Regina der Justiz des Rates auszuliefern.

IV.

Bislang haben wir die Dynamik der Geständnisse Regina Bartholomes erkundet. Doch warum sollte ihr der Rat geglaubt haben, daß sie eine Hexe war? Die Antwort auf diese Frage ist nicht so einfach, wie man erwarten könnte. Denn der Rat verfügte über eine weitere mögliche Erklärung für Reginas Verhalten: daß sie nämlich geistesgestört sei. Tatsächlich hatte sich der Rat anfangs, als er gegen Regina anläßlich ihrer Beschuldigungen des Pferseer Juden ermittelte, der Meinung ihrer Nachbarn angeschlossen, daß sie nicht ganz bei sich sei, und die Empfehlung ausgesprochen, daß man sich gut um sie kümmern sollte. Im zweiten Verfahren veranlaßte der Rat dann eine Untersuchung Reginas durch Spezialisten, um herauszufinden, ob ihr geistiges Gleichgewicht gestört sei. Die Gutachten bescheinigten ihr volle Zurechnungsfähigkeit, während Reginas melancholische Anwandlungen – wie sie es selbst auch tat – als Folgen ihrer Haftbedingungen gewertet wurden.

Rund dreißig Jahre später schenkte der Rat den Geständnissen zweier anderer Hexen keinen Glauben, die behaupteten, sich mit dem Teufel eingelassen zu haben. In beiden Fällen urteilten die medizinischen Gutachter, daß die Frauen unter Melancholie litten, und sprachen sich für ihre Freilassung aus.[48] Und etwa zur selben Zeit, als Regina Bartholome wegen Hurerei mit dem Teufel hingerichtet wurde, konnte Regina Schiller die Obrigkeiten in Augsburg und ganz Süddeutschland nicht davon überzeugen, tatsächlich, wie sie behauptete, einen in Blut geschriebenen Pakt mit dem Teufel geschlossen zu haben. Regina Schillers diabolische Geständnisse waren sorgfältiger konstruiert und besser zu belegen als die Regina Bartholomes; sie konnte sogar den Zettel vorweisen, auf dem sie durch ihre mit Blut geleistete Unterschrift gelobte, auf ihr Tauf- und Geburtsrecht zu verzichten. Warum also änderte der Rat in Sachen Regina Bartholome plötzlich seine Meinung und ermittelte gegen sie wegen Hexerei?[49]

Diese Überlegungen führen zurück zur Rolle der Verhörenden. Im einzelnen waren das der Rat, der die Fragen formulierte und am Schluß auf schuldig erkannte; die Inquisitoren, einzelne Vertreter des Rates, die Regina acht Sitzungen lang verhörten und ihr die Antworten entlockten; und schließlich der Henker. Ihre Aufgabe als Verhörende war es, die Stränge von Reginas Erzählungen miteinander zu verknüpfen, indem sie außer acht ließen, was ihnen falsch oder unwichtig erschien. Ihre Fragen stellten den Beweggrund für Reginas Geständnisse dar: Warum hatte sie einen Pakt mit dem Teufel geschlossen? Auf wen empfand sie Haß oder Neid? Was hatte der Teufel ihr gesagt? Einige Motive hielten die Befrager für nicht weiter analysierbar, darunter vor allem das der Habgier: Nachdem Regina mehrere Male behauptet hatte, sie habe den Teufel »vmb des schnöden gelts willen«[50] herbeigerufen, wertete dies der Rat in seinem Urteilsspruch als grundlegende Erklärung für ihr sündiges Tun. Auf entsprechende Weise entlockte ihr der Rat Aussagen über Vater- und nicht über Mutterbeziehungen, weil die Verbindungen zwischen Frauen

und Männern seinem eigenen Erklärungsparadigma von Hexerei entsprachen, nämlich der Verführung von Frauen durch den Teufel.[51]
Natürlich stoßen wir hier mit einer psychoanalytischen Deutung auf besondere Probleme, weil wir es bei dem Rat mit einem Kollektiv und nicht mit einem Individuum zu tun haben. Es ist außerdem schwierig, mehr als nur Vermutungen darüber anzustellen, was das psychische Movens seines Interesses gewesen sein mag. Notwendigerweise bleiben also unsere Informationen indirekt, abgeleitet aus der Struktur der Fragen selbst, aus ihren Formulierungen und ihrer Dynamik. Verhörende stellen Fragen und sind nicht deren Gegenstand. Dennoch ist das Fragen keine unschuldige Tätigkeit, denn durch Fragen formen sich Erzählungen. Daß es den Ratsherren gelang, dieses Material zutage zu fördern, liegt wahrscheinlich zum Teil an ihren eigenen unbewußten Investitionen in die Elemente von Reginas Erzählung.
Regina stellte keine wirkliche Bedrohung der Macht des Rates dar, doch in ihrem extremen Verhalten offenbarte sich eine mangelnde Unterordnung gegenüber Autoritäten, ob weltlich oder geistlich, was ihrer Zuhörerschaft ebenso erschreckend wie verlockend erschien. Bei ihrer ersten Befragung im zweiten Verfahren gegen sie wollten die Verhörenden wissen, »ob sye nit erkhennen vnd bekhennen müsse, dz lobl. gedachte Obrigkeit Jres Jungst verübten verbrechens halber, oneracht sye desswegen wol ein mehrers, vnd gahr eine offentliche bestraffung verdienth hete, darnach gegen Jr genad eingewendet...« und weiter, wie sie es wagen könne zu behaupten, daß der Rat »nit recht procedirn vnd verfahren thette«.[52] Beim fünften Verhör fragten die Ratsherren, als Regina ihre Klagen wiederholte, wiederum, »woher verhaffte... abnemme, dz sye kheine gnedige obrigkheith alhier habe, vnnd in weme sye sich das zubeklagen, dz man mit Jr bisshero zu streng oder scharpff verfahren, wie sye es schon hieuor mehrmahlen wol verdienth hette«.[53]
Im sechsten Verhör schließlich wollte man noch einmal wissen, warum Regina während der letzten Befragung behauptet hatte, die Obrigkeit sei ungnädig; mit der nächsten Frage versuchte man dann, Regina zu dem Eingeständnis zu bringen, daß die Herrschenden großzügig seien.[54]
Auch aus diesem Grunde konzentrierte sich der im Auftrag des Rates erstellte Fragenkatalog in erster Linie auf Reginas Teufelspakt. Es war nicht nur so, daß der Glaube an den Pakt den obrigkeitlichen Glauben an Hexerei charakterisierte, obwohl ein wichtiger Punkt im Bemühen

des Rates offenkundig darin bestand, seine eigenen dämonologischen Überzeugungen mit der Überfülle der phantastischen empirischen Beweise zu vereinbaren, die Regina lieferte. Der Pakt war auch deshalb so bedeutsam, weil er dem Vergehen, das der Rat als Wurzel aller Hexerei ansah, dokumentarische Form verlieh: der Ablehnung der guten, gerechten und väterlichen Autorität und der Anerkennung des Gegenteils, nämlich des Teufels. Bis zum achten und letzten Verhör hatte sich Regina schließlich vollständig der Autorität des Rates überantwortet: Sie »habe nicht beten kennen, aber Jezo kenne sie betten, Sie bitte Meine herrn vmb gottes willen, dass man ihr doch möchte dz leben schencken, wans sein kenne…«, wenn nicht, dann solle allerdings auch der Stockmeister bestraft werden. »Wo man Jhr dz leben nemmen wolle, so seie es in gottes Namen, wo sie aber möchte begnedigt werden, so hebe sie gott darumb vnd Jhrer Obrigkeit zu danken.«[55]
Hexerei bot einem Individuum die Gelegenheit, die väterliche Autorität, damit zugleich die Gesellschaft und die christliche Gemeinschaft, welche die Stadt bildete, anzugreifen. Sie legte aber gleichzeitig offen, daß die Re-Integration in die Gemeinschaft letzten Endes mit Gewalt erzwungen wurde: Die schonungslose Befragung und die Androhung von Folter, über die sich Regina beklagte, stellten ihre Anerkennung der »gnädigen« Autorität sicher. Diese Gewaltanwendung im Kernbereich der gütigen obrigkeitlichen Vaterbeziehungen stellte eine fesselnde Allegorie der psychischen Dimensionen der Macht dar, die die Ratsherren selbst als Väter besaßen.
Der Rat sorgte sich so sehr um wahre töchterliche Reue der Hexe, daß er, wie es üblich war, einen »Trostknecht« bezahlte, um sie in ihre Zelle zu begleiten und sie das Beten des Vaterunsers zu lehren.[56] Haft, Gebet und wiederholte Befragung gestatteten es somit dem Rat, durch seine Vertreter – die Verhörenden, die Schreiber und den Henker – das Drama der ungehörigen Tochter zu inszenieren. Regina entledigte sich ihrer Aufgabe mit einer fesselnden Darbietung. Sie bespuckte die Ratsvertreter, während sie aufgezogen hing, weigerte sich zu antworten und bat den Teufel, sie von der Folterbank zu befreien, als Jesus, Maria und ihre Peiniger sie nicht losmachen wollten: »Kom, Teüffel, vnd hole mich hinweg, Schlag donner vnd hagel alle die zu boden, die da sein.«[57] Ihre verstörenden Phantasien von ödipaler Vereinigung mit dem Teufel mögen unbewußt den empfindlichen Nerv der eigenen ödipalen Konflikte der Befrager getroffen haben, die sie in der Adoleszenz wieder und wie-

der durchgespielt hatten. Das 16. und 17. Jahrhundert verwendete einen Großteil seines patriarchalischen Disziplinierungsvermögens darauf, die große Aggression der jungen Männer zu zügeln.[58] Hier könnte man spekulieren, daß die Ratsherren die doppelte Last der Überreste ihrer ödipalen Strukturierung und ihrer – realen wie irrealen – Erfahrungen als Väter zu tragen hatten. Sie waren somit die perfekten Partner für Reginas Selbstdramatisierung.[59]

Zur Hexenbefragung gehören zwei Seiten, die Hexe und ihre Befrager. Beide sind für die Entstehung der Phantasie notwendig. Das schonungslose Nachfragen der Verhörenden und deren unerbittlicher Blick aufs Detail ermutigten die Hexen zu ihren Phantasievorstellungen und öffneten den Blick auf ihre Beweggründe und die Schuldfrage. Beide waren psychisch am Inhalt der Phantasie beteiligt. Zeitweise wurde im Verlauf der Befragung der Drang zum Zusammenwirken zwischen der Hexe und ihren Befragern so stark, daß diese über den ihnen vorgeschriebenen Fragenkatalog hinausgingen. Es waren die Verhörenden, die Regina denken ließen, sie habe mit dem Teufel wie Mann und Weib gelebt, eine Formulierung, die einen tiefen psychologischen Sinn ergab und die Regina willig als Beschreibung ihres Verhaltens übernahm.[60]

V.

Historiker und Historikerinnen haben sich lange darüber die Köpfe zerbrochen, warum so viel mehr Frauen als Männer der Hexerei bezichtigt wurden. Ich habe an anderer Stelle die Ansicht vertreten, daß die Überzahl der Frauen unter den Hexen nicht anhand soziologischer Charakteristika der Frauen als Gruppe erklärt werden kann. Nur gegen eine ganz geringe Minderheit aller Frauen wurde wegen des Vorwurfs der Hexerei ermittelt, und oft wurden diese Frauen von ihren Geschlechtsgenossinnen der Hexerei bezichtigt.[61] Doch diese Überzahl kann, wie ich meine, mit Dilemmata, die aus der psychischen Identität des Frauseins resultieren, in Verbindung gebracht werden. Elemente in der Interaktion zwischen der Hexe und ihren Verfolgern ließen die Hexenphantasie entstehen. Die mit der Stellung als Frau verbundenen psychischen Konflikte, ob sie nun ödipaler Natur waren oder mit Mutterschaft zu tun hatten, bildeten die Grundlage für das psychische Drama des Hexenverhörs und gaben das Material ab, an dem die Befrager –

fasziniert und entsetzt zugleich – arbeiten konnten, indem sie ihrerseits eigene Phantasien über Weiblichkeit, Vaterschaft und diabolische Handlungen entwickelten. Die meisten Frauen meisterten ihre psychischen Konflikte natürlich, ohne Opfer einer krankhaften diabolischen Versuchung zu werden. Nicht in allen Fällen von Hexerei brachten die Befragungen ein emotionales Verhältnis zum Teufel zutage, und auch nicht alle Hexen entwickelten Hexenphantasien. Doch in den wenigen Fällen, wo es so war, gestatteten es die Möglichkeiten einer Kultur, die vom Glauben an die Macht des Teufels, der Väter und der Frauen besessen war, daß sich Interessen entzündeten und daß sie in Verhören unter Folter und in den sadistischen, masochistischen Berichten aufloderten, welche den Appetit der Zeitgenossen auf Geschichten von Frauen und ihrem Verhältnis zum Teufel anregten.

Die Analyse, die ich hier versucht habe, behält jedoch etwas zutiefst Verstörendes. Es wäre möglich, Reginas Antworten als den Versuch einer Selbstheilung zu verstehen – oder ihre Befragung, wie der Rat gedacht haben könnte, als den Versuch einer Wiederaufnahme in die Gemeinschaft der Christen, was Regina vielleicht als Rückkehr zu ihrem Vater verstanden hätte. Durch die Sühne ihrer Sünden auf dem Richtplatz wurde ihr die Hoffnung zuteil, ins himmlische Königreich zu gelangen. Auf Erden indessen ging sie in die Chroniken ein als Hexe, deren Tod die Stadt geläutert hatte.[62]

Doch so sehnlich wir uns auch alle ein Happy-End wünschen – ein solch heiterer Funktionalismus wäre unangebracht. Für Regina war die Folge der langen Verhöre und ihrer Haft ein vollständiger Willensverlust, der mit einem aussichtslosen Verlangen nach Rache korrespondierte. Am Ende bat sie nicht einmal mehr um ihr Leben und überantwortete die Macht darüber dem Rat: »Wa man Jhr dz leben nemmen wolle, so seie es in gottes Namen, wo sie aber möchte begnedigt werden, so hebe sie gott darumb vnd Jhrer Obrigkeit zu dancken.«[63] Auch die zwischenzeitliche Unterwerfung unter die väterliche Autorität des Teufels hatte für Regina keinen kompensatorischen Gewinn an Fruchtbarkeit gebracht, denn nach ihrer eigentümlichen Fassung des Pakts mit dem Teufel mußte sie ihm alle Kinder überlassen. Die diabolische Gestalt, die Regina vom ersten Moment ihrer Haft an zum Suizid drängte, und die strafenden Vaterfiguren, die schließlich für Reginas Vergehen ihren Tod forderten, verfolgten sie mit solcher Strenge, daß sie am Ende durch nichts als die Opferung Reginas zufriedenzustellen waren. Reginas innere Welt mit all ihren instabilen Zuordnungen moralischer Werte zerfiel. Der Rat stellte am Schluß, trotz der Zweifel einiger seiner Mitglieder, das innere Einvernehmen her und spielte seine Rolle als strafender Patriarch bis zum Ende, indem er Reginas Hinrichtung und die Verbrennung ihres Leichnams überwachte.[64] Wir können Reginas Verhalten interpretieren; wir können es in einen historischen Kontext einordnen; doch es bleibt die noch unbewältigte Aufgabe der Psychologie wie auch der Geschichtswissenschaft, die karge Schutzlosigkeit der individuellen psychischen Landschaft insgesamt zu rekonstruieren, der dieses Verhalten entsprang.

Otto Ulbricht

Kindsmörderinnen vor Gericht

Verteidigungsstrategien von Frauen in Norddeutschland 1680–1810

Als Goethe 1776 sein Gedicht »Vor Gericht« schrieb, ließ er eine schwangere ledige Frau selbstbewußt vor Amtmann und Pfarrer treten: »Von wem ich es habe, das sage ich Euch nicht« – mit diesen Worten verweigert sie vor der weltlichen und der geistlichen Obrigkeit die Aussage und setzt damit den Ansprüchen von Staat und Kirche eine Grenze. Der mutigen Forderung nach einem Ende der Fragen – ein dreistes Ansinnen in den Augen der Obrigkeit – folgt eine Anklage: »Ihr helft mir ja auch nicht«, wirft sie den Untersuchenden vor.[1]

Die Worte »vor Gericht« oder entsprechende Wendungen wie »im Verhör« oder dramatischer »im Kreuzverhör« tauchen in letzter Zeit immer häufiger als Teil von Buch- oder Aufsatztiteln auf.[2] Doch es ist nicht die konkrete Situation der oder des Angeklagten im Gerichtssaal, die in diesen Untersuchungen thematisiert wird. Vielmehr verbergen sich hinter den plastischen Titeln meist Werke der historischen Kriminalitätsforschung,[3] in denen das Problem der Untertanen vor Gericht nur am Rande gestreift wird. Das trifft erst recht für die hier relevante, meist ältere historische oder strafrechtsgeschichtliche Forschung zum Kindsmord zu, die besonders an den sozialen und ökonomischen Aspekten der Verursachung bzw. an dem Wandel der Bewertung und Bestrafung dieses Delikts, an seiner Privilegierung, interessiert war.[4] Doch es lassen sich erste Anzeichen eines Wandels beobachten. Mit dem Aufkommen der historischen Kriminalitätsforschung, mit dem mikrohistorischen Zugriff, mit dem Interesse an der subjektiven Seite der Geschichte gerät auch der Inquisit, der/die Befragte, immer mehr ins Blickfeld des Historikers.

Natalie Zemon Davis hat die Gnadengesuche von französischen Verurteilten untersucht, allerdings ihr Interesse auf deren Erzählkunst gerichtet.[5] Gerd Schwerhoff jedoch hat in seiner großen Studie über Kriminalität in Köln einen Überblick über die Verteidigungsstrategien von

Inquisiten vom Geständnis bis zur Widerrede gegeben.[6] In den neuen Kindsmordstudien von Regina Schulte, Richard van Dülmen und des Verfassers befinden sich eine Reihe von Bemerkungen zum Verhalten der Täterinnen vor Gericht.[7] Hier wird es nun ganz bewußt in den Mittelpunkt der Betrachtung gestellt. Das Auftreten der Kindsmörderin im Angesicht der strafenden Obrigkeit, ihre Antworten auf die Fragen der Untersuchenden, ihre Reaktion auf die Tortur sind ein bisher vernachlässigter Faktor im Prozeßgeschehen und schon deshalb untersuchenswert. Die Gerichte, Obergerichte und der Landesherr bestimmten den Verlauf eines Verfahrens nicht allein. Der Inquisit war eines der Zahnräder der Prozeßmühle; wie dieses kleine Rädchen »funktionierte«, konnte das ganze Verfahren beeinflussen.

Man mag Zweifel daran haben, ob eine Untersuchung des Inquisiten als Faktor im Verfahren sinnvoll ist. Schließlich stellte die »peinliche Frage« zu jener Zeit noch ein legitimes Mittel der Wahrheitsfindung dar, und außerdem ist bekannt, daß die Todesstrafe unzählige Male bei Kapitalverbrechen ausgesprochen wurde. Aber zum einen kam es nicht immer zur Tortur, und wenn es der Fall war, dann führte sie nicht geradewegs zum Geständnis und der darauf folgenden Todesstrafe. Selbst in Hexenprozessen, in denen sie häufig mit großer Brutalität angewandt wurde, gestand nicht jede der angeklagten Frauen. Solide Spezialstudien haben immer wieder festgestellt, »daß kein Automatismus zwischen Folter und Strafe bestand«.[8] Der Inquisit hatte also auch bei der Anwendung der »peinlichen Frage« eine Chance, der Todesstrafe zu entkommen.

Zum anderen wird Urteilen, die nicht auf Tod lauteten, allzu häufig keine Beachtung geschenkt. Strafen wie die *poena extraordinaria*, zu der man griff, wenn man die Regelstrafe nicht aussprechen konnte, oder die Möglichkeit, durch einen Reinigungseid die Freiheit wieder zu gewinnen, werden weitgehend ignoriert. Dabei konnten sie zu bestimmten Zeiten einen sehr beachtenswerten Anteil der Urteile ausmachen. So lassen sich z. B. im Zeitraum zwischen 1689 und 1720 in den Herzogtümern Schleswig und Holstein 23 Kindsmorde feststellen; sechsmal wurde die Todesstrafe verhängt, neunmal aber eine Landesverweisung ausgesprochen und einmal auf den Reinigungseid erkannt. Selbst wenn für die sieben Prozesse, deren Urteil nicht bekannt ist, jeweils ein Todesurteil angenommen wird, dann ergibt sich ein Verhältnis von 13 Todes- zu 10 anderen Strafen; ein deutlicher Hinweis auf das

Gewicht anderer Strafen.[9] Um solche verhängen zu können, mußte die Inquisitin ihren Beitrag, er mag als klein einzuschätzen sein oder nicht, durch entsprechende Aussagen leisten.

Wenn es doch zu einer Todesstrafe kam, darf man den Unterschied zwischen einer ehrenhaften und einer unehrenhaften Lebensstrafe nicht vergessen. Uns mag er heute gleichgültig erscheinen, nur eine skurrile Differenzierung vergangener Blutrünstigkeit darstellen; für die Zeitgenossen jedoch konnte er von immenser Bedeutung sein. Anna Asmussen »wolte« 1731, als der Prozeß über ein Jahr gedauert und man sie zum Geständnis gebracht hatte, »gern sterben, wenn sie nur eine ehrliche Begräbniß erhalten und bey ihr Kind kommen möchte«.[10] Diesen sehnlichen Wunsch teilten andere mit ihr. Ob nun eine ehrenhafte Todesstrafe verhängt oder eine Begnadigung ausgesprochen wurde, hing auch von den Aussagen der Frau im Prozeß ab.

Die Konfrontation des Untertanen mit der Obrigkeit überlagert andere Dimensionen, die aus sozial- und geschlechtergeschichtlicher Perspektive ausgesprochen reizvoll sind: Im Gerichtssaal trafen unterschiedliche Schichten aufeinander und nicht zuletzt auch die beiden Geschlechter. Auch diese beiden interessanten Aspekte verdienen Beachtung. Die Thematik bietet also die Möglichkeit, eine Situation auszuloten, die durch prinzipielle Ungleichheit geprägt ist: Der Untertan stand vor der mächtigen Obrigkeit, die Dienstmagd aus der Unterschicht vor dem gelehrten Juristen aus dem Bürgertum, die Frau vor dem ihr in der Gesellschaft der Zeit übergeordneten Mann.

Als verdächtige Person war der Untertan mit der untersuchenden und richtenden Obrigkeit konfrontiert, die sein Leben in der Hand zu haben schien. »Fast naturgemäß«, schreibt Gerd Schwerhoff, »nahm der Angeklagte eine demütige und unterwürfige Rolle gegenüber den Inquisitoren ein.«[11] Demut und Unterwürfigkeit sind zeitgemäße Reaktionen auf die Autorität des Gerichts; die Frage ist jedoch, ob man weitergehen und folgern darf, daß die Inquisitinnen sich einer ihnen fremden Welt hilflos ausgeliefert fühlten, daß sie sich in ihr nicht zurechtfanden. Oder ob diese Situation nicht vielmehr nur bedeutet, daß gewisse Strategien wie Widerspruch oder gar die Anklage des Gerichts nicht in Frage kamen, während sie andere hervorrief, die der Situation angepaßt waren. Eine ledige Mutter, die verhört wurde, weil man den Vater ihres Kindes feststellen wollte, konnte eben nicht wie Goethes junge Frau in dem eingangs zitierten Gedicht sagen »Das sage ich Euch nicht«, sie konnte aber sehr wohl behaupten, sie wisse es nicht[12] oder sie kenne nur den Vornamen, oder sie konnte einen falschen Namen nennen.

Die Konfrontation von Unterschicht und gebildetem Bürgertum (oder gelegentlich auch Adel) – die Kindsmörderin Anna Magdalena Stahrs z. B., die ganze fünf Wochen eine Schule besucht hatte, mußte die Fragen des promovierten Anklägers, der gleichzeitig Bürgermeister der größten Stadt in der Gegend war, beantworten – wirft unter anderem die Frage auf, ob es den Frauen gelang, ihre eventuell abweichenden rechtlichen und moralischen Anschauungen so denen des bürgerlichen Untersuchenden anzupassen, daß sich die rechtliche Situation nicht zu ihren Ungunsten veränderte.

Zum Schichtunterschied kam in Kindsmordprozessen der des Geschlechts. Gleichgültig, ob es sich um den Untersuchenden, die Gerichtsschöffen, den Schreiber, den Fiskal (von Amts wegen bestellter Ankläger) oder den Scharfrichter während der Tortur handelte: Der Frau standen stets nur Männer gegenüber. Nicht nur das. Es präsentierte sich im Gerichtssaal eine verkehrte Welt: Ein Vorgang, der einen ausschließlich weiblichen Handlungs- und Diskussionsbereich darstellte, der geradezu eine Tabuzone für Männer war, wurde von den Untersuchenden mit ihren Fragen thematisiert: die Geburt. Die besondere Situation von Frauen vor einem männlichen Gericht (und vor Gericht überhaupt) hat zu einer Reihe von Debatten und Annahmen geführt. Seit einigen Jahren diskutieren deutsche Soziologen, ob die Gerichte heute eine Tendenz haben, bei Frauen zu milderen Urteilen zu kommen, ob es einen Frauenbonus gibt.[13] Auch für vergangene Zeiten ist dieser Gedanke geäußert worden. Da weibliche Schwäche und der mindere Rechtsstatus die Wahrnehmung von Richtern im Frankreich des 19. Jahrhunderts geprägt hätten, wären sie in paternalistischer Manier zu milderen Urteilen und vielen Freisprüchen gekommen, »y compris en matière d'infanticide«, schreiben Arlette Farge und andere.[14] Der mindere Rechtsstatus der Frau und die Vorstellung von ihrer Schwäche mit ihren antiken Wurzeln existierten auch in der Frühen Neuzeit. Es stellt sich also auch hier die Frage, ob das Frauenbild der Männer (und sein eventueller Wandel) wie das damit in Beziehung gesetzte Verhalten der angeklagten Frauen nicht Einfluß auf das Ergebnis des Prozesses hatten. Darüber hinaus gab es damals die Auffassung von den geringen geistigen Gaben der Frau, ihrer *imbecellitas*. Konsequent auf den Bereich des Strafrechts übertragen, hätte das bedeutet, daß Frauen grundsätzlich nur vermindert zurechnungsfähig gewesen wären, wenn überhaupt. Doch eine solche Anwendung fand nicht statt. Im Kriminalprozeß wurden Frauen wie Männer für verantwortlich gehalten, entsprechend befragt und verurteilt.

I.

Bevor untersucht werden kann, was und wie die Kindsmörderinnen auf die Fragen antworteten, die ihnen vorgelegt wurden, ist es notwendig, kurz das Delikt und das Verfahren, die Täterinnen, die aus den Herzogtümern Schleswig und Holstein aus der Zeit zwischen 1680 und 1810 stammen, sowie die Quellen vorzustellen.

Unter Kindsmord versteht man die Tötung eines Neugeborenen in oder unmittelbar nach der Geburt, im Normalfall durch die ledige Mutter.[15] Als Regelstrafe für das Verbrechen hatte die Carolina, die Peinliche Halsgerichtsordnung Kaiser Karls V. von 1532, Tod durch Ertränken festgesetzt. In Ausnahmefällen – bei großer Zunahme der Fälle – war auch die ältere Strafe des Lebendigbegrabens möglich. In der zweiten Hälfte des 17. Jahrhunderts drohte den Inquisitinnen jedoch vornehmlich die Schwertstrafe, die allerdings verschärft werden konnte. Die Straffestsetzungen der Carolina wurden im Untersuchungsgebiet erst im 18. Jahrhundert durch landesherrliche Bestimmungen ergänzt, 1737 für Holstein-Gottorf, 1754 und 1755 für den größeren königlichen Teil, während es für das Hochstift bzw. das Fürstbistum Lübeck keine besonderen Gesetze gab. Die Regelung von 1754 bestand hauptsächlich in der Festlegung der Zuchthausstrafe für den Fall, daß es der Inquisitin gelungen war, das Gericht davon zu überzeugen, daß die Bedingungen für die Verhängung der Todesstrafe nicht gegeben waren. Diese sollte nach dem Gesetz von 1755 mit dem Schwert durchgeführt und der Kopf der Kindsmörderin auf einen Pfahl gesetzt und ihre Leiche verscharrt werden.[16]

Das Verfahren bestand aus einer Voruntersuchung (oder Generalinquisition, wie die Zeitgenossen sie nannten), der die Spezialinquisition folgte, wenn genügend Indizien für ein Verbrechen vorlagen. Während der Verhöre stand die Inquisitin allein vor den Untersuchenden; der Verteidiger, der ihr in den Herzogtümern stets beigegeben wurde,

wurde erst danach tätig. Die Inquisitin war durch die Art des Verfahrens eindeutig im Nachteil, denn das Ziel der Verhöre war einzig und allein das Geständnis, nicht die Feststellung von Schuld oder Unschuld. Nur dadurch war die Grundlage zur Verurteilung zur Normalstrafe gegeben.

Bereits während der Generaluntersuchung mußte sich die Verdächtige erstmals gerichtlich zur Tat äußern. Bei ausreichenden Indizien formulierte dann der Fiskal, der Ankläger, auf der Basis der Erstaussagen die Fragen, sogenannte Artikel, die ihr während der Spezialuntersuchung vorgelegt wurden. (Daher auch die Bezeichnung »artikuliertes Verhör«.) Anhand dieser versuchten die Untersuchenden den Tatbestand zu etablieren, der sich zwischen 1680 und 1810 im wesentlichen aus vier Elementen zusammensetzte. Das erste Element bildete die Verhehlung der Schwangerschaft. Genau wie bei der nächsten, wesentlich gewichtigeren Frage, nämlich warum sie heimlich und ohne die Hilfe anderer Frauen geboren habe, mußten die Inquisitinnen den Eindruck vermeiden, beides sei vorsätzlich geschehen. Dies wurde besonders bei der heimlichen Geburt ohne die Heranziehung anderer Frauen angenommen. Danach folgte die erste der beiden zentralen Fragen, nämlich ob das Kind lebend geboren worden sei oder nicht. Schließlich wollten die Untersuchenden noch wissen, ob sie das Kind vorsätzlich getötet hatte bzw. hatte sterben lassen. Hatte die Inquisitin nicht alle Fragen im Sinne des Fiskals beantwortet, so konnte er auf die »peinliche Frage« zurückgreifen, die es bis 1771 (bzw. 1773) in den Herzogtümern gab. Dagegen konnte allerdings der Verteidiger Einspruch erheben, der nach Abschluß der Verhöre der Gegner des Fiskals war.

Diese Fragen zum Tatbestand und noch viele mehr wurden jungen Frauen aus der Unterschicht vorgelegt.[17] Bei ihnen handelt es sich häufig um Dienstmägde in bäuerlichen oder kleinstädtischen Haushalten. Im Durchschnitt waren sie zwischen 20 und 30 Jahre alt und hatten bereits fünf bis zehn Jahre gedient. Sie befanden sich in dem Alter, in dem viele Frauen aus der gleichen Schicht heirateten. Als Ergebnis ihres Schulbesuchs kannten sie den Kleinen Katechismus; sie konnten lesen, aber nicht schreiben. Meist hatten diese Frauen einen guten Ruf; Straftaten hatten sie in der Regel nicht begangen. Der Vater des Kindes kam in der überwiegenden Zahl aus der gleichen Schicht wie die Täterin; es handelte sich meist um Knechte oder um Handwerksgesellen.

Die herangezogenen Gerichtsakten bieten zwar einerseits die praktisch

einzige Möglichkeit, das Verhalten von weiblichen (und männlichen) Inquisiten vor Gericht zu erforschen; andererseits weisen sie aber in dieser Beziehung Schwächen auf. Als obrigkeitliche Quellen präsentieren sie die Sicht der Untersuchenden: Sie notieren die Tränen und das Erröten der Frauen (weil man glaubte, daraus rechtlich relevante Hinweise auf ihre Schuld entnehmen zu können), aber sie schweigen über die kleinen Siege der Frauen, über ihre Hoffnungen und Enttäuschungen; über ihre Sicht der Untersuchenden[18] oder des Pastors; und zum Teil auch über ihr Verständnis der Tat. Hinzu kommt, daß die Ermittlungsweise nach vorher schriftlich abgefaßten Fragen den Inquisitinnen praktisch keine Möglichkeit bot, ihre Sicht der Tat zusammenhängend vorzustellen. Zwar sollte den Inquisiten eigentlich nach den Fragen zur Person eine Chance hierzu gegeben werden,[19] aber bei den Verfahren in den Herzogtümern war das im untersuchten Zeitraum nicht der Fall. Statt dessen prasselten Fragen auf die Frau ein wie Regentropfen auf ein Glasdach bei einem Wolkenbruch.
Gesche Stötenpahls mußte 1749 im ersten artikulierten Verhör 140 Fragen sowie einige aus der Situation sich ergebende Zusatzfragen beantworten; als ihr nach den Fragen zur Tötung »die Thränen in die Augen gekommen (waren)«,[20] wurde das notiert und das Verhör für den Tag beendet; wahrscheinlich nicht aus Mitleid, denn das Ermüden der Inquisiten zählte zu den bevorzugten Strategien der Untersuchenden,[21] sondern weil die angesetzte Zeit verstrichen war. Am übernächsten Tag mußte sie weitere 83 Fragen über sich ergehen lassen.[22] Zu beachten ist außerdem, daß die Antworten der Frauen nicht in ihrem niederdeutschen Dialekt niedergeschrieben worden sind, sondern in der Sprache der Verhörenden, und dazu noch in indirekter Rede. Sie erscheinen häufig als gestrafft, als ob die Regel für die Fragen (kurz und deutlich) auch für die Antworten Geltung gehabt habe. Lange, ausführliche Antworten wie in Nürnberger Gerichtsprotokollen des 16. Jahrhunderts sucht man vergeblich.[23] Nicht nur, weil sie keine Chance zum Erzählen hatten, sondern z. T. auch, weil sie vieles nicht sagen wollten, weil sie ihre Aussagen des öfteren den Erwartungen der Inquirenten, der Befrager, anpaßten, ist der Historiker aufgefordert, dem »Ungesagten«[24] nachzuspüren und der Oberflächenstruktur der Aussagen gegenüber ein gerütteltes Maß an Skepsis zu bewahren.[25]

II.

Wie bereits angedeutet, sind die Täter als Angeklagte im Prozeß, unter ihnen auch die Kindsmörderinnen, in letzter Zeit nicht mehr völlig ignoriert worden. Erste Forschungsergebnisse liegen vor. Richard van Dülmen schreibt: »Über die psychische Situation der Kindermörderin bei den Verhören, während der Haftzeit und nach der Urteilsverkündung wissen wir wenig. Auffallend ist insgesamt, daß die meisten nicht lange um ihre Unschuld kämpften, die Haft passiv und die Verurteilung gelassen hinnahmen. Man kann sich des Eindrucks nicht erwehren, daß ihr Lebenswille mit der Verhaftung nach der heimlichen Geburt gebrochen war und sie die Hinrichtung sogar als Erlösung empfanden.«[26] Die Frauen reagierten also emotional, nicht rational auf die »Arretierung« und den Prozeß. Sie versuchten nicht die (wenigen) Möglichkeiten, die ihnen zur Verfügung standen, auszuschöpfen, sondern sie präsentierten sich als willige Opferlämmer vor dem Altar der Justiz. Emotionalität, Passivität und vielleicht noch religiöse Inbrunst vor der Hinrichtung, das ist – zusammengenommen – eine Bestätigung des alten Frauenstereotyps, der alten Geschlechterdichotomie.[27] In einem bestimmten Punkt geht Regina Schulte noch einen Schritt weiter bei ihrer Betrachtung der bayerischen Kindsmörderinnen in der zweiten Hälfte des 19. Jahrhunderts. Bei »sehr vielen« von ihnen handelte es sich um psychopathologische Fälle – die Schwangerschaft wurde verdrängt, dem Kind »jegliche soziale Existenz« verweigert, die Geburt »als Kotabgang inszeniert«[28] –, offensichtlich konnten die Frauen auf die Problem- und Konfliktsituationen nur mit einer infantilen Flucht in die Welt des Gewünschten reagieren, wiederum eine Reaktion, die viele als »typisch weiblich« bezeichnen würden.[29]

Die Wirklichkeit sah anders aus. Die meisten Frauen gaben sich keineswegs sofort selbst auf. Die Mehrzahl der Kindsmörderinnen bot den Untersuchenden Paroli, wehrte die Fragen des Fiskals ab, parierte auch dazwischengeschobene Zusatzfragen. Sie verteidigten sich notdürftig, aber ausreichend, könnte man sagen. Einige taten es schlagfertig und, wie das Gericht über eine feststellte, »ziemlich munter«,[30] andere auf eine einfache, notfalls auch plumpe Art und Weise. Von bestimmten Punkten abgesehen, blieben sie bei der Wahrheit – soweit sich das beurteilen läßt – und veränderten auch ihre Aussage selten. Auch wenn sie auf moralische Suggestivfragen – ob sie ihre Tat nicht leid seien – weich und nachgiebig antworteten, es gelang dem Untersuchenden nicht, sie mit den Waffen des Wortes zu bezwingen. So mußte der Fiskal sehr häufig damit drohen, »daferne inquisitin weiter beym Leugnen halsstarrig verbleiben solte, sie peinlich zu befragen«.[31] Erst wenn das Gericht Erlaubnis zum Foltern hatte und der Frau noch einmal die Chance eingeräumt wurde, vorher die Wahrheit zu sagen, änderten viele ihre Aussage. Andere jedoch auch dann nicht. Bei ihrer »Verteidigung« mußten die Frauen auf Kenntnisse und Erfahrungen zurückgreifen, die sie in der Zeit vor dem ersten Verhör erworben hatten, insbesondere jedoch auf das, was sie nach der Tat gelernt hatten. Weil diese Zeit für eine Planung, so einfach sie auch gewesen sein mag, so wichtig ist, scheint es sinnvoll, sie etwas näher zu betrachten.

Bevor die Inquisitin in ein Gefängnis geworfen wurde, setzte man sie nach der Auffindung der Kindesleiche häufig an ihrem Aufenthaltsort – oft ihrem Diensthaushalt – fest und ließ sie bewachen. Auf die Weise entstand eine Situation, in der eine Strategie für das spätere Verhalten vor Gericht entwickelt werden konnte. Eine größere Zahl der festgesetzten Frauen verlangte ihre Mutter zu sprechen und hatte damit auch Erfolg. Was allerdings zwischen Mutter und Tochter geredet wurde, weiß man nur, wenn es dem staatlich gewünschten Verhalten entsprach.[32] Magdalena Martens, die des Kindsmord schon verdächtig, deren Kind aber noch nicht gefunden worden war, beriet sich in dieser Situation mit ihrer herbeigeeilten Mutter, so daß ein Zögern entstand, bevor das Versteck des Kindes auf das Drängen der Dienstherrin preisgegeben wurde. Die Unterredung zwischen Mutter und Tochter kam dem Obergericht später verdächtig vor.[33] Wenn auch emotionale Bedürfnisse nach dem Erlebnis der Geburt und dem Schock über das tote Kind sicher ganz wichtig waren, so ging es doch auch um Rat und Hilfe für das bevorstehende Verhör. Selbstverständlich sprachen die Frauen während dieser Situation auch mit anderen Personen, die ihnen Ratschläge gaben.[34]

Die Gefängnisse, in die sie anschließend gebracht wurden, dienten zu jener Zeit vornehmlich der Verwahrung von Personen, nur nebenbei als Strafanstalt für Personen, die z. B. eine Geldstrafe nicht bezahlen konnten. Sie werden als Orte totaler Isolation geschildert: »Im hermetisch abgeschlossenem Gefängnis mit seinen dicken Mauern mußte ein verdächtiger Missetäter den Ausgang des Prozesses ohne Außenkontakte abwarten. ... Sie [die Gefängnisse] waren ein sicheres Gewahrsam, die dicken Mauern machten Ausbrüche fast unmöglich, selbst Schreie drangen nicht nach außen.«[35] Das gezeichnete Bild ist zwar richtig, aber völlig unrepräsentativ, denn bekanntlich lebte nur ein kleiner Anteil der Bevölkerung in Großstädten wie Nürnberg oder Köln. In den Gefängnissen der kleinen Städte und Ämter herrschte dagegen oft eine andere Atmosphäre; Außenkontakte waren hier sehr wohl möglich, und selbst die Flucht gelang, wie es scheint, häufiger.

Wie eine Strategie im Gefängnis entwickelt werden konnte, zeigt der Fall der Witwe Stine Bartels sehr gut. Als sie 1684 nach der Aufdeckung ihrer Tat in ihrem Diensthaushalt festgesetzt war, hatte sie mit ihrem Leben abgeschlossen. Sie bat die anwesenden Standespersonen, sich ihres kleinen Sohnes anzunehmen, und »endlich hat sie auch allen Umstehenden viel 1000. gute Nacht gewünschet und ersuchet, sie möchten doch für ihr ein Vaterunser beten, damit Gott ihrer Seele gnädig sein möchte...« Als sie dann im lokalen Gefängnis saß, kam alles ganz anders: »Aber wenig Tage hernach, da ein paar für copulirte Leute in der Voigdei zum Hansfelde das Hochzeitmahl gegäben, da haben einige Leuthe aus Lübeck, wie damals vernommen, ihr angegäben, sie solte nach dem Exempel der in Lübeck gefangenen Magd, quod tamen valde dissimile et dispar exemplum, es nur leugnen, so könte man ihr nicht ans Leben komen, welches sie auch zu Wercke gerichtet und seider Zeit es gar pertinenter und hart geleugnet.«[36]

Außenkontakte hatten viele der im Gefängnis Sitzenden, wenn auch nur sehr wenige so viele Freiheiten genossen wie Magdalena Stahlen. Dem Wächter dieser Frau wurde 1739 nicht nur vorgeworfen, daß er sie nicht »geschlossen« hätte wie befohlen, sondern auch, daß er »überdem an 5 verschiedenen Mahlen mit ihr bald herumspaziert und ausgegangen, bald hat er mit ihr ihre Freunde, so zum Theil 1 1/2 Meilen von Itzehoe und außerhalb dem clösterlichen Gebiete gewohnt, besuchet«.[37] Das ist sicher ein ungewöhnlicher Fall, aber er macht doch klar, daß in den kleinen, häufig mit keiner weiteren Person besetzten Gefängnissen auf dem Lande oder in den kleinen Städten[38] oft eine andere Atmosphäre herrschte als in Stadttürmen der Großstadt Nürnberg, eine Atmosphäre, die es den Inquisitinnen schon ermöglichte, mit Hilfe anderer eine Verteidigungsstrategie zu entwickeln. Zur Unterhaltung mit dem Wächter(ehepaar)[39] kamen die Besuche. Zu den wichtigeren Besuchern gehörten neben den Verwandten und dem (nicht immer willkommenen)[40] Pastor der Verteidiger, der allerdings in der Regel erst nach den Verhören erschien.

In diesen zeigte sich, daß die Frauen in der Regel über eine Verteidigungsstrategie verfügten, mit der sie die zentralen Punkte des Tatbestandes bestreiten konnten. Nicht die Kenntnis der Carolina oder der Landesgesetze, nach denen sie in den Verhören häufig gefragt wurden, gab ihnen die Möglichkeit, den Verhörenden eine Antwort entgegenzusetzen, die sie nicht hören wollten, sondern ihre eigene Lebenswelt. Das zentrale Element der Verteidigungsstrategie war die Behauptung der Totgeburt. Zur Entlastung wurden gelegentlich auch Übereilung, Ohnmacht bzw. das Außer-sich-Sein und Sturzgeburt angeführt. Dagegen gab es auch eine wichtige Frage, bei der ihr lebensweltliches Wissen sie in dieser Situation einer überzeugenden Antwort beraubte: die Frage nach der Abbindung der Nabelschnur.

Eckpfeiler ihrer Verteidigung war die Behauptung, das Kind sei tot geboren worden. »Ob das Kind nach der Geburth noch gelebet?« wurde Anna Asmussen 1730 gefragt, wie alle anderen auch. Sie antwortete: »Sie hätte es nicht lebend gesehen und were es auf die Erden gefallen.« – »Ob es keinen Laut von sich gegeben?« – »Nein.«[41] Zwischen 50 % und 60 % der Inquisitinnen gaben sinngemäße Antworten. Zählt man noch diejenigen hinzu, die aussagten, sie wüßten nicht, ob das Kind gelebt habe oder nicht, es habe aber weder geschrien noch sich bewegt, und die, die vorbrachten, es habe nur einmal »gejappt« und sei dann gestorben, dann kommt man auf fast 80 %.[42] Ihre Antwort ergänzten sie ausdrücklich mit der Versicherung, daß sie dem Kind keine Gewalt angetan hätten. Die zentrale Frage im Verhör verneinend zu beantworten, machte den Frauen keine Schwierigkeiten, da ihnen bekannt war, daß Totgeburten ab und zu vorkamen. Vielleicht hatten sie ein solches Ende ihrer Schwangerschaft sogar erhofft. So bot sich ihnen eine biologische Erklärung geradezu an, mit der sie alle Schuld von sich weisen konnten. Darüber hinaus waren sich die Frauen des grundsätzlichen obrigkeitlichen Tötungsverbots natürlich bewußt, was sie bestätigten, wenn sie nach dem Fünften Gebot gefragt wurden. Über die Strafe bestand für sie kein Zweifel: Zu sehr hatte sich der alttestamentarische Satz, der Blut für vergossenes Blut forderte, in alle Bevölkerungsschichten eingeprägt. Den Frauen war also klar, daß sie in diesem Punkt unbedingt lügen mußten, wenn sie ihren Kopf aus der Schlinge ziehen wollten.

Den Gerichten war ebenso klar, daß viele der Aussagen nicht der Wahrheit entsprachen. Schon die Carolina von 1532 kannte diese Behauptung als eine typische Einlassung von ledigen Müttern, die des Kindsmords verdächtigt wurden, und setzte fest, daß, sollte »eyn weibßbild... entschuldigungs weiß fürgeben, als dergleichen je zu zeitten, an unnß gelangt, wie das kindtlein on jr schuldt todt von jr geborn sein solt«, so müßte sie das beweisen, denn »on obbestimpte gnugsame beweisung ist der angeregten vermeynten entschuldigung nit zu glauben, sunst möcht sich eyn jede thätterin mit eynem solchen gedichten fürgeben ledigen«.[43]

Angesichts des herrschenden Mißtrauens gegen die Totgeburtsbehauptung mußten die Kindsmörderinnen darauf bedacht sein, Argumente anzuführen, die die Plausibilität ihrer Aussage erhöhten. Das versuchte eine kleine Zahl von ihnen dann auch, indem sie Beobachtungen über die Schwangerschaft oder Ereignisse aus dem täglichen Leben als Erklärungen vorbrachten. Catharina Hoppe gab ebenso wie eine ganze Reihe von anderen Frauen an, »nie Bewegungen eines Kindes verspührt zu haben«[44], andere beschränkten sich darauf zu betonen, daß sie in den letzten Wochen kein Leben des Kindes bemerkt hätten. Antje Hellen konnte, so ihre Argumentation, kein lebendiges Kind gebären, denn sie sei immer sehr kränklich gewesen und habe drei Monate vor der Geburt eine »schwere Kur am Halse gehabt und danach häufig Fieber«.[45]

Während diese Frauen sich auf die Biologie verließen, die sie nicht weiter erklären mußten, hielten andere es für angebrachter, die Totgeburt mit Unfällen, wie sie im Leben einer Dienstmagd vorkommen, zu begründen. Anna Asmussen behauptete nicht nur, daß ihr Kind während des Geburtsvorganges zu Boden gefallen sei, sondern auch, daß sie während der Schwangerschaft von einem Pferd getreten worden sei.[46] Andere führten die Totgeburt auf einen Unfall am Brunnen beim Wasser- oder beim Torfholen oder auf einen Sturz vom Baum während der Apfelernte, wieder andere auf die harte Arbeit zurück.[47]

Der Totgeburt fügten die Frauen die »Übereilung« hinzu. Damit erklärten und entschuldigten sie nicht nur, warum sie heimlich und ohne die Hilfe anderer Frauen geboren hatten, sondern damit versuchten sie auch, den Vorwurf zu entkräften, sie hätten es vorsätzlich getan, um das Kind unbemerkt töten zu können. Übereilung bedeutete, daß sie von der Niederkunft überrascht worden waren, weil sie mit einer viel späteren Geburt gerechnet hatten; sie bedeutete aber auch, daß die Geburt sehr schnell vor sich gegangen war. Es ging also nicht um die Unsicherheit des genauen Geburtstermins, sondern um eine wesentlich längere Zeitspanne und um den eigentlichen Geburtsvorgang.

Nach Margaretha Peters' Berechnung war ihr Kind um vier Wochen zu früh gekommen; Margaretha Carstens erwartete ihre Niederkunft erst fünf Wochen später; Margaretha Schröders hatte die Geburt »noch so lange hingedacht«.[48]

Die Frauen versuchten auf diese Weise einem wesentlichen Element des Tatbestandes – der heimlichen und »hilflosen« Geburt – ein gewichtiges Argument entgegenzusetzen. Sie wußten nämlich, daß sie auch die Normen und Bräuche ihrer eigenen Lebenswelt mißachtet hatten.[49] Eine Geburt, das war jeder Frau bekannt,[50] war nicht nur ihre eigene, ganz private Angelegenheit, sondern eine Sache der Frauen – der Hebamme, sofern erreichbar, sowie der Nachbarinnen und Freundinnen.[51] Setzten bei einer verheirateten Frau die Wehen ein, so wurde jemand ausgeschickt, um die Frauen herbeizurufen; die Geburt war ein soziales, ein öffentliches Ereignis. Durch ihre »hilflose« und »heimliche« Geburt hatten sich die Inquisitinnen der Mitwirkung und des Trostes (wie auch der Kontrolle) der anderen Frauen entzogen; häufig waren diese es dann auch, die sie zum Geständnis der Geburt zwangen. Schon weil sie die Normen der dörflichen und städtischen »Frauengesellschaft« gebrochen hatten, brauchten die Frauen eine Rechtfertigung. Daher fiel es ihnen vor Gericht dann auch leicht, eine zu präsentieren, wobei die »Übereilung« aufgrund des unsicheren Geburtstermins sich generell anbot. Nicht die Kenntnis der Gesetze, die, um den Kindsmord zu bekämpfen, die heimliche Geburt (auch eines totgeborenen Kindes) unter Strafe stellten, sondern der Bruch der dörflichen Norm ließ die Frauen die Bedeutung dieser Frage erkennen.

Zum anderen behaupteten die Frauen, sie seien von der Geburt so »plötzlich überfallen« (worden), »daß sie keine Hülfe hätten rufen können«.[52] Um dieses glaubhaft zu machen, mußten sie häufig Fragen abwehren. Warum sie niemand zur Hilfe geholt hätte, wurde Gesche Stötenpahls gefragt. Weil sie nicht aufstehen konnte, war ihre Antwort. Warum sie niemand gerufen hätte, war die nächste Frage. Weil sie »gantz heiserig« gewesen wäre. Warum sie nicht geklopft hätte? Sie hätte nichts zum Klopfen gehabt.[53] An diesem Beispiel zeigt sich, daß die Inquisitinnen durchaus bei ihrer Linie blieben und die Untersuchenden oft kein leichtes Spiel hatten.

Nicht alle Frauen konnten sich mit der Totgeburtsbehauptung und der Übereilung begnügen. Manchmal wies das Neugeborene Verletzungen auf, deren Herkunft nicht eindeutig war. In diesen Fällen – in der Regel jedoch nicht, wenn offensichtlich war, daß das Kind durch die Hand der Mutter ums Leben gekommen war – trugen sie meist Erklärungen vor, die in engstem Zusammenhang mit der Geburt standen und so von vornherein einige Plausibilität für sich besaßen. Sie beriefen sich auf eine Ohnmacht oder eine Sturzgeburt und, jedoch nur in höchster Bedrängnis, auf Selbsthilfe. Allerdings ist die Zahl der Täterinnen nicht groß, die eine Geburt auf diese Weise schilderten.

Ohnmacht schloß eine vorsätzliche Tötung aus, Bewußtlosigkeit hinderte die Frauen außerdem daran, etwas über die entscheidenden Augenblicke zu wissen. Sie habe, so sagte Sophia Margaretha Fredericia Schweistrup 1796 aus, »nemlich ganz frühe an einem Donnerstag, den 21. April, die Geburtswehen empfunden, sey hierauf aus dem Bette gestiegen, und da sey das Kind von ihr auf die Erde geschossen, sie aber in eine Ohnmacht auf das Bette zurückgefallen. Als sie wieder erwacht sey, habe sie das Kindt auf der Erde todt liegend, so wie auch viel Blut wahrgenommen«.[54] Damit lag eine Situation vor, die zwar eine Lebendgeburt nicht ausschloß, aber auch den Tod des Kindes ohne das Verschulden der ledigen Mutter erklären konnte. Diese Strategie läßt sich bis ins 16. Jahrhundert zurückverfolgen.[55]

Anna Asmussen bestritt 1730 nicht nur die Lebendgeburt, sondern sie fügte ebenfalls hinzu, daß das Kind auf die Erde gefallen sei. Durch diese Art der Geburt konnten verdächtige Kopfverletzungen erklärt werden. Das war weit überzeugender als irgendeine andere Erklärung, wie z. B. die von Magdalena Martens, die angab, daß die Kopfverletzungen ihres Kindes durch die enge Tür zu ihrer Bettstelle, durch die sie sich mit dem Kind hinausgezwängt hatte, entstanden seien.[56] Eine Sturzgeburt war realistischer. Stine Bartels, eine Witwe, die bereits geboren hatte, schilderte den Geburtsvorgang 1684 folgendermaßen: »Alß d[as] Kind von ihr geschoßen« – eine typische Formulierung –, »wäre Sie auch niedergefallen, und oben auf d[as] Kind Ihrer meynung nach mit ihrer linken Hand auf deßen Kopf gestürzet.«[57] Durch eine Geburt im Stehen (oder wie es z. B. vorkam, im Sitzen auf dem Feuerherd) konnte man nicht nur Kopfverletzungen begründen, sondern auch das Abreißen der Nabelschnur. Das Gericht befand sich bei einer solchen Aussage in einer schwierigen Lage, denn es war seine Aufgabe, die Todesursache möglichst exakt zu bestimmen. Fraucke Janns hatte zwar den Vorsatz gestanden, ihr Kind unter der Bettdecke erstikken zu wollen; aber es war nicht klar, wodurch es tatsächlich gestorben war: durch Erstickung oder durch die »am Haupte, da es in der Geburth auf einmahl von der stehenden Mutter zur Erde geschoßen, erhaltene Contusion«.[58] Diese Frage blieb auch nach dem Gutachten der Medizinischen Fakultät Kiel offen.

Die unabgebundene Nabelschnur stellte im Fall der Fraucke Janns eine weitere mögliche Todesursache dar. Bis ca. 1730/40 wurden die Frauen in den Verhören gefragt, wie die Trennung der Nabelschnur erfolgt sei und warum sie sie nicht abgebunden hätten – eine Formulierung, die möglicherweise auf den Einfluß einer Debatte unter den Universitätsmedizinern zurückzuführen ist.[59] Mit den beiden Fragen wollte man klären, ob der Tod durch Verblutung aus der Nabelschnur eingetreten war, ob also eine Tötung durch Unterlassen vorlag. Mit der ersten Frage wollte man außerdem herauszufinden versuchen, ob es eine Mittäterin gegeben hatte. Eine Geburt ohne die Hilfe anderer Frauen konnten sich die gelehrten Juristen offensichtlich nicht vorstellen. In dieser Ansicht mag sie die Erfahrung bestätigt haben, denn es hatten sich in der Region im letzten Viertel des 17. Jahrhunderts einige solcher Fälle ereignet. Für die Beschuldigten hatte das zur Folge, daß man ihrer Aussage, sie hätten das Kind alleine geboren, oft nicht glauben wollte und die Frage unter der Folter erneut stellen ließ. War tatsächlich eine alte Frau oder die Mutter zugegen gewesen – das war bei einer kleinen Zahl der Fälle so gewesen –, dann wurden sie dadurch in eine schwierige Lage gebracht. Nur aufgrund ihrer Erfahrung mit Kindsmordfällen konnte die Juristische Fakultät der Universität Rostock 1723 Metje Hansens an der Westküste Schleswig-Holsteins helfen, die als Mittäterin angeklagt war: »Ferner graviret die Inquisitin nicht... daß die Nabelschnur nicht so leicht zerreißen werde können, und die Coinquisitin sich nicht ohne Hülfe von dem Kinde habe loßmachen können; Indem sich das Contrarium leyder mehr als zu offt bey der Geburth leichtfertiger Persohnen findet, welche offmahls ohne Hülffe gebären, da die Nabelschnur zerrißen wird, obgleich cum vitae periculo infantis, welches auch hoc casu erfolget.«[60] Mit der Frage nach der Nabelschnur brachten die Untersuchenden die Frauen in eine schwierige Situation. Leugnen konnten die Verdächtigten nicht, denn die Tatsache stand durch die Besichtigung fest. So antworteten sie denn immer wie Elsabe Magdalena Kahlen 1749, nämlich »daß sie nicht gewust, daß die Nabelschnur müsse verbunden werden, und selbe nicht darum unverbunden gelaßen, daß das Kind sterben sollen«.[61]

Auch wenn die Gerichte teilweise anderer Ansicht waren, so war doch diese Unkenntnis nicht vorgetäuscht; vielmehr entsprach sie der lebensweltlichen Erfahrung von Frauen: Hätten sie es gewußt, so hätten sie »den String«[62], so eine Inquisitin, abbinden und dem Gericht damit dokumentieren können, daß sie sich bemüht hatten, das Leben des Kindes zu erhalten, auch wenn sie dieses in Wirklichkeit getötet hatten. Als Mägde auf dem Lande, wie auch in den kleinen Städten, waren sie bei den Geburten von Kühen und Pferden oft anwesend, so z. B. Margaretha Carstens wenige Tage vor ihrer eigenen Entbindung, und sahen dabei nie, daß Nabelschnüre abgebunden wurden. Die Frage der Untersuchenden mußte sie also verblüffen, zumal sie als Ledige auch bei den Geburten von Nachbarinnen nicht zugegen sein durften. Zum anderen konnten sie nicht an eine Verblutung glauben, denn das entsprach nicht ihren eigenen Beobachtungen nach der Geburt; sie hatten nämlich nicht bemerkt, daß das Blut reichlich aus der Nabelschnur floß, im Gegenteil.[63] Die Verhörsituation mit ihrem Abhängigkeits- und Anpassungsdruck machte es den Frauen unmöglich, der vorgetragenen Ansicht von der Verblutung zu widersprechen; zumal sie belehrt wurden, daß eine Abbindung bei jeder Geburt durch die Hebamme geschehe. So konnten die Gerichte immer wieder Tod durch Unterlassen als Haupttodesursache feststellen, wobei sie sich auf das Visum repertum und Elogium der Ärzte stützen konnten, die die Obduktion vorgenommen hatten. Die Ironie der Geschichte liegt darin, daß die Lehre von dem Tod durch die unabgebundene Nabelschnur, die bis vor wenigen Jahrzehnten anerkannt war (und noch heute von Nichtexperten vertreten wird), inzwischen als widerlegt angesehen werden muß.[64]

Es ist noch auf die Verdrängungsthese von Regina Schulte einzugehen, in deren Zentrum die Beobachtung steht, daß die Frauen das Kind bei der Geburt gar nicht als solches wahrgenommen haben. Die Frage ist, ob Frauen zwischen 1680 und 1810 ihre Schwangerschaft und Geburt so vor Gericht dargestellt haben, und wenn ja, ob es sich um eine Strategie oder um eine subjektiv geglaubte Wahrheit gehandelt hat, und wie die Gerichte darauf reagierten.

Die Antwort auf die erste Frage ist positiv; es gab in der Tat Beschuldigte, die Schwangerschaft und Geburt so schilderten.[65] Insofern stellt diese Erklärung einen wertvollen Beitrag zum Verständnis der Täterinnen früherer Zeiten dar. Allerdings machen diese Frauen selbst bei großzügiger Auslegung nur um 10 % der Fälle aus. Sie sind also nicht repräsentativ. Es hat den Anschein, als ob diese Inquisitinnen ihre Version tatsächlich geglaubt haben, denn ihnen dürfte klar gewesen sein, daß sie mit einer solchen Strategie nichts erreichen konnten. Nach der Geburt, bei der Konfrontation mit den Beamten, war das Verdrängte zur Tatsache geworden, hatten sie ihre Augen nicht länger davor schließen können. In dieser Situation müssen sie sich daran erinnert haben, daß ihre Dienstfrauen und Nachbarinnen auf ihre Antworten mit offen geäußertem Unglauben oder mit Schweigen reagiert hatten; sie konnten sich also leicht vorstellen, daß die Gerichte ihnen noch weniger Glauben schenken würden. Das war in der Tat so: Alle diese Frauen wurden auch bestraft; bei dem Urteilsspruch spielte die Verdrängung keine Rolle.

Es ist argumentiert worden, daß die Bestrafung von Kindsmord bei psychischen Krankheiten vom Status und der Schichtzugehörigkeit der Frauen abhängig war, konkret, daß Verheiratete nicht bestraft wurden, Ledige aber sehr wohl; daß Frauen aus dem Bürgertum sich einer Strafe entziehen konnten, während die aus der Unterschicht sich den Luxus einer psychischen Krankheit nicht leisten durften.[66] Damit sind ohne Zweifel wichtige Kategorien genannt; kaum etwas ist so auffällig wie das unterschiedliche Ausmaß der Kontrolle bei ledigen und verheirateten Frauen. Das Problem ist nur, daß Unvergleichbares verglichen wird. Eine umfassende Verdrängung bis kurz nach der Geburt ist etwas anderes als die postnatale Depression einer verheirateten (oder seltener: ledigen) Frau, die zur Tötung eines mehrere Tage, oft Wochen alten Neugeborenen führt. Diese Taten weisen ein ganz bestimmtes Muster auf, die sie für die Untersuchenden leicht von anderen unterscheidbar machten.[67] Häufig hatten die Frauen Stimmen gehört und dann das Kind mit einem unnötigen Maß an Gewalt und dazu noch auf eine bestimmte Weise (Durchtrennung des Halses mit einem Messer) getötet. Diese deutlich identifizierbaren Taten wurden bald nicht mehr bestraft, und zwar unabhängig von der Schichtzugehörigkeit.

Anders sah es jedoch bei der Verdrängung aus. Hier half die Beobachtung nichts. Für das Gericht ergab sich ein verwirrender Befund: Einerseits gaben die Frauen den Geschlechtsverkehr, den Ausfall der Menstruation und die Zeichen der Schwangerschaft und die Geburt zu, andererseits wollten sie weder an eine Schwangerschaft noch an die Geburt eines Kindes geglaubt haben. Wenn in einer Musterverteidigungsschrift davon die Rede ist, daß die Frau »das, was von ihr weggeschossen..., vor kein Kind, sondern... vor eine Katze gehalten« habe,[68] dann wird damit die Unglaublichkeit des subjektiv Wahren für die Untersuchenden nur auf groteske Art zugespitzt. Da es die Psychologie als Wissenschaft noch nicht gab und erst im letzten Viertel des 18. Jahrhunderts im Rahmen der Erfahrungsseelenkunde auch das Seelenleben eines Straftäters in den Blick kam, war es den Untersuchenden kaum möglich, den besonderen psychischen Zustand der Täterin zu erkennen, zumal sie selbst durch eine bestimmte Auffassung des Verbrechens und seiner Motive zu einem bestimmten Verständnis der Aussagen gelenkt wurden. Im positiven Fall konnten sie alles auf die Einfältigkeit der Beschuldigten zurückführen, aber das reduzierte die Strafe nicht, es sei denn, es lag Schwachsinn vor.

III.

Die Aussagen der Frauen sind bisher als Strategien verstanden worden, mit denen sie im Prozeß eine Höchststrafe vermeiden wollten. Die Frage, ob es sich nicht in Wirklichkeit um wahrheitsgemäße Angaben gehandelt haben könnte, ist allerdings bisher nicht gestellt worden. Ihr muß jedoch nachgegangen werden, um die These von den Argumentationsstrategien zu überprüfen. Totgeburten, frühe Geburten, Ohnmachten und Sturzgeburten sind durchaus vorstellbar. So schreibt Richard van Dülmen: »Wenn man die große Zahl von Totgeburten überhaupt in der Frühen Neuzeit und die hohe Kindersterblichkeit bedenkt, die man gewöhnlich wie Naturereignisse hinnahm, dann wundert, mit welchem Aufwand den Kindstötungen lediger Frauen nachgegangen wurde und wie rasch bewußte und böswillige Tötungsabsichten unterstellt wurden.«[69] Der Hinweis auf die hohe Zahl von Totgeburten kann wohl nur so gedeutet werden, daß die Totgeburtsbehauptung der Frauen häufig den Tatsachen entsprach und sie also oft unschuldig verurteilt wurden. Blickt man auf die heutige Zahl von Totgeburten, so kann man feststellen, daß sie bei ledigen Müttern häufiger sind als bei verheirateten Frauen. Auch eine »Übereilung« durch eine Frühgeburt könnte durchaus den Tatsachen entsprechen; sie erscheint um so wahrscheinlicher, als die ledige Schwangere alle Arbeiten auf sich nahm, damit ihre verheimlichte, strikt abgeleugnete Schwangerschaft nicht an den Tag kam. Schließlich sind auch eine Ohnmacht bei einer Geburt wegen zu hohen Blutverlustes und Sturzgeburten nicht auszuschließen.

Für zwei der vier Punkte gibt es die Möglichkeit, die Aussagen der Frauen anhand der gerichtsmedizinischen Untersuchungen zu überprüfen.[70] Seit den 1680er Jahren gab es die sogenannte Lungen(schwimm)probe, die dazu diente, die Frage der Lebend- oder Totgeburt zu klären.[71] Bei diesem Test wurde die Lunge des Kindes ins Wasser geworfen. Schwamm sie oben, so hatte das Kind geatmet und gelebt; sank die Lunge, so hatte es sich um eine Totgeburt gehandelt. Dieser Test wird noch heute angewandt. Bisherige Auswertungen von vorgenommenen Untersuchungen sprechen eindeutig für die Richtigkeit der Annahme, daß es sich meistens um eine Schutzbehauptung gehandelt hat. Sjörd Faber hat für Amsterdam im 18. Jahrhundert festgestellt, daß von zehn Kindern neun lebendig geboren worden waren.[72] Eine Auswertung von 50 Obduktionszeugnissen des ostpreußischen Arztes Büttner, der das Standardwerk zur gerichtsmedizinischen Untersuchung von Kindsmorden im 18. Jahrhundert verfaßt hat, ergab einen Anteil von 94 % Lebendgeburten; bei den restlichen 6 % konnte der Test nicht vorgenommen werden.[73] Bei den hier ausgewerteten Fällen machten die Lebendgeburten 88 % aus. Diese Angaben überzeugen nicht nur durch ihre weitgehende Übereinstimmung, sondern sie sind auch aus einem anderen Grunde als realistische Werte zu betrachten. Geht man nämlich einmal davon aus, daß der Anteil von Totgeburten bei ledig und ohne Hilfe Gebärenden doppelt so hoch ist wie bei Verheirateten – dort beträgt er im Untersuchungszeitraum um 4 %, für ledig Gebärende sind übrigens geringere Werte ermittelt worden[74] –, so ergäben sich 8 % Totgeburten. Es kann also gar keinen Zweifel daran geben, daß die Totgeburtsbehauptung in der Regel der Wirklichkeit nicht entsprach.[75]

Auch die Behauptung einer »Übereilung« wurde durch die gerichtsmedizinischen Untersuchungen durchweg geschwächt. Es wurde nämlich regelmäßig überprüft, ob das Kind ausgereift war; das erforderte von alters her die Carolina. Zu diesem Zweck wurden z. B. der Zustand der Nägel, der Haare und der Haut festgestellt. Mit schöner Gleichmäßigkeit kamen die Ärzte zu dem Ergebnis, daß das Kind »gliedmäßig und vollkommen« oder »vollkommen und maturus« gewesen sei. Nur in wenigen Fällen wie z. B. bei den Zwillingen von Catharina Sandt 1792 wurde festgestellt, daß sie zu früh, in einem Alter von 5 bis 6 Monaten, und tot geboren worden waren.[76] Bei den Geburten hat es sich also um solche gehandelt, die in der Regel in dem normalen Schwankungsbereich des Geburtstermins lagen. Trotzdem kann man das Argument »Übereilung« nicht völlig beiseite schieben, denn wenn die Geburt auch in dem voraussehbaren, zu erwartenden Zeitraum stattfand, so kann doch eine Abweichung von dem Stichtag Planungen empfindlich beeinträchtigen. Darüber hinaus kann jedoch auch eine subjektive Täuschung über diesen vorliegen. Gelegentlich scheint es falsche Vorstellungen über die Länge einer Schwangerschaft gegeben zu haben. Das extremste Beispiel ist das der Anna Margareta Bartels 1792, die angab, sie sei der Ansicht gewesen, eine Schwangerschaft dauere ein Jahr; hätte sie es besser gewußt, wäre sie in ihre Heimat südlich der Elbe zurückgegangen.[77] Ein Teil des Meldorfer Kriminalgerichts war bereit, dieser Argumentation zu folgen. In der Tat können nicht nur fehlende Kenntnisse über Schwangerschaft und Geburt, sondern auch mangelnde Kenntnisse im Rechnen, ja sogar der Zahlen, und darüber hinaus Unkenntnis des Kalenders zu falschen Berechnungen führen.[78] Sie kommen allerdings in den Quellen eher selten vor und sind ein Zeichen dafür, daß das Gericht sie zur Kenntnis genommen hat.

Für die Untersuchenden und den Fiskal war jedoch die Übereilung in der konkreten Geburtssituation von weit größerer Bedeutung. Diese Variante entpuppte sich oft als recht fadenscheiniger Vorwand für die heimliche Geburt ohne die Hilfe anderer Frauen. Margaretha Peters schlief mit der Dienstmagd in einem Bette und die beiden im gleichen Raum wie ihr Vater. Da sie von der Geburt »übereilt« worden sei, die sie erst in vier Wochen erwartet hatte, konnte sie weder die eine noch den anderen informieren, als sie den Raum verließ, um ihr Kind zu gebären.[79] Sie war eine von vielen, die ohne Probleme jemanden hätten rufen können. Angesichts solcher Darstellungen nahmen einige Untersuchende das Argument »Übereilung« im Sinne einer Abweichung vom errechneten Geburtstermin lediglich zur Kenntnis und konzentrierten sich darauf zu klären, ob es möglich gewesen wäre, Hilfe herbeizurufen; im Fall Margaretha Peters z. B. versuchten sie, sich Aufklärung über die räumlichen Verhältnisse zu verschaffen. Sie gingen also davon aus, daß es einer Frau durchaus noch möglich war, in dieser Situation vernünftig zu handeln.

Den Frauen, die alle zentralen Punkte bestritten, steht die kleine Gruppe von Inquisitinnen gegenüber, insgesamt handelt es sich um 10 % der Gesamtzahl, die sofort alles Wichtige, d. h. die heimliche Geburt, das Leben des Kindes, die Tötung und den Vorsatz gestanden. Dies geschah nicht aus einem tiefen Sündenbewußtsein oder aus Angst vor der furchteinflößenden Obrigkeit, oder weil sie wie Menschen, die eine Reihe von Verbrechen begangen hatten, sich mit einer Art säkularisierten Beichte von dem psychischen Druck ihrer Taten befreien wollten.[80] Vielmehr entsprangen diese Geständnisse einer realistischen Einschätzung der Lage. Diese Kindsmörderinnen hatten nämlich ihre Neugeborenen meistens so getötet, daß ihr gewaltsamer Tod sofort in die Augen fiel, und sie waren, das kommt noch hinzu, in der Regel auf frischer Tat ertappt worden. Zur Tötung hatten diese Frauen Gegenstände zur Hilfe genommen; sie hatten meist Messer oder Bänder benutzt. Die Messerstiche waren natürlich zu sehen, und die Schürzenbänder waren noch um den Hals geschlungen gewesen, als die Tat entdeckt wurde. In einem Fall geschah das so schnell, daß sogar noch Wiederbelebungsversuche gemacht wurden. In anderen Fällen hatten die Frauen nicht einmal die Möglichkeit gehabt, sich nach der Geburt zu waschen und die Kleider zu wechseln. Eine Möglichkeit, die Verletzungen auf eine andere Weise zu erklären, etwa durch einen Fall bei der Geburt oder durch die bei der Bergung des Kindes benutzten Instrumente, bestand nicht. Es lagen aber nicht nur eindeutige Indizien vor, und es fehlte nicht nur die Zeit, sich eine zumindest rudimentäre Strategie zu ersinnen, sondern, dies wird gleich verständlich werden, die Frauen hatten in diesen Fällen auch das Bewußtsein, einen Mord begangen zu haben. Um dem Augenschein offen widersprechende Erklärungen vorzubringen, fehlte ihnen die Kühnheit; zu sehr waren sie durch die Situation und durch ihr Bewußtsein festgelegt. Die Verteidiger argumentierten dagegen in solchen Fällen manchmal, das Kind sei durch Verblutung gestorben, da die Nabelschnur nicht abgebunden war, und die Gewalttätigkeiten seien anschließend verübt worden. Diese Argumentation stand den Täterinnen jedoch nicht offen, da sie, wie oben dargelegt, an eine Verblutung nicht glaubten.

IV.

Die Tatsache, daß die sofort gestehenden Frauen ihre Kinder auf eine ganz bestimmte Weise getötet haben, führt noch einmal zur großen Gruppe derjenigen zurück, die eine Totgeburt vorgaben. Haben diese Frauen ihre Kinder auf eine deutlich andere Art ums Leben gebracht? Wenn dem so sein sollte, dann wird die zuerst vorgetragene Argumentationsstrategie vielleicht verständlicher, vielleicht kommt man dann dem Verständnis der Tat in den Köpfen der Inquisitinnen auf die Spur, das sie den bürgerlichen Untersuchern verschwiegen, weil sie deren Normsystem und Verständnis über die Kirche und durch das, was sie seit der Verhaftung gelernt hatten, nur zu gut kannten. Eine einzelne, ganz bestimmte Tötungsart läßt sich für diese Großgruppe nicht feststellen. Bei den Tötungsarten handelt es sich z. B. um Ersticken, meist dadurch, daß mit der Hand Mund und Nase zugehalten wurden, oder um den sogenannten Gnups.[81] Auch das Gebären in Wasser gehört dazu[82] wie das Unterlassen jeglicher Pflege und Sorge inklusive der Nichtabbindung der Nabelschnur. Die verschiedenen nachweisbaren Methoden weisen allerdings ein gemeinsames Merkmal auf. Das Kennzeichen dieser Tötungsarten aus der Perspektive der Frauen war der Verzicht auf Gewaltanwendung. Gewalt, das hieß für die Frauen Anwendung von Kraft, Verwendung von Instrumenten oder sonstigen Gegenständen, in ihrer Sprache: aktives »Hand-Anlegen«. Deshalb achteten sie in den Verhören auch strikt darauf, keine verdächtige Bewegung ihrer Hände zuzugeben.[83]

Bei all den eben geschilderten Tötungsarten fehlte ihnen das Bewußtsein, Gewalt angewendet zu haben. Aus diesem Verständnis resultierte nun auch eine andere Sicht des Verbrechens: Es war kein Mord, sondern ein weit geringeres Verbrechen. Dorothea Rolff hatte 1805 die Nabelschnur ihres Kindes vorsätzlich unverbunden gelassen und es in einen Koffer hineingepreßt. Sie sagte aus, »sie hätte nicht geglaubt, und glaube es auch jetzt noch nicht, daß es eine ebenso große Sünde sey, wenn man das Kind verbluten ließe, als wenn man es erwürgte«.[84] »Sie habe gehört«, fügte sie hinzu, »daß das Unterbinden der Nabelschnur nöthig sey, wenn das Kind leben solle. Sie habe diese Todesart gewählt, weil es eine der sanftesten sei und sie keine Hand an ihr Kind legen wollte.«[85] Hier mag es fast scheinen, als wollte die Kindsmörderin auf die juristische Unterscheidung zwischen Tötung durch Unterlassen (omittendo) und durch aktives Tun (committendo) hinaus. Daß dem nicht so ist, zeigt die Aussage von Anna Magdalena Steins aus Heiligenhafen 1771. Sie gab zu Protokoll, so wörtlich, »sie hätte keine Gewalt an denselben verübet, ohne daß sie die Hand auf den Mund geleget«, und »weil sie das Kind nicht auf eine gewaltsame Weise durch Stoßen und Schlagen getötet, vermeine sie keine offenbare Mörderin zu sein, vielmehr habe sie ihr Vergehen für sehr sündlich nicht gehalten«.[86] Wenn es aber kein Mord war, dann war die Grenze zu einer richtigen Totgeburt für sie sehr schmal; sie zu behaupten, lag mehr als nahe.

Die Frauen rückten diese für sie von einem Mord deutlich unterschiedene Handlung dazu noch in ganz andere Zusammenhänge. Anna Maß aus Clausdorf auf Fehmarn gab 1785 zu Protokoll, »sie habe gehört, daß wenn es unmal ginge« – im Falle einer unzeitigen Geburt – »die Frucht verscharret zu werden pflege, und in dem Gedanken Gott werde sie ihr nicht zur Sünde anrechnen, habe sie das Kind erdrückt«.[87] Kindsmord wird hier also aus dem Bereich der schweren Kriminalität herausgenommen und in die Reihe der Unglücksfälle bei Schwangerschaft und Geburt eingeordnet; auch aus dieser Perspektive bot sich eine Totgeburt als Erklärung an. Die Äußerung einer Großmutter und Mittäterin bei einem Kindsmord, nämlich »Gott vergebe alle Sünden, es ließe sich vieles abbitten, und wer wüßte, wie viele Kinder in der Welt umgebracht würden«[88], ist sicher auch als Rechtfertigungsstrategie gegenüber ihrer Tochter zu verstehen; sie unterstreicht aber noch einmal die Auffassung von der in den Augen der Frauen weit geringeren Schwere des Delikts: es ist nur eine Sünde wie viele andere Handlungen auch.

Daß sich für Kindsmörderinnen im 16. und 17. Jahrhundert Personen fanden, die sie durch Heirat vor dem Tod retten wollten (und retteten), und im 18. Jahrhundert solche, die eine Bitte um vorzeitige Entlassung aus dem Zuchthaus mit einem Heiratswunsch begründeten, daß Kindsmörderinnen zwar angezeigt wurden, daß aber andererseits einer Reihe von Frauen die Flucht aus dem Arrest gelang, wozu andere Beihilfe leisten mußten, weist darauf hin, daß diese Sicht der Tat gesellschaftlich vermittelt war. Sie wurde von Angehörigen ihrer Schicht geteilt, die ebenfalls das Delikt nicht für so schwer hielten, daß es die Todesstrafe verdiente. Die große Zahl von Quellen hat es ermöglicht, hinter die Totgeburtsbehauptung zu sehen, etwas herauszufiltern, was nur wenige sagten, weil die meisten um die Bewertung der Tat durch die bürgerlichen Untersuchenden und die bäuerlichen Gerichtspersonen nicht nur wußten, sondern auch danach vor Gericht handelten, d. h. ihr Verständnis der Tat verschwiegen.

V.

Bevor das letzte Stadium des Prozesses geschildert wird, sollen noch kurz die Fragen nach der Rolle des Schichtunterschiedes und nach der Behandlung der Geschlechter vor Gericht berührt werden. Die Rolle des Schichtunterschiedes zeigt sich u. a. in der Art und Weise, wie die Inquisitinnen ihr Sexualverhalten darstellen. Die bürgerliche und – in Norddeutschland auch bäuerliche – Schicht zeigten eine Sexualmoral, die den staatlich-kirchlichen Geboten entsprach. Sie beschränkten die Sexualität streng auf die Ehe, was sich demographisch an der niedrigen Zahl von vorehelichen Konzeptionen und an der geringen Zahl illegitimer Geburten nachweisen läßt.[89] Im Gericht präsentierten die Untersuchenden mit der staatlichen Moral also ihre eigene; das galt auch für die Verteidiger. Die Sexualmoral der Unterschichten, aus der die Täterinnen stammten, unterschied sich deutlich von der der bürgerlichen und bäuerlichen Schicht. Hier war der Geschlechtsverkehr vor der Ehe gang und gäbe; doch stand die *copula carnalis* meist in einer auf die Ehe ausgerichteten Perspektive, die sich allerdings nicht immer verwirklichen ließ. Also gab es hier einen deutlich höheren Anteil an nichtehelichen Geburten. Vor Gericht stutzten nun die Inquisitinnen ihr Sexualleben, soweit möglich, auf die bürgerlichen Normen zurecht. Das läßt sich besonders an den Untersuchungspunkten »Eheversprechen« und den Aussagen zur Häufigkeit des Verkehrs zeigen. Zwar versuchten alle Frauen, ihr Sexualleben in diese Richtung zu stilisieren, aber Täterinnen mit einer Reihe von Partnern hatten bei ihren Anpassungsversuchen wenig Spielraum, da ihr Ruf bekannt war.

Eine sehr hohe Zahl von Frauen gab an, daß ein Eheversprechen vorgelegen hätte.[90] Da diese Versprechen nicht öffentlich gegeben wurden, ist eine Überprüfung schwer möglich. Sehr häufig wird die Aussage den Tatsachen entsprochen haben, denn für andere Situationen liegen vergleichbare Angaben vor; außerdem spricht dafür auch, daß es für die Frau notwendig war, sich für den Fall einer Schwangerschaft notdürftig abzusichern. Aber man darf ohne Zweifel annehmen, daß einige ein

Eheversprechen nur vorgaben. Sie stellten damit ihre Beziehung als den Normen ihrer eigenen Schicht entsprechend dar. Damit sollte sie auch für die bürgerlichen Untersuchenden akzeptabler erscheinen. Die Verteidiger gingen noch einen Schritt weiter und behaupteten, sie sei durch das Eheversprechen in der Tat legitim gewesen.

Wenn nach der Häufigkeit des Verkehrs gefragt wurde, bestand bei den Frauen eine deutliche Tendenz zu behaupten, sie hätten nur ein einziges Mal mit dem Kindsvater geschlafen und sonst mit keinem anderen.[91] Damit wurde die »getriebene Unzucht« als eine einmalige, völlig untypische Abweichung vom sonstigen Verhalten hingestellt. Meist hatten diese Frauen in der Tat nur wenige Male mit dem Vater des Kindes geschlafen; die geringfügige Schönung der Tatsachen sollte dazu dienen, die Frau als »gefallene Unschuld« erscheinen zu lassen, auch als Opfer unwiderstehlicher männlicher Zudringlichkeit. Das Sexualverhalten war Teil des Leumunds und im Prozeß durchaus von Gewicht; so konnte z. B. aufgrund des »guten Lebenswandels« beantragt werden, auf die geschärfte Todesstrafe zu verzichten (also darauf, den Kopf auf einen Pfahl zu setzen), oder auch ein ehrliches Begräbnis gewährt werden, besonders wenn zusätzlich noch die Verwandten mit dieser Bitte einkamen. Bei einer Verurteilung zu einer langen Zuchthausstrafe fiel er ebenfalls ins Gewicht, nämlich wenn über eine Bitte auf vorzeitige Entlassung entschieden werden sollte.

Die Frage, ob Frauen im Gericht anders behandelt und vor allem, ob sie anders bestraft wurden als Männer, läßt sich am Beispiel eines typischen Frauendelikts nur schlecht untersuchen.[92] Um einen systematischen Vergleich durchzuführen, müßte nicht nur das Delikt gleich sein, sondern auch möglichst viele Variablen. Doch es läßt sich am Kindsmord sehr gut zeigen, wie Umakzentuierungen im Frauenbild, die eingebettet waren in umfassende Wandlungsprozesse außerhalb der Welt des Rechts und der Gerichte, zur Folge hatten, daß sich die Wahrnehmung der ledigen Mütter, die ihre Neugeborenen töteten, durch die untersuchenden und urteilenden Männer veränderte. Aus der unmenschlichen Rabenmutter, die, »um ihre geilen Lüste zu dämpfen«,[93] eine illegitime Beziehung eingegangen war, und die sich dann gegen die Gesetze Gottes und der Natur so schwer versündigt hatte, daß sie nach staatlicher Auffassung nichts anderes als den Tod verdiente, wurde vor dem Hintergrund eines überhöhten, quasi asexuellen Frauenbildes die

unglückliche Verführte, das Opfer männlicher Aggression, die ihr Kind in einem Moment unbeschreiblicher körperlicher Schmerzen tötete, der zugleich als Höhepunkt eines schweren seelischen Konflikts verstanden wurde.[94]
Da nun außerdem in der zweiten Hälfte des 18. Jahrhunderts, besonders nach 1770, nicht nur die gesellschaftlichen Ursachen des Kindsmordes »entdeckt« wurden, sondern sich im Strafrecht auch eine Blickwendung von der Tat zur Täterin vollzog, konnten nun vor dem Hintergrund des neuen Verständnisses die Argumente der Frauen anders bewertet werden. Das war ein wichtiger Weg, den neuen Anschauungen über die Bestrafung des Delikts Geltung zu verschaffen. Natürlich wurde die Totgeburtsbehauptung auch weiterhin durch die immer professioneller und umfangreicher durchgeführte Obduktion widerlegt; hier trat wohl ein (begrenzter) Wandel erst im 19. Jahrhundert ein. Aber die drei anderen Argumente der Frauen, nämlich die Übereilung, die Ohnmacht und die Nichtverbindung der Nabelschnur wurden nun in einem ganz anderen Licht gesehen.

VI.

In Verteidigungsschriften war die Übereilung schon lange zu einer Standardbeschreibung der Geburtssituation geworden. Nun wurde sie auch von den Untersuchenden häufig positiv aufgenommen. Für sie wurden die Frauen immer mehr Personen, die keine Erziehung genossen hatten und die dazu noch einfältig waren;[95] was lag in einem Zeitalter, das Erziehung auf sein Banner geschrieben hatte, näher, als in mangelnder Erziehung eine Entschuldigung dafür zu sehen, daß der Geburtstermin nicht richtig vorausberechnet wurde? Allerdings wich die Skepsis nie ganz gegenüber der Begründung, daß sie aus diesem Grunde keine Hilfe hätten rufen können. Über Karen Christensen hieß es 1794: »Die Entbindung habe sie übereilt. Sie habe nicht geglaubt, derselben so nahe zu seyn.« Die Ärzte stellten wie üblich fest, daß sie ein vollkommen ausgereiftes Kind zur Welt gebracht hatte, und ebenfalls wie üblich waren Personen im Haus anwesend gewesen. Der untersuchende Beamte ging darauf ebensowenig ein wie auf die Feststellung der Ärzte, das Kind habe bei der klirrenden Winterskälte – die Täterin hatte sich zum Gebären ins Freie begeben – sterben müssen. Er versuchte vielmehr, das Argument der Übereilung zu stützen: »Aus der unterlaßenen schriftlichen Benachrichtigung ihres Bräutigams, die unter ihnen verabredet war..., springt die dringende Vermuthung, daß sie von der Geburt übereilet worden.«[96]

Karen Christensen war nach ihren Angaben bei der Geburt ohnmächtig geworden. Die Argumentation mit der Ohnmacht oder mit der völligen Betäubung wurde ab ca. 1790 immer häufiger von des Kindsmords angeklagten Frauen vorgebracht. Im Jahre 1796 waren es die bereits erwähnte Sophia Margaretha Schweistrup und Maria Catharina Lehfeldt, 1797 führte Margaretha Reimers eine Ohnmacht an, und Margaretha Catharina Struven war immerhin »etwas betäubt« gewesen.[97] Diese Reihe ließe sich fortsetzen. Diese immer häufigere (aber noch nicht häufige) Geburtsschilderung vertrug sich ausgezeichnet mit den Ansichten, die nun auch die Gerichte von einer Geburt hatten. Schon 1765 hieß es in einer Musterverteidigungsschrift: »Nun ist keine [so] Schmerz heftiger, als dieienige, [so] welche eine Gebärerin bei der Entbindung empfindet; ... mithin hat sie bei Beraubung der Sinnen, ohnmöglich vernünftig bei der Geburt des Kindes zu Werke gehen können. ...Indessen hat sie alles getan, was von einem redlichen Gemüthe, und einer rechtschaffenen Gebärerin, bey solchem Umständen kann verlangt und erfordert werden. Denn sobald sie nur von der Ohnmacht [!], worin sie durch allzuheftige Geburtsschmerzen gefallen, sich ein wenig erholet hatte, mithin sich erinnern konnte, daß sie ein Kind geboren, so hat sie solches sofort unter der Decke hervorgezogen.«[98]

Knapp 20 Jahre später wurde der Kindsmord in einem Repertorium des Strafrechts als die Tat von »in einer Ohnmacht kranken Frauen« beschrieben.[99] Nun waren auch die Untersuchenden bereit, den Aussagen über eine Ohnmacht zu glauben und ihnen Gewicht beizumessen. »Ihr Anführen, daß sie bei den heftigen Schmerzten ohnmächtig geworden und eine ziemliche Zeit ohne Bewußtseyn gelegen, ist nicht zu bezweifeln«, schrieb der Untersuchende im Fall Karen Christensen und schickte sicherheitshalber noch eine Begründung hinterher, um dem Anschein einer Schutzbehauptung zu begegnen: »Das Kind war von breiten Schuldtern und das erste.«[100] Eine schwere Erstgeburt gehörte fast immer zum Unterbau dieser Einlassung. Der Behauptung, ohnmächtig, betäubt oder von Sinnen gewesen zu sein, wurde nun so willig Glauben geschenkt, daß sich bereits in den 1790er Jahren leise Kritik dagegen erhob.[101]

Mit dem Argument, daß die Inquisitin eine Erstgebärende war, nahm man manchmal auch der Beschuldigung, es habe sich um eine Tötung durch Unterlassung gehandelt, das Gewicht. Lange hatte den Frauen ihre Aussage, sie wüßten nicht, daß die Nabelschnur abgebunden werden müsse, nichts genützt. Zu Anfang des 18. Jahrhunderts hatte man die »peinliche Frage« eingesetzt, noch um 1750 hatte man genauso gehandelt, um das wohl eher falsche Geständnis zu erhalten, daß die Frau sehr wohl wisse, wie sie mit der Nabelschnur zu verfahren habe. Um diese Zeit vertraten Verteidiger – auch hier waren sie die Wegbereiter – längst ganz andere Ansichten. Einer von ihnen sagte 1767, es sei »nicht zu vermuthen, daß gescheute Mütter mit ihren Töchtern wegen der Geburtsumstände reden werden, bevor sie verheirathet sind, ja es ist im geringsten nicht zu glauben, daß sie gegen sie wegen der Verbindung der Nabelschnur etwas erwähnen sollten, da die Verbindung der Nabelschnur nach allen medicinischen Regeln ein officium der Hebammen ist, womit sich die Kreisende nicht beschäftigt«.[102] Circa dreißig Jahre später waren auch die Gerichte bereit, den Einlassungen der Inquisitinnen in diesem Punkt Glauben zu schenken. Die Kieler Juristische Fakultät schrieb z. B. 1789 in einer Stellungnahme zu einem Fall: »Denn da sie sagt, daß sie nicht gewußt, daß dem Kinde die Nabelschnur verbunden werden müsse, welche Unwissenheit bey Frauenzimmern, die das erste Mal gebären, nichts ungewöhnliches ist«, könne hier nur eine culpa latior zugerechnet werden.[103] Da inzwischen auch der Fiskal nicht mehr die Tortur beantragen konnte – sie war inzwischen abgeschafft worden – und die Untergerichte weitgehend von der Aufklärung ergriffen worden waren,[104] wurden Todesstrafen jetzt nur noch selten ausgesprochen.

VII.

Nach dem artikulierten Verhör schlug die Stunde des Verteidigers. In dem rechtlichen Schlagabtausch mit dem Fiskal, dem von Amts wegen bestellten Ankläger, hatte er eine gute Ausgangsposition, wenn die Inquisitin mit Totgeburt, Übereilung und eventuell auch Sturzgeburt argumentiert hatte. Bei Frauen, die ein Geständnis abgelegt hatten, standen ihm dagegen nur Wege offen, die von vornherein wenig erfolgversprechend waren. Er konnte dann argumentierten, daß die Inquisitin sich über das Leben des Kindes getäuscht habe, eine Behauptung, die durch die Schwäche der Künstlichkeit gekennzeichnet ist, oder er konnte sich auf den Standpunkt stellen, daß das Geständnis allein nicht ausreichend sei. Das war zwar juristisch richtig, aber die Königin der Beweise anzuzweifeln, war ein nutzloses Unterfangen. Hatte die Inquisitin dagegen in allen Punkten auf ihrer Sicht beharrt, dann entwickelte sich eine gerichtsmedizinische Debatte, denn der Verteidiger mußte als erstes die Lungenprobe angreifen. Im Laufe des Jahrhunderts flossen in seine Argumentation immer mehr aufklärerische Aspekte ein, so z. B. die sich wiederholenden Hinweise auf die schlechte Erziehung der Beschuldigten. In der Regel beantragte der Fiskal die Höchststrafe, also die Todesstrafe, und falls noch kein Urteil gefällt werden konnte, die »peinliche Frage«. Der Verteidiger dagegen versuchte, einen Reinigungseid zu erreichen (was nur bis 1754 möglich war), oder plädierte für die Verhängung einer *poena extraordinaria*, also für die Landesverweisung und später für eine Zuchthausstrafe. In sehr vielen Fällen wurden die Akten dann an eine Juristische Fakultät geschickt, die über den Einsatz der Folter, sehr häufig positiv, entschied. Damit trat dann die Inquisitin erneut vor das Gericht.

Es lassen sich über die erneute Konfrontation mit der Obrigkeit nur ein paar allgemeine Aussagen machen; leider erlaubt die Quellenlage keine präzisen Angaben.[105] Der Inquisitin drohten im behandelten Zeitraum keine schweren Foltergrade. Das völlige Aufziehen mit auf dem Rücken zusammengebundenen Armen oder ein noch härterer Foltergrad wurden nicht angeordnet. Sie sahen sich vielmehr einer stufenweisen Anwendung von Territion und Folter gegenüber, wie sie in den Herzogtümern seit langem allgemein üblich war. Zuerst wurden sie ermahnt, ihrem Körper die Schmerzen der Tortur zu ersparen, des öfteren unter der Mitwirkung eines Pastors. Der Verbalterrition folgte die Realterrition, das Vorzeigen und Erklären der Instrumente. Die eigentliche Folter begann mit dem Entkleiden, demütigend genug für beide Geschlechter, aber besonders entehrend[106] für eine Frau vor Männern, danach kam das Anlegen der Daumenschrauben und als Endstufe in der Regel der Beginn des Schnürens. Ganz offensichtlich sagte man den Frauen nicht, bis zu welchem Grade die Folter genehmigt worden war, und suggerierte das Schlimmste. So stellte man schon die Verbalterrition »mit einigem fürchterlichen Anschein« an.[107] Es gehörten also eine gute Kenntnis der landesüblichen Folteranwendungen und starke Nerven dazu, in dieser Situation seine Aussagen nicht zu verändern.

Nicht zu allen Zeiten wurden Frauen gleichermaßen mit der Folter bedroht. Ihre Chancen, durch die »peinliche Frage« nicht zu anderen Aussagen gezwungen zu werden, waren, wie es scheint, in den 1690er Jahren und im ersten Jahrzehnt des folgenden Jahrhunderts größer als zuvor, denn die Kieler Juristische Falkultät – häufig, aber durchaus nicht immer, kam die Torturentscheidung von ihr – riet in jener Zeit zu einer zurückhaltenden Anwendung. So wies sie 1690 ein Gericht an, »menschlicherweise« damit zu verfahren; 1696 unterstrich sie ihr Verständnis der Anwendung, indem sie verstärkend hinzufügte: »menschlicher oder gelinderweise«, was sich später wiederholte.[108] Es war wohl kaum die Erwägung, daß »dieses ohne dem nicht gantz unbetrügliche remedium investigandae veritatis bey denen Weibes Bildern propter imbecellitas sexus fast gefährlicher zu fallen scheinet«,[109] der Grund für diese Anweisungen, sondern es waren eher frühaufklärerische Tendenzen, die den Ermessensspielraum für die Gerichte erhöhten.

Eine ganze Reihe von Frauen gab während der Verbalterrition auf und legte ein Geständnis ab. Wenn man bedenkt, was sie ihrem Körper zugemutet hatten, eigentlich erstaunlich, doch muß man auch die lange Dauer der Prozesse berücksichtigen.[110] Die ernstliche Ermahnung, »dem allwissenden und gerechten Gott im Himmel« und dem Gericht die Ehre zu tun und zu bekennen, blieb also nicht ohne Wirkung. Die Furcht dieser Frauen wird von Margaretha Carstens artikuliert, wobei zugleich die alte Problematik der Falschaussage unter der Folter angesprochen wird (die aber doch wohl bei Kindsmordfällen begrenzt war): Über Margaretha Carstens heißt es, daß »sie auch jungst a part des Johann Ovens Sen. imprägnation halber sey befraget worden, dabey sie gesaget: sie müste bey ihrer Aussage bleiben, wann sie aber mit der Tortur darum sollte befraget werden, so würde sie auch Nein dazu sagen [behaupten, er sei nicht der Vater], weiln sie darauf nicht wollte und ehe sie darauf käme oder solte, sagte sie lieber Nein«.[111] Als ihr dann die »peinliche Frage« drohte, da sie die Tötung nicht gestanden hatte, gestand sie dann schon bei der Verbalterrition, daß sie das Kind durch Drücken am Kopf getötet habe.

Das war eines der drei Tatbestandsmerkmale, die andere Frauen erst in der Tortur preisgaben. Immer wieder sollten sie auf drei Fragen antworten, nämlich ob das Kind gelebt habe, ob die Mutter es getötet und ob (und wann) sie dazu den Vorsatz gefaßt habe. Gerade letzterer war auf andere Art und Weise nicht nachzuweisen, denn die Frauen bestrit-

ten ihn einfach. Andere Fragen konnten hinzutreten. Bei Heilke Harders etwa lauteten die Fragen 1712 folgendermaßen: »1) ob das Kind alß sie es beim Arm ergriffen und auf die Erde gelegt nicht noch gelebet? 2) Ob Sie dem Kinde nicht die Nabelschnur abgerißen oder abgeschnitten? 3) Ob sie nicht darum das Kind tödten wollen daß die That [!] heimlich bleiben sollte? 4) Ob Ihr jemand mit Raht und That darum behilflich gewesen? 5) Wer solches gethan?«[112] Sie bejahte die ersten drei Fragen, womit die Untersuchenden ihr Ziel erreicht hatten.
Gefolterte waren freilich nicht rettungslos verloren; nicht jede Folter brachte ein Geständnis, auch bei Frauen nicht.[113] Das gilt auch für die Kindsmörderinnen. Elisabeth Peemöllers z. B. hatte 1708 eine Lebendgeburt von Anfang an zugegeben; die Kieler Juristische Fakultät hatte auf die »peinliche Frage« entschieden, die notfalls bis zum Beginn des Schnürens geführt werden sollte. Sie konnte jedoch die entscheidenden Anschuldigungen zurückweisen – wobei übrigens nicht klar ist, wie weit die Folter tatsächlich durchgeführt wurde – und wurde zum einstündigen Prangerstehen und zur Landesverweisung verurteilt. Auch bei der des öfteren erwähnten Stine Bartels ging es glimpflich ab: Zwar sind in den Akten fünf Folterfragen dokumentiert; ob sie jedoch auch unter der Tortur gestellt wurden, ist nicht verzeichnet. Falls dies so gewesen sein sollte, dann hat auch sie nicht alle Punkte gestanden; sie wurde nämlich ebenfalls des Landes verwiesen. Eindeutig ist der Fall der Margaretha Brüggmanns 1760 überliefert. Schon beim Vorzeigen der Beinschrauben durch den Scharfrichter sagte sie: »Wann man ihr auch die Beine zerbrechen wolle, könne sie doch nicht mehr sagen, Gott werde ihr helfen.«[114] Tatsächlich blieben denn auch die Daumenschrauben und das Schnüren mit anschließendem Anziehen ohne Wirkung. Sie wurde zu einer lebenslänglichen Zuchthausstrafe verurteilt.

Vor Gericht stand, wenn man zurückblickt, nicht die selbstbewußte, mutige, der Obrigkeit gegenüber kritische Frau aus dem Gedicht Goethes. Vor Gericht stand aber auch nicht eine Frau, die in Passivität und Resignation verfallen war und alles widerstandslos über sich ergehen ließ, und nur selten eine Frau, die alles Vorangehende verdrängt hatte.
Vielmehr hatten die Untersuchenden und die Ankläger Täterinnen vor sich, die vernünftig reagierten und denen es in der Regel gelang, sich ausreichend zu verteidigen. Sie nutzten ihre Chance, der Todesstrafe zu

entgehen. Ihre Argumente stammten, wie naheliegend, aus dem Bereich Schwangerschaft und Geburt und aus ihrer Arbeitswelt und waren aufgrund ihrer Realitätsnähe nicht beiseite zu schieben. Solange zum »Waffenarsenal« der Gerichte die Tortur gehörte, konnte ein größerer Teil von ihnen freilich ihre Aussagen nicht aufrechterhalten; doch, und das ist zu betonen, eine ganze Reihe von ihnen widerstand auch der »peinlichen Frage« und entging damit der Lebensstrafe.
Als dann vor dem Hintergund einer in die Aufklärung eingebetteten Debatte um die Reform des Straf(prozeß)rechts, eines Verständnisses des Verbrechens, das seine gesellschaftlichen Ursachen betonte, und eines veränderten Bildes der Täterin, die Gerichte zur Milde neigten, ohne daß der gesetzliche Rahmen dafür vorhanden war, wurden die Aussagen der Frauen akzeptiert, ja sogar stillschweigend willkommen geheißen. Sie waren nötig zur Umsetzung der neuen Einstellung in konkretes Handeln, zur Vermeidung der Todesstrafe, aber auch zur Begrenzung der Strafe, die zunehmend an ihre Stelle trat: das lebenslange Zuchthaus.

Walter Rummel

Verletzung von Körper, Ehre und Eigentum

Varianten im Umgang mit Gewalt in Dörfern des 17. Jahrhunderts

I.

Wer sich mit den Quellen zur Alltagsgeschichte der Frühen Neuzeit befaßt, der weiß um die Faszination solcher Lektüre. Die Anschaulichkeit der Geschichten von Händeln und Gebärden, von Behauptungen und Streitereien, Sitten und Unsitten läßt die großen Themen der Geschichtsschreibung vorübergehend in den Hintergrund treten. Es sind Begegnungen mit einer fremdartigen Welt und zugleich mit dem unserer Zeit Ähnlichen, die sich beim Durchlesen der alten Protokollbände vollziehen. Oft treffen wir freilich das Ähnliche im scheinbar Fremdartigen und umgekehrt das Fremde im scheinbar Ähnlichen an.

Eine solche Begegnung hat den vorliegenden Beitrag entstehen lassen. Es ging dabei um einen gleichermaßen faszinierenden wie erschreckenden Ausbruch von Gewalt, der sich um die Mitte des 17. Jahrhunderts in einem im Hunsrück, zwischen Mittelrhein und Untermosel gelegenen Dorf zugetragen hat. Erschreckend deswegen, weil die Gewalt an einem Kind verübt wurde, erstaunlich, weil sie vorwiegend von einer Frau ausging, der man solches Verhalten aus heutiger Warte nur schwer zutraut. Doch davon später.

Berichte über den Ausbruch von Tätlichkeiten unter den Zeitgenossen sind keine Seltenheit. Glaubt man den dorfgerichtlichen und obrigkeitlichen Protokollen jener Epoche, so waren sie an der Tagesordnung. Heftigkeit und Häufigkeit solcher Gewaltausbrüche scheinen so recht die Theorie des Soziologen Norbert Elias über den Verlauf des Zivilisationsprozesses zu illustrieren.[1] Ihr zufolge waren die Menschen der Frühen Neuzeit noch kaum darin geübt, ihre Affekte in dem Ausmaß zu zügeln, wie es Kirche und Staat von ihnen verlangten. Die Umsetzung dieser Forderung gelang erst auf dem Wege ihrer Verinnerlichung durch die Individuen selbst, was Elias als Übergang vom Fremdzwang zum Selbstzwang beschrieb; dies aber blieb späteren Phasen des Zivilisationsprozesses vorbehalten.

Nun hat das Programm zur Befriedung der Gesellschaft mitnichten die Gewalt als Form des zwischenstaatlichen Umgangs eliminiert. Das war ja auch nicht ihr Zweck; vielmehr sollte die Befriedung im Inneren den Landesherren die Konkurrenz des Adels vom Hals schaffen und damit zugleich seine Machtsteigerung nach außen ermöglichen. Unter dem Einfluß von Christentum, Humanismus und Philosophie erwuchs daraus in der politischen Kultur Westeuropas zumindest der Anspruch auf grundsätzlichen Verzicht von Gewalt zur Durchsetzung politischer Ziele innerhalb der Gesellschaft. Freilich darf bezweifelt werden, daß dieser Prozeß auch die individuellen Aggressionspotentiale verringert hat. In dem Maße nämlich, in dem besonders die absolutistischen Staaten ihren Mitgliedern das staatliche Gewaltmonopol überstülpten, wuchs das Ausmaß von Gewalt zwischen den Staaten. Und mit der staatlichen Lizenz zum Töten erhielten zumindest Teile der Gesellschaft neue Gelegenheiten, ihre aggressiven Neigungen auszuleben. Faschistische Staaten wie das nationalsozialistische Deutschland haben vor allem ihren männlichen Bewohnern ein Ausmaß von Gewaltanwendung erlaubt, ja abverlangt, das wohl alles Bisherige auf diesem Feld in den Schatten stellt. Und Ähnliches geschieht zur Zeit wieder im Südosten Europas, wo politische Führer ihren Anhängern und Söldnern tausendfach die Folterung, Vergewaltigung und Tötung von Angehörigen anderer Volksgruppen zur Erlangung territorialer Vorteile gestatten. Zu erzwingen ist dergleichen wohl kaum.

Auch im 16. und 17. Jahrhundert hatten einzelne wie bestimmte Gruppen hinreichend Anlaß zur Ausübung atavistisch anmutender Gewalttaten. Bekannt sind die Greuel, die im Dreißigjährigen Krieg (1618–1648) von Landsknechten an der Bevölkerung, gelegentlich aber auch als Rache dieser an jenen verübt wurden. Ebenso schufen die Hexenverfolgungen in einzelnen Landstrichen Bereitschaft und Gelegenheit zu mitunter pogromartigen Gewaltausbrüchen der Dorfbewohner gegen ihresgleichen.[2] Aber die immer wiederkehrenden Ausbrüche von Tätlichkeiten im dörflichen Alltag gehören nicht in diesen Bereich menschlicher Aggressivität. Alltägliche Gewalt blieb auf einzelne begrenzt, und die Tötung eines Menschen war eher unbeabsichtigte als gewollte Folge. Die Anwendung von Gewalt galt daher weniger der Abwehr eines auf Leib und Leben zielenden Angriffes; vielmehr hatte sie für beide Seiten den Charakter von sozialen Scharmützeln, von Abtastgefechten, die Chancen und Risiken von Interessendurchsetzung erkunden und entsprechende Signale aussenden sollten. So betrachtet, war körperliche Gewalt unter den gegebenen Lebensumständen sinntragendes Handeln, das mehrere soziale Funktionen erfüllte. Zum einen diente sie der akuten wie auch der prophylaktischen Verteidigung des Eigentums, weil dessen Schutz aufgrund der Defizite zeitgenössischer Strafverfolgung von jedem einzelnen mitübernommen werden mußte.[3] Zum anderen diente Gewalt der Verteidigung der Ehre im dörflichen Alltag. Zwar boten die Obrigkeiten auch diesbezüglich den gerichtlichen Weg an, die auf »Wiederherstellung der Ehre« (»reparatio honoris«) zielende Beleidigungsklage; aber die Betroffenen zogen doch häufig die direkte körperliche Reaktion vor, weil sie damit ohne Verzug Stärke demonstrieren konnten.[4]

Die Anwendung von Gewalt zur Verteidigung von Eigentum und Ehre entsprach deren Wichtigkeit. Eigentum als materielles Kapital und Ehre als »soziales Kapital« (M. Dinges) waren die Säulen der gesellschaftlichen Existenz. Durch die Widrigkeit zeitgenössischer Lebensumstände wurden beide ständig bedroht. Das Ringen mit der Natur um das Existenzminimum, mit den Nachbarn um die Vermeidung von materiellen Nachteilen und die Folgen ungeregelter Verhältnisse wiesen dem gezielten Einsatz wie dem spontanen Ausbruch von Gewalt klare Funktionen zu. Zugleich ging es bei jeder Auseinandersetzung auch um die Vermeidung einer Niederlage aus Gründen des Ansehens und damit wiederum um die Abwendung von handfesten Nachteilen, die als Folge von Gesichtsverlust unweigerlich auftreten würden. Gewalt war das in solchen Situationen am schnellsten verfügbare Mittel. Da es sich dosieren und steigern ließ, signalisierte es die Bereitschaft zur Eskalation, was auf der Gegenseite ein Interesse zur Konfliktregelung erzeugen konnte. Im Vorfeld von Konflikten war die Gewalt als Drohung stets präsent.

Gewalttätigkeit erschöpfte sich also nicht in der von Elias vorausgesetzten psychischen Affektentladung. Mehr noch: Ihr alltragspraktischer Nutzen bedingte, so eine erste These, daß sie nicht nur sinntragendes Handeln beinhalten konnte, sondern von den Beteiligten auch so verstanden wurde. Daraus ergab sich, selbst bei tödlichen Folgen, eine relative Akzeptanz ihrer Anwendung. Eine zweite These läßt sich mit Blick auf Anlässe, Ausmaß und Akzeptanz von Gewalt formulie-

ren. Wer sie anwendete, tat dies aus seiner Sicht immer in Reaktion auf Zumutungen. Diese scheinen am größten bei Eigentumsdelikten und bei Ehrverletzungen gewesen zu sein. Der höhere Rang solcher Werte macht denn auch plausibel, warum Verletzungen des Körpers in einem für uns erstaunlichen Maß teilweise akzeptierte Bestandteile des Zusammenlebens waren.
Im folgenden soll zuerst die ausgeprägte Bereitschaft zur Ausübung und Akzeptanz von körperlicher Gewalt beschrieben werden (II), sodann demgegenüber die hohe Empfindlichkeit bei Verletzungen von Ehre und Eigentum (III–V). Beginnen wir mit jener anfangs erwähnten Geschichte.

II.

Im November 1649 meldete sich im sponheimischen Amtsort Kastellaun im Hunsrück ein Familienvater, um zu beklagen, was seinem noch jugendlichen Sohn soeben Schreckliches widerfahren sei.[5] Ohne böse Absicht habe dieser vergangenen Montag »fünff verfrorene Äppel« durch Werfen eines Knüppels von einem Baum herunterholen wollen, als Simon Bonschs Hausfrau, offenbar die Besitzerin des Baumes, in höchster Rage (»mit viehle[m] Fluchen/Schelten und Schwehren«) herbeigelaufen kam. Das Unheil nahm seinen Lauf: »Mit einer Hakken«, so der Vater des Jungen, habe sie diesen derart »an den Halß geschlagen, daß er zu Boden gesuncken« sei. Die Wut der Frau wollte keine Ende nehmen, weitere Schläge auf den am Boden Liegenden folgten: »Auch also unuffhörlich continuirt, alß wolte sie ihnen auff der Stett todt schlagen.« Als daraufhin die Schwester des Jungen herbeirannte, fühlte sich der Ehemann Simon Bonsch ebenfalls zum gewalttätigen Eingreifen bewogen: »Und alß mein Dochter zu gelauffen sie zu halten, ist ihr Man Simon ebener Maßen mit einem Karst uff ihnen zu gesetzt, und so mörderischer Weiß zu geschlagen/ auch« – hier erbittet der Schreiber Gnade (»cum venia«) für die folgenden Worte – »mit dem Gemächt [= Genitalien; W. R.] gegriffen/ daß wir noch nit wissen können/ waß darauß werden würdt.« Das Eingreifen des Vaters des Jungen beendete die Raserei des Ehepaares Bonsch mitnichten, führte ihm vielmehr ein weiteres Opfer zu: »Und alß ich zugelauffen umb abzuwehren, hat sie«, also die Frau des Simon, »einen großen Stein genohmen undt mich darmit in die Seit geworffen/ welches ich ein geraumbte Zeit nit vergessen werdt.« Daß Simon Bonschs Frau noch immer der Hauptakteur der Auseinandersetzung war, sollte auch die nicht anwesende Mutter des Jungen zu spüren bekommen: Nach dem Steinwurf habe jene, so der Vater, »zum Überfluß neben andern unleidtlichen Scheltworten, meine Hausfrauw ein offentliche Hexß und Zauberin gescholten«. Damit war in verbaler Hinsicht der Gipfel der möglichen Gewaltanwendung seitens der Bonschs gegen die Familie des Jungen erreicht. Denn solche im Alltag geäußerten Hexereivorwürfe konnten zu jener Zeit – von 1643 bis 1656 wurden im Amt Kastellaun von dazu in Ausschüssen organisierten Dorfbewohnern zahlreiche Prozesse wegen Hexerei angestrengt – eine Lawine weiterer Anschuldigungen auslösen und zur Hinrichtung der Betroffenen führen.[6]

Das gewalttätige Vorgehen der Bonschs gegen den Jungen läßt ein hohes Maß an Affektentladung erkennen. Nun ist Wut ja durchaus keine zeittypische Erscheinung, sondern eher eine Konstante menschlicher Empfindungen. Zeittypisch ist hier jedoch der soziale Kontext, der den Bonschs den geschilderten Ausbruch von Wut erlaubte. Was dem auch immer an Zwist zwischen beiden Familien vorausgegangen war – der direkte Anlaß für die Mißhandlung des Jungen war seine Handlung in Bezug auf die Äpfel. Von der Frau des Simon Bonsch war diese als Eigentumsverletzung aufgefaßt worden. Eine derartig gewalttätige Reaktion zur Verteidigung von erfrorenen Äpfeln mag uns als maßlos übertrieben vorkommen, ist aber aufgrund damaliger Erfahrungen von Not ebenfalls zeittypisch. Gegenüber der lokalen Obrigkeit war der Vater natürlich bemüht, die Maßlosigkeit der seinem Sohn zugefügten Mißhandlung anzuprangern. Daher bat er nicht nur um Wiedergutmachung des erlittenen Schadens inklusive der Rückerstattung aller für den Balbierer aufgewendeten Kosten und nicht nur um die Wiederherstellung der durch den Hexereivorwurf verletzten Ehre seiner Frau. Er verlangte auch eine für solche Gewalttätigkeit angemessene Bestrafung. Simon Bonsch wiederum reagierte darauf unter Ausnutzung der zeittypischen Möglichkeit, Konflikte durch Aushandeln von Bedingungen beizulegen. Ohne sich darauf einzulassen, die Anschuldigungen juristisch zu bekämpfen, bot er dem Vater des Jungen an, seinen Anspruch auf Wiedergutmachung zu befriedigen. Dieser akzeptierte den »Vergleich«, und Bonsch konnte sich dadurch vor der Obrigkeit in der stets geschätzten Rolle des Friedensstifters präsentieren. Er mußte daher als Strafe lediglich eine geringe Geldbuße zahlen, womit die Obrigkeit anerkannte, daß die vorgefallene Verletzung des Rechtes nicht so dramatisch war wie die körperliche Verletzung des Jungen.

Wie nahmen sich Person und Verhalten der Bonschs in der Sicht des Dorfes aus? Als die beiden in ihrer Wut über den Jungen herfielen, hatten sämtliche anwesende »Nachbarn« dem Vater die erbetene Hilfe verweigert – vermutlich aus Angst, selbst ein Opfer der Gewalt zu werden, mehr aber aus der Sorge um soziale Nachteile.[7] Jedenfalls stellte sich jetzt keiner von ihnen hinter den Vater des Jungen, um eigene Klagen anzuschließen. Zudem war Simon Bonsch kein Mensch, der wegen einer besonderen Neigung zur Gewalttätigkeit gemieden worden wäre. Vielmehr gehörte er als Vorsteher (Schultheiß) eines auswärts lebenden Verbandes sponheimischer Leibeigener, als Waldförster (bis 1644) und als Schöffe des Kirchengerichts Beltheim zum Kreis derjenigen Bauern, die durch Vermögen und Ansehen zur Ausübung solcher Ämter prädestiniert waren.[8]

Als Kirchengerichtsschöffe hatte Bonsch die Pflicht, seine Nachbarn wegen so verbreiteter Verhaltensweisen wie Fluchen, Schwören, übermäßiger Alkoholgenuß und Wirtshausbesuch, säumiger Kirchgang, lasterhafter Lebenswandel und friedensverletzendes Betragen zu bestrafen. Er mußte daher dickhäutig genug sein, um die Anfeindungen auszuhalten, die ihn im Gegenzug aus der Gemeinde trafen. Er mußte auch den immer wieder von seiten der Dorfbevölkerung gegen die Kirchengerichtsschöffen geäußerten Vorwurf aushalten, daß diese sich nicht anders verhielten als die von ihnen Gemaßregelten.[9] Tatsächlich partizipierte auch Bonsch an der zeittypischen Kultur des Streitens mit Worten und Fäusten, oben in Reaktion auf eine Verletzung seines Eigentums, ein anderes Mal in Reaktion auf die Verletzung seiner Ehre.

Davon erzählt die Klage, die ein Mann namens Johannes Bonsch aus Braunshorn am 15. Mai 1643 vor dem Kastellauner Amtmann führte, weil Simon Bonsch ihn auf dem Nachhauseweg vom Markt »sehr ubell mit Streichen/ als der Augenschein in dem Gesicht gibt, und er sich sonsten auch stark in der rechten Seyten klaget/ dieses des Hauen wegen.../ tractirt« habe.[10] Simon Bonsch gestand nun zwar ein, den Johannes »geschlagen zu haben«, aber »solches auß Ursachen/ weill« der ihn »zwey Mahl... auff die Brust gestossen undt/ ihn in die Har gefallen, das er sich seiner Noth zwangiglich habe erwehren mussen«. Als

Beweis für seine Version führte Simon Bonsch dann ohne Widerspruch des Klägers den Claß Klaur als Zeugen vor. Der erzählt, daß sie damals zunächst »alhie uff dem Marck ettliche Massen Wein gedruncken« hätten. »Im Heimgehen« habe dann der Johannes Bonsch, also der Kläger, zu dem Beklagten Simon gesagt, »das sie zu viel wegen des zu Dodert verkaufftes Hauß vedruncken haben«, worauf Simon ihm gereizt antwortete, was ihn das anginge. Johannes Bonsch reagierte unverzüglich auf diese Ehrverletzung: »Darauff sei Klager [dem] Beklagten in das Har gefallen und habe ihn etliche Mahl uff die Brost gestossen mit Schmähung/ das er ein Schelm und Dieb undt nicht würdig seye im Scheffen Stull zu sitzen.« Simon Bonsch wiederum setzte sich dagegen auf gleiche Weise zur Wehr, indem er den anderen einen noch ärgeren Dieb schalt und ihn seinerseits »mit Streichen« traktierte. Für den Zeugen war zumindest die Prügelei nichts Ehrenrühriges, solange die Ausgewogenheit der Chancen gewahrt blieb. Deshalb hob er im Verhör eigens hervor, wie er dafür Sorge getragen hatte, daß der Bruder des Johannes nicht auf dessen Seite eingriff: Er »habe... des Klagers Brudern Jacob Bonsch gescholten/ daß er ihm nicht zu Hülff kommen, sonsten Beklagter ubell mögte zugerichtet worden sein«. Der Zeuge machte auch keinen Hehl daraus, daß die Auseinandersetzung durch einen besonderen Umstand beeinflußt worden war: Sie »seyen beede zimblich druncken gewesen...«

Das Urteil des Amtmannes maß der Auseinandersetzung ebenfalls keine besondere Bedeutung bei. Die gegenseitigen Beleidigungen wurden miteinander verrechnet und beiderseits aufgehoben, der Kläger aber, weil er erwiesenermaßen mit Scheltworten und Stoßen den Anfang gemacht hatte, verurteilt, die erlittenen Streiche zu tragen und die durch die Verhandlung entstandenen Unkosten zu bezahlen.

Die hier erkennbare Eskalation von Meinungsverschiedenheiten und Konflikten hin zum Ausbruch von Tätlichkeiten war typisch; die Protokolle der vor Amtmännern und lokalen Gerichten geführten Verhandlungen sind voll davon. Es mußte nicht immer zu körperlichen Attacken kommen; oft standen verbale Zumutungen im Vordergrund. Diese aber konnten ihrerseits derart ehrverletzend aufgenommen werden, daß es bei solchen »Verbal Injurien« nicht blieb, so daß »Real Injurien«, wirkliche Verletzungen, die Folge waren. Erstaunlich und typisch war die Heftigkeit solcher Gewaltausbrüche. Der Kastellauner Amtsknecht Franz Klein hatte sogleich zu einem Weinbergspfahl gegriffen, um seinen Kontrahenten damit zu bearbeiten. Klein war 1649 zusammen mit anderen Kastellauner Bürgern zu dem abgelegenen Ort Winningen an die Untermosel kommandiert worden, um diesen vermutlich vor der Bedrohung durch umherschweifende Soldaten zu schützen. Als die Männer eines Morgens den Rückweg antreten sollten, verzögerte sich die Abreise, weil einer von ihnen, der Kastellauner Kürschner Matthias Metzler, sich offenbar ausgiebig Zeit mit dem Frühstück ließ, zudem nicht bereit war, das Transitpapier (»Paß«) zur Durchquerung des zwischen Winningen und Kastellaun liegenden fremden Territoriums herauszurücken. Mehr hatte er sich aus seiner Sicht nicht zuschulden kommen lassen, als der Amtsknecht ihn nach mehrmaliger Aufforderung persönlich aufsuchte: »Und habe inen mit einem Wingerts Pfal schandlich mit Streichen tractirt/ daß er gantz blohe ahn seinen Schuldern geweßen seye, und ob er wohl darauff den Paaß von sich gegeben, so habe er doch nit abgelaßen/ inen mit Streichen und Schelt Worten (Dieb, Schelm und Hundtfutten) zu tractiren.«[11]

Als in dem erwähnten Winningen der Anführer der Partei, die damals – 1643 – mittels eines Ausschusses die Hexenprozesse im Ort organisierte, mit dem Ehemann einer gerade inhaftierten Frau, dem Schöffen Dietrich Siegbert, zusammentraf, kam es ebenfalls zum Ausbruch heftiger Gewalttätigkeiten. Kaum hatte das Ausschußmitglied Kröber, wie er später in seiner an die Obrigkeit gerichteten Beschwerde schrieb, das Haus des damaligen Bürgermeisters Mölich abends betreten, als Siegbert über ihn hergefallen sei, ihm sogleich an den Hals gegriffen habe. Gastgeber Mölich stand dem nicht nach: Er ergriff die Partei für seinen Freund Siegbert, indem er auf einen Tisch sprang und mit einem Holzstück (»Kanten«) um sich zu schlagen begann.[12] Eine weitere Auseinandersetzung, die im Zusammenhang mit der Hexenverfolgung in diesem Ort stand, ließ sogar einen der beiden evangelischen Ortsgeistlichen, den »Caplan« Thumser mitsamt seiner Frau zum Urheber erheblicher Gewalttätigkeiten werden. Das Opfer: der reguläre Pfarrer Jonas Hiller. Alkoholgenuß spielte dabei auch eine Rolle, denn alle drei hatten in Hillers Keller »underm Trunck« beisammen gesessen, als Hiller den Kaplan damit brüskierte, daß entweder er, Thumser, »abgeschafft oder seine Haußfraw« als Hexe »verbrennt werde«. Worauf die beiden derart »ergrimmet[en]«, daß sie »Herrn Pfarrern gleich darauff blutig geschlagen«, ja von »ferner … verubten Streichen«, wie der Vogt berichtete, nur durch Hinzukommen anderer abgehalten werden konnten. In beiden Fällen sind keine besonderen Reaktionen der Obrigkeit belegt, obwohl gerade die hier verübten Tätlichkeiten nicht in alltäglichen Zusammenhängen, sondern im Rahmen brisanter lokaler Auseinandersetzungen um die Frage der Berechtigung von Hexenprozessen standen.[13]

Der später ebenfalls wegen Hexerei angeklagte Winninger Bürger, Hofmann und ehemalige Bürgermeister Hans Wilhelm Mölich hatte in der Folge einer solchen Auseinandersetzung sogar etliche Tage beim Balbierer zu Koblenz das Krankenlager hüten müssen. Ausgebrochen war der Streit, als man sich zu mehreren auf dem Heimweg von Koblenz befand. Schon zwischen der Stadt und dem heutigen Vorort Moselweiß waren Mölich und der spätere Bürgermeister Hans Jakob Andernach »mit Wortten zusahmen kommen, solches auch biß nacher Weiß gedauert«. Dort hatte, wie Mölich später zu Protokoll gab, um die Feindschaft des Zeugen Andernach gegen ihn zu beweisen, dieser »ihnen einen Zauberer gescholten«, was den Beleidigten sehr aufbrachte (»geschmertzet«) und den Konflikt weiter eskalieren ließ: »Darumb er demselben seinen Staab über den Kopff geschlagen«, wogegen sich Andernach seinerseits entsprechend wehrte: »Derselb sich zur Wehr gestelt, und [ihn] hergegen mit Steinen umb den Kopff uff den Thodt zugerichtet.« Ob diese Attacken wirklich lebensgefährlich waren, muß dahingestellt bleiben; jedenfalls lag Mölich »deswegen ... ahn die Wochen« beim Balbierer zu Koblenz. Nach seiner Genesung klagte er unverzüglich vor dem zuständigen lokalen Beamten, dem Winninger Vogt, gegen »die Schmehe und Streich«. Für den konventionellen Stellenwert, den diese aus heutiger Sicht doch erheblichen Tätlichkeiten in den Augen der Betroffenen hatten, ist wiederum bezeichnend, daß die Beilegung des Streites auf dem Wege des Aushandelns der Bedingungen einer zumindest formalen Versöhnung stattfand. Die Obrigkeit hatte offenbar beide Streithähne oder allein den Mölich, weil er als erster zur Gewalt gegriffen hatte, bestraft, wiederum nur mit der üblichen Geldbuße. Mölich konnte jedoch Andernach durch Vermittlung »gueter Leuth« bei einem privaten Treffen in Koblenz zu einem Vergleich bewegen, in dem sich dieser zur alleinigen Bezahlung von Geldbuße und Balbiererkosten verpflichtete.[14]

Die geschilderten Beispiele zeigen, daß der Verlust der Selbstbeherrschung mit der Folge gewalttätiger Affektentladung innerhalb gewisser Grenzen eine weithin akzeptierte, weil erwartete Etappe sozialer Konflikte gewesen ist. Die Reaktionen der Obrigkeit entsprachen nicht der Wertschätzung körperlicher Unversehrtheit und dem Anspruch auf Selbstbeherrschung, wie ihn das heutige Strafgesetzbuch bei der Bewertung von Gewalttätigkeiten zugrunde legt, sie entsprachen nicht dem Willen auf unbedingte und vorrangige Durchsetzung friedlicher Umgangsformen durch präventive Abschreckung. Statt dessen waren sie ebenso wie die Reaktionen der direkt Betroffenen vor allem vom Gesichtspunkt der materiellen Wiedergutmachtung und der Versöhnung geleitet. Wo sich diese außergerichtlich erreichen ließ, verzichteten jene denn auch ganz auf den Weg der Klage vor der Obrigkeit. Womit sie sich auch die Gefahr ersparten, von dieser ebenfalls mit einer Geldbuße belegt zu werden. Solche Fälle wurden daher, wenn überhaupt, der Obrigkeit nur von den Schöffen der lokalen Gerichte im Rahmen ihrer Berichtspflicht zu Gehör gebracht.[15]

III.

Die relative Akzeptanz von körperlicher Gewalt bei bestimmten Anlässen erscheint um so deutlicher, wenn wir den Umgang mit einer tödlich verlaufenden Auseinandersetzung und die damalige Haltung gegenüber Verletzungen von Eigentum und Ehre miteinander vergleichen.

Am 27. August 1612 hielt sich ein Mann namens Jakob Meister aus Roth im sponheimischen Amt Kastellaun zwecks Geschäften im benachbarten dreiherrischen Dorf Beltheim auf.[16] Es ging unter anderem um die Einsammlung des Zehnten durch die »Beständer«, die ihn gepachtet hatten. Meister gehörte mit zu dieser Pachtgemeinschaft, ebenso der Sohn des Haman Schmoll, Jakob Schmoll aus Beltheim. Was zwischen den Pächtern zu besprechen und zu verhandeln war, nahm seinen üblichen Lauf und endete spät abends im Wirtshaus zu Beltheim. Noch in der Nacht machte sich Meister auf den Rückweg in das nur wenige Kilometer entfernte sponheimische Roth. Er sollte nicht weit kommen: Kaum den Berg hinuntergegangen, wurde er »vurderhalb dem Dorff Beltheim dermaßen verwundet und sonsten zugerichtet..., daß er am 5. Tag hernach Todts verfahren... hat 6 Wunden an ihm gehapt, deren eine so tödtlich gewesen...«[17] Bevor Meister starb, konnte er noch den Urheber seiner Wunden anzeigen: nämlich Schmollen Hamans Sohn Jakob von Beltheim, »so seiner Haußfraw negster Blutsverwantter« sei. Eine Familientragödie nahm ihren Lauf.

Der beschuldigte Jakob Schmoll war sponheimischer Leibeigener und wurde daher unverzüglich vom zuständigen Amtmann nach Kastellaun zitiert. Zur Rede gestellt, stritt er die Anschuldigungen zunächst ab, gestand dann aber doch, »daß er ein Unwillen und Haß uff den Jacoben [Meister] gehapt, deß wegen er ihm mit seiner bereitten Plautten«, einem Knüppel, den Weg vom Dorf hinaus »nachgefolgt« sei. Dort habe er ihm einen derartigen »Streich« auf den Kopf gegeben, daß jener »gleich zu Boden gefallen und nicht ein Wort mehr geredet«. Mit seiner nun folgenden Aussage redetete Schmoll sich dann um Kopf und Kragen: Weil er gedacht habe, jener stelle sich nur tot, habe er ihm »noch einen Streich oder vier im Ligen gegeben und damit wieder nach Hauß gangen«. Vorsätzliche Tötungsabsicht (»animus occidendi«) und Heimtücke sprachen aus diesem Bekenntnis, was nach damaligem Reichs- und Landesrecht nur mit der Hinrichtung geahndet werden konnte.

Die Untersuchung des Falls nahm indes zunächst einen anderen Gang. Denn Jakob Schmoll beschuldigte einen anderen Einwohner Beltheims namens Johannes Schneider der Komplizenschaft an der blutigen Tat: Sie beide hätten sich zuvor »in der Zech miteinander verbunden/ daß sie den entleibten Jacoben, wan er naher Hauß gehen würde, nachfolgen und ihn mit Steinen rechtschaffen [!] werffen und tractiren wölten, darumb sie auch, alß Meister Jacob naher Hauß gangen, miteinander von der Zech uffgestanden, er/ Jacob [Schmoll] / aber sey also baldt gefolgt und die That verrichtet«. Johannes Schneider müsse später auch noch hinzugekommen sein und dem besinnungslos am Boden liegenden Meister »ferner zugesetzt« haben, weil, so Schmoll, sich etliche »Streiche« am Körper des Toten befänden, deren Verursachung er nicht gestehen könne; ebensowenig habe er ihm die vom Balbierer festgestellten Fußtritte gegeben.

Angesichts dieser Beschuldigungen wurde auch Johannes Schneider zum Kastellauner Amtmann zitiert und zur Stellungnahme aufgefordert; jedoch gab er weder die von Jakob Schmoll behauptete »conspiration« noch seine Beteiligung an dem Mord selbst zu. Dagegen wurde dem Amtmann »beweißlich berichtet«, daß Schneider an jenem Abend »durch Schmollen Jacobs Schewr gelauffen komen, den Jacoben umb den Halß gefallen, und heimlich mit ihme geredet«, wessen sich Jakob Schmoll aber »wegen großer Trunckenheit nit erinnern« könne; auch habe sich Schneider, »bey Besichtigung des todten Cörpers ... sehr entsetzet« und sei sehr »erblaßet«.[18]

Inzwischen wiederholte der geständige Jakob Schmoll seine Anschuldigungen unter Angabe weiterer Details: Beide hätten sie, Johannes Schneider und er, einen Unmut auf Jakob Meister gehabt, »darauff haben sie beede sich miteinander verglichen, daß sie dem Entleibten, wen er naher Hauß gehen werde, nachfolgen und ihm rechtschaffen abdecken [!] wollten. Und sey diese conspiration geschehen nüchterns Muts und ehe sie ... gedruncken...«. Die folgende Schilderung läßt die Szene fast wie einen Film ablaufen: »Alß nun der Entleibte nach gemachter Zech uffgestanden und naher Hauß gehen wollen, seyen sie bede auch miteinander uffgestanden, ihme nachgefolget, und als sie bey Schneiders Johannesen Wise komen, habe sie ihre vorige conspiration widerholet, und der Johannes den Vorschlag geben, sie wolten den Entleibten nit schlagen, sondern mit Steinen werffen, so wüste man nit, wers gethan.« Dann hätten sich beide getrennt, jeder sei zunächst zu seinem Haus gegangen; Johannes habe aber noch zu ihm gesagt, er solle schon vorgehen, er selbst werde nachkommen.[19]

Bis zu diesem Punkt wurden die Aussagen des geständigen Jakob Schmoll immerhin von einem Zeugen bestätigt. Dieser, ein Dienstjunge des Beltheimer Wirts, hatte an dem betreffenden Abend im Hof des Wirtshauses gestanden und Mist geladen, als zuerst das Opfer Jakob Meister aus der Gaststube »vor seines Meisters Thur« gekommen war: »Sey behaffter Jacob ihme uffm Fuß zur Thür herauß nachgefolget und den Schneiders Johannesen, so noch in seines Meisters, des Würts Hauß, gewesen, gepfiffen; der dan als bald daruff erschienen, da hab er gehöret, daß sie sich verglichen«, vor Jakob Schmollens Haus auf Meister zu warten. Dann seien beide hinter dem Wirtshaus vorbei zu dem Haus des Claus Schuhe gegangen. Was sie im Sinn gehabt hätten, habe er nicht hören können, jedoch sei diese Absprache (»Verbundtnuß«) von dem Jakob ausgegangen; im übrigen »seyen beede wol bezecht gewesen«. Schneider bestritt indessen weiterhin jegliche Beteiligung an der Tötung des Jakob Meister; er räumte lediglich ein, daß er den Un-

mut Schmolls gegen Meister geteilt und ihm deswegen unverhohlen alles Schlechte gewünscht habe: »Was für ein Knopp oder Hetsch ist das, man solte ihn (Meisters Jacoben meinendt) mit Steinen werffen.«
Mit Unmut, ja tiefem Haß, waren tatsächlich beide, Jakob Schmoll wie Johannes Schneider, dem Jakob Meister aus Roth begegnet; und zumindest für ersteren lag hier der entscheidende Beweggrund seines mörderischen Handelns. Schmoll hatte sein Motiv bereits im ersten Verhör mit »Unwillen und Haß uff den Jacoben« beschrieben, dann in einer weiteren Vernehmung dazu ausführlich Stellung genommen:[20]
»Zeiget darbey noch ferner ahn, der entleibte/ so den Beltheimer Gerichts Zehenden bestanden, hab ihn bey den andern Zehendern anbracht/ daß er/ Behaffter/ einen Wisch zu groß gebunden, desßwegen sie ihn in Schmollen Johannesen, des Würths Hauß gefordert und umb 2 florin gestrafft. Er hab zwar die Zehender umb Nachlaß sehr gebetten, sein Vetter, der entleibte Meister Jacob aber hab sich nit wollen erweichen lassen; in dem sey Schneiders Johannes auch in die Stube komen, und weil er gleichfalß straffbar erfunden, umb 1 florin (ohnangesehen er sehr gebeten, welches aber nit helffen wollen) gefrevelt worden. Der hab ihn gefragt, was er da mache? Hab er ihm erzelet, wie ihme die Zehender des Wischs halben gestrafft, und daß er sie instendig umb Nachlaß gebetten hab, sein Vetter Meisters Jacob aber, der doch sich billig vor andern mittleidlich erzeigen solte, sey ihm gahr zuwider gewesen...« Aus dieser gemeinsam erlittenen Demütigung seien sie beide jene »conspiration« eingegangen.
Was Jakob Schmoll über sein Tatmotiv anführte, wirft ein Licht auf komplizierte wirtschaftliche Sachverhalte; zugleich ging es dabei um ›Ehre‹. Ganz offenkundig gehörte der junge Schmoll zu einer Gemeinschaft von Bauern, die den Zehnten im Beltheimer Gericht gepachtet hatten. Die Rechnung der Pächter konnte jedoch nur aufgehen, wenn sie als Lohn für ihre Erntearbeit vom Zehntherren einen Teil des Zehnten zugestanden erhielten; diesen Ertrag hatte der junge Schmoll nun durch falsches Bemessen einer Garbe (»Wisch«) geschmälert und damit die Pächtergemeinschaft als Ganzes geschädigt. Diese wiederum reagierte darauf mit den Sanktionen, die sie sich als Gemeinschaft eigenen Rechts für solche Fälle vorbehielt: Der junge Jakob Schmoll wurde mit der erheblichen Strafe von zwei Gulden belegt, desgleichen Johannes Schneider wegen eines anderen Verstoßes mit einem Gulden.
Läßt man die von Jakob Schmoll oben angeführte Beschreibung dieses

Vorgangs Revue passieren, so ist fraglich, ob allein die Geldstrafe seinen Haß gegen seinen »Vetter« Jakob Meister erregt hatte. Vielmehr scheint es die Demütigung gewesen zu sein, die darin bestand, daß der junge Schmoll in dieser Situation gerade von dem Ehemann seiner nächsten Verwandten Unterstützung erhoffte – »der doch sich billig vor anderen mittleidlich erzeigen solte« –, von diesem aber brüsk zurückgewiesen wurde: Der »sey ihm so gahr zuwider gewesen«. Die Aussage des Johannes Schneider bestätigt die Demütigung, die der junge Schmoll in dieser Situation empfand: »Traurig« habe er »den behafften Jacoben bey den Zehendern vorm Tisch ... stehendt funden«, als auch er, Schneider, »von den Zehendern in des Würths Hauß erfordert und umb 1 florin von ihnen gefrevelt worden« sei. »Den er gefragt, was er da mache? Hab derselb ihm angezeigt/ wie er von den Zehendern ebenmeßig gestrafft sey, und daß sein Vetter, der entleibte Meister Jacob/ ihme zu diesen Schaden pringe, und mit Pitten sich nit wolle erweichen laßen.« Dadurch hatte dann auch Schneider sich zu der bereits angeführten Unmutsbekundung gegen den später Getöteten hinreißen lassen: »...man solte ihn... mit Steinen werffen.«

Die Demütigung und die daraus entstehende Tragödie werden vollends deutlich, wenn man sich den familiären Hintergrund des Jakob Schmoll vor Augen hält. Er war der Sohn des alten Haman Schmoll, eines Schöffen des Beltheimer Gerichts, der als der reichste Mann der Gegend galt und der wohl trotz seines hohen Alters die Zügel seines Hauses straff in der Hand hielt. Sein mit 26 Jahren damals noch junger Sohn hatte sich bis dahin untadelig geführt, brachte aber nun das Unglück über den Alten, was den sponheimischen Amtmann Schmalkalder sichtlich bewegte, als er ein Leumundszeugnis zugunsten beider Angeklagten schrieb: Jakob Schmoll habe »sich jeder Zeit also verhalten, daß man ihm kein Untugendt noch Böses nachzusagen gewust und durch seine Trunckenheit in dieß groß Unglück kompt, sein Vatter wird nit allein der Habhafftest im Dorff Beltheim, sondern auch wol im ganzen Ampt [Kastellaun] gehalten. Ist ein alter Man, gehelt sich ob diesem Fall gar übel, derwegen billig Mitleid zu haben. Der Johannes [Schneider] ist ebenmeßigen Alters und guten Geruchts biß daher gewesen.«[21]

Die Sympathien des Kastellauner Amtmannes galten eindeutig dem jungen Jakob Schmoll, wozu sicherlich auch dessen sponheimische Leibzugehörigkeit beitrug. Und ganz offenkundig versuchte der Amtmann, durch den Gang der Untersuchung den Geständigen von der

Verantwortung für den tödlichen Streich zu entlasten. Als tödliche Verwundung hatte der Kastellauner Balbierer Friedrich eine innere Verletzung des Jakob Meister diagnostiziert, die nur durch einen Fußtritt entstanden sein konnte.[22] Und gerade diesen hatte Schmoll stets bestritten. Die Räte des pfälzischen Regierungsteilhabers waren dieser Version nicht abgeneigt, fühlten sich aber an die strikten Befehle ihrer beiden Landesherren, des Markgrafen von Baden und des Pfalzgrafen von Zweibrücken, gebunden. Markgraf Friedrich hatte zu diesem Zeitpunkt dem Kastellauner Amtmann bereits unmißverständlich zu verstehen gegeben, daß er in jedem Fall vom Beltheimer Schöffengericht das Todesurteil erwarte und selbst keine Gnade gelten lassen wollte, wenn erwiesen sei, daß beide, Schmoll und Schneider, die vom Balbierer diagnostizierten Verletzungen begangen hätten: Beide sollten dann »peinlich alß Mörder angeclagt und waß mit Urtheil gesprochen [würde], ahn ihnen... executive volnzogen« werden, zumal bei »vorsetzlichen Blutvergiesen weder Freundt noch Reichthumb anzusehen [ist], aus der Ursachen diß Orts Gnadt einzuwenden wir mitnichten gemeint sein...«[23]

Mit Reichtum und »Freundschaft« war die Familie der Schmolls in der Tat wohl gesegnet; ebensowenig mangelte es an der Bereitschaft, ihre Mittel zur Verteidigung des unglücklichen Jakob einzusetzen. So fand man in Kreuznach einen Advokaten, der eine Verteidigungsschrift zugunsten des Jakob Schmoll entwarf und darin u. a. die Trunkenheit des Angeklagten strafmildernd anführte.[24] Ob sein Plädoyer auch den Schöffen des Beltheimer Gerichts je in ihnen verständlichen Worten vorgetragen wurde, ist freilich zweifelhaft. Immerhin sahen die Räte der pfälzischen Regierung zu Birkenfeld darin eine letzte Chance für Schmoll, der »poena ordinaria«, hier also der Todesstrafe, durch ein milderes Urteil zu entgehen, welches sie ihm auch »wol gönnen« wollten, falls er sich glaubhaft verteidigen könnte. In jedem Fall aber sollten Schöffen und Richter des lokalen Hochgerichts »erfahrene Rechtsgelehrte darüber consultiren und durch dieselbe das Urtheil fassen lassen, damit... das jenige geschehen möge, was den Rechten und der Peinlichen Gerichtsordnung... gemeeß ist«.[25]

Das Beltheimer Schöffengericht konnte also nicht nach eigenem Empfinden urteilen, sondern mußte ein an abstrakten Normen orientiertes Urteil verkünden. Dieses fiel daher so aus, wie es die Regierungsräte erwarteten. Schmoll wurde »durch Schultheiß, Vögt und Scheffen ...

nach Erwegung aller acten und actitaten, auch sein, Jacobs, eigener Bekentnus nach zu Recht erkant«, daß er mit seiner Tat, wie es damals üblicherweise hieß, »zuviel ... gethan«. Weshalb ihn das Gericht unter Berufung auf die Peinliche Halsgerichtsordnung Kaiser Karls V. dazu verurteilte, »mit dem Schwert vom Leben zum Todt hingerichtet« zu werden.[26] Das Schicksal von Schmolls angeblichem Mittäter Johannes Schneider hing dagegen noch lange in der Schwebe. Trotz erfolgreicher Flucht aus der Kastellauner Burg blieb er – versteckt – in der Umgebung seines Dorfes; heimlich hielt er Kontakt mit Angehörigen und Freunden. Zweimal ließ er den zuständigen Beamten durch Vermittler anbieten, daß er sich gegen freies Geleit stellen würde, um sich gegen den Vorwurf der Komplizenschaft zu verteidigen, aber die Obrigkeit blieb hart. Worauf Schneider sich drei Monate später bedingungslos stellte.

Der Bericht, den der sponheimische Amtmann zu Kastellaun anschließend den pfalzgräflichen Räten zukommen ließ, enthielt eine eindeutige Stellungnahme zugunsten des Beschuldigten: »Und dieweil diser Johannes sich von freiem Willen alhier wieder eingestelt, das Außbrechen zum höchsten berewet, deßwegen umb eine gnedige Straff bittet, und sich sonsten so ganz geherzt und unerschrocken erzeigt, mögte er an dem Todt des entleibten Jacoben [Meister] wol unschuldig sein.« Der Amtmann wiederholte seine bereits früher abgegebene positive Einschätzung – »welches ime dan, weil er sonsten eines guten uffrichtigen Wandels sich jederzeit befleißen, wol zu gunnen« – und bat dann offen darum, dem Inhaftierten die von badischer Seite bereits angeordnete Tortur zu ersparen. Als Grund für soviel Mitgefühl führte der Beamte Schneiders sponheimische Leibeigenschaft und das Leid seiner Mutter an, »welche neben ihrem Sohn der Herschafft Sponheimb angehörig, ein sehr betrübte Wittib und altes Weib ist, und all ihr Hofnung uff disen Sohn, so biß dahero die Haußhaltung geführet, setzet, uff ihme auch der sponheimische Haussitz stehet...«[27]

Das Plädoyer des Amtmannes konnte den Johannes Schneider nicht vor der Folter bewahren. Ob seine Sympathie für ihn diese etwas milder ausfallen ließ als in den späteren Hexenprozessen oder ob Schneider tatsächlich so hart im Nehmen war, daß er die Prozedur ohne das erhoffte Geständnis ertrug, sei dahingestellt. Jedenfalls mußte er nach den Maßstäben der Zeit freigelassen werden.[28]

Die beschriebenen Einzelheiten des Tat- und Prozeßhergangs waren damals von kriminalistischer Bedeutung. Aus heutiger Sicht erschließt sich aus ihnen der sozial- und mentalitätsgeschichtliche Hintergrund; denn sie zeigen, welche Beurteilungsmöglichkeiten die Bevölkerung hatte. Bekannt war demnach, daß Jakob Meister einem heimtückischen, weil geplanten Überfall zum Opfer gefallen war, daß seine Tötung vielleicht sogar miteingeplant war. Und dennoch stand jetzt niemand auf, um aus dem Arsenal der alltäglichen Konflikte den einen oder anderen Vorfall zu zitieren, der den Angeklagten notorische Gewalttätigkeit und weitere schlechte Eigenschaften bescheinigt hätte. Niemand fühlte sich offenbar bedroht. Daß die Familie und »Freundschaft« des geständigen Jakob Schmoll weiterhin zu ihm hielt und der angebliche Komplize Johannes Schneider auch nach seinem Ausbruch noch Vermittler fand, die bereit waren, mit der Obrigkeit über Bedingungen für die Rückkehr des Flüchtigen zu verhandeln – dies ist sicherlich Resultat einer familiär gegründeten Sozialstrategie. Desgleichen das Schweigen der Familie des Getöteten, signalisiert es doch, daß sie zumindest materiell für den Verlust entschädigt wurde und nicht auf die von der Obrigkeit angebotene Schadensersatzklage zurückzugreifen brauchte.[29]

Aber die vom Kastellauner Amtmann zugunsten beider Angeklagter angeführten Leumundszeugnisse weisen darüber hinaus: Auch die weitere dörfliche Umgebung entließ die beiden trotz der Schwere der Tat nicht aus ihrer Mitte. Der gehobene Sozialstatus der Familie des Täters erklärt dies nicht allein. Vielmehr zeigen Hexereianklagen aus dieser Gegend, daß soziale Prominenz eher ein Grund für besonders gespannte Beziehungen mit der dörflichen Umgebung sein konnte.[30] Sucht man nach einem triftigen Grund für das dörfliche Stillschweigen, so findet man es im Motiv: Haß auf den Getöteten, weil er den Jakob Schmoll trotz seiner verwandtschaftlichen Nähe zuerst bei den anderen Zehntpächtern angezeigt und anschließend eine demütigende Verurteilung mitherbeigeführt hatte. Solche Ehrverletzungen machten in den Augen der Dorfgemeinschaft selbst Gewaltausbrüche mit Todesfolge verständlich, wobei Trunkenheit als Folge von Verdruß und als zusätzliche Ursache eines gewalttätigen Ausbruches zu den gängigen Erfahrungen gehörte.

Das Schweigen des Dorfes signalisierte somit auf implizite Weise ein gewisses Verständnis für die vermeintlichen Täter. Die entfernt residierende Landesherrschaft ließ sich dagegen von abstrakten, prinzipiellen Motiven der Normdurchsetzung leiten, als sie trotz aller Fürsprache auf der Hinrichtung des Jakob Schmoll bestand.

IV.

Im Gegensatz zu solchem Schweigen konnte das Dorf massiv tätig werden, wenn sich seine Mitglieder in sensiblen Bereichen ihrer Daseinsfürsorge bedroht fühlten. Der Fall des Diebes Johannes Peters (»Peters Johannes«) aus Buch erzählt diese Variante des Umgangs mit Gewalt in aller Deutlichkeit.

Peters war zeitgleich mit dem angeblichen Tatkomplizen von Jakob Schmoll, dem Johannes Schneider, in Kastellaun inhaftiert gewesen (1612–1613). Aber er hatte niemanden getötet, noch nicht einmal körperlich bedroht. Dennoch galt er als »böser Bube«, den die Gemeinde Buch am liebsten am Galgen enden sähe, wie der Amtmann seiner Herrschaft berichtete.[31] Deswegen hatten die »Nachbarn« des Peters auch nicht gewartet, bis die Obrigkeit von sich aus tätig wurde; sie hatten den »bösen Buben« selber eingekreist.

Ins Rollen war die Aktion gegen Peters gekommen, nachdem einer der Dorfbewohner vor der Gemeinde geklagt hatte, daß ihm ein altes Rad aus seinem Hof abhanden gekommen war. Was uns wiederum als geringfügiges Vorkommnis erscheinen mag, hatte die Dorfbewohner »verursacht«, 14 Männer »zu wehlen« und eine Hausdurchsuchung durchzuführen.[32] Diese richtete sich gezielt gegen Johannes Peters, denn seine Nachbarn wollten am Abend zuvor gehört haben, wie er im Schutz der Dunkelheit besagtes Rad zerschlagen hätte, um Eisen und Nägel abzulösen. Beides fand sich denn auch in der Kammer des Verdächtigen. Aber noch anderes lag dort: Zaumzeug, ein Pflugeisen »sampt noch mehr Eisen« von einem Zweiergespann; beides war von ihren Besitzern als »verlohren« beklagt worden. Die Zahl derer, die sich von Johannes Peters bestohlen wähnten, stieg auf vier. Dahinter sollte weiterer Unmut zum Vorschein kommen.

Von der Gemeinde zur Rede gestellt, bestritt Peters zunächst die Anschuldigungen. Die Bucher erreichten aber, daß er vom für sie zuständigen kurtrierischen Amtmann vorbeschieden wurde. Und dort mußte Peters zugeben, daß er sich die Fundstücke angeeignet hatte. Daß dies

in Unwissenheit über die wahren Besitzverhältnisse geschehen sein sollte, wollte der Beamte nicht glauben; er folgte den dörflichen Vorwürfen und ordnete die Verhaftung an. Als Johannes Schneider kurz darauf aus dem Verlies im Kastellauner Schloß ausbrach, nutzte Peters seine Chance und flüchtete mit ihm. Allerdings wurde er schon bald in seinem Haus wieder ergriffen, woran das Dorf wiederum den entscheidenden Anteil trug, weil »Nachbarn« das Haus beobachtet hatten.[33] Unverzüglich erhob die Gemeinde weitere Vorwürfe, um den »bösen Buben« mit so viel Schuld zu beladen, daß sie ihn auf die eine oder andere Art endgültig loswerden konnte. Reguläre Vertreter der Gemeinde und Mitglieder eines von ihnen eigens eingesetzten Ausschusses erschienen vor dem Amtmann und diktierten dem Schreiber eine Klageschrift in die Feder, die in 15 Anklagepunkten zusätzlich zu den schon vorgebrachten Diebstahlsvorwürfen weitere Anschuldigungen erhob. Sie gipfelten in der Miteinbeziehung von Johannes Peters Hausfrau: Sie habe bei der erneuten Festnahme ihres Mannes den »Nachbarn« Rache angedroht, so daß man sich von einer Feuersbrunst bedroht fühlte, wie der Obrigkeit erklärt wurde: »und weil das Exempel vor Augen [steht], was vor schwer Brändt sie [sc. die Bucher] ein zeitlang außgestanden, so wolten sie [sc. die Obrigkeit] gebeten haben, sie dieser Bedrohung halb durch erlaubte Mittel [!] zuversichern.«
Die Rachedrohung der Ehefrau des Peters markiert nur äußerlich einen Höhepunkt der Konflikteskalation im Verhältnis zur dörflichen Umgebung. Was diese gegen Johannes Peters an Beschuldigungen vorbrachte, zeigt einen schon länger bestehenden Abgrund: Sie überschütteten den Inhaftierten förmlich mit weiteren Diebstahlvorwürfen, ferner mit Beschuldigungen, die ihm versuchten Diebstahl und ebenfalls zerstörerische Rachsucht nachweisen sollten.[34] Dabei rief die Gemeinde Vorfälle in Erinnerung, die größtenteils um Jahre zurücklagen, sich in einem Fall sogar vor acht Jahren zugetragen hatten. Dies macht deutlich, wie schwer sich die Dorfbewohner mit diesem Mann taten, wie sehr ihr Appell an die Obrigkeit das letzte Mittel zur Abwehr einer vermeintlichen Bedrohung war. Und daß man Johannes Peters für eine solche Gefahr hielt, zeigen die Anschuldigungen auch dann, wenn sie lediglich auf Vermutungen, Übertreibung, Verzerrung oder gar übler Nachrede beruhten. Nichts vermag dies besser zu illustrieren als der Vorwurf, Peters habe sich vor vier oder fünf Jahren öffentlich – beim Dreschen von Getreide für den Pfarrer – damit gebrüstet, »er köndte

alle Schloss eröffnen«.[35] Die Aussage zeigt, was man für gefährdet hielt – das Eigentum der Dorfbewohner.

So war denn auch die Liste der von den Abgeordneten der Gemeinde Buch zusätzlich vorgebrachten Anschuldigungen gespickt mit Eigentumsdelikten, die der Angeklagte in den letzten Jahren begangen oder versucht haben soll: eine Hafergarbe in letzter Heuernte, abgemähtes Gras, mehrere Heudiebstähle bei verschiedenen Dorfbewohnern im letzten Winter; dem einen noch einen Sack Hafersaatgut, dem anderen mehrere Simmer Korn aus seiner Mühle, ferner Eisenketten und ein Wollhemd. Die scheinbare Geringfügigkeit der genannten Gegenstände sollte nicht über ihren hohen Stellenwert für die Lebensfristung einer unter frühneuzeitlichen Bedingungen wirtschaftenden bäuerlichen Gemeinschaft hinwegtäuschen. Zur Zeit der nationalsozialistischen Herrschaft wurde die Entwendung von rar gewordenen Tabakwaren aus Feldpostpaketen aufgrund einer extremen Volkstumsideologie und der kriegsbedingten Empfindlichkeit als »Volksschädigung« deklariert, die Täter mit unmenschlich harten Strafen belegt. In der Frühen Neuzeit rangierten die genannten Delikte unterhalb Brandstiftung und Hexerei als Inbegriffe der Gemeinschaftsschädigung. Zu solcher Wahrnehmung bedurfte es damals keiner Volkstumsideologie, sondern lediglich der Erfahrung täglicher Lebensunsicherheit. Ein Blick in zeitgenössische Gemeindeordnungen und Gerichtsprotokolle zeigt, wie sehr die schmale Subsistenzbasis zu Eigentumsdelikten reizte, und sei es nur in der abgemilderten Form der strittigen Behandlung von Fundstücken. Peinlich genau regelten daher die Gemeinden unter sich den Umgang mit solchem Gut; selbst der Besitzstatus von versehentlich abgemähtem Gras oder verlorener Düngung wurde festgelegt, um Streit zu vermeiden.[36]

Trotz dieser Versuche zur Regelung alltäglicher Mißverständnisse blieb das Verhältnis der Dorfbewohner zu landwirtschaftlichen Produkten und Arbeitsgeräten neuralgisch, weil sie nicht ihrem Wert entsprechend gesichert werden konnten. Sich ihrer daher in einem Augenblick zu bemächtigen, als sie von ihrem Besitzer wegen Einbruchs der Dunkelheit oder eines heraufziehenden Unwetters auf dem freien Feld stehengelassen werden mußten, verletzte gleich auf doppelte Weise – durch den Verlust von wertvollem Gut und Vertrauen in die Nachbarschaft. Es nützte daher dem Johannes Peters zumindest vor der Dorfgemeinschaft nichts, wenn er sich darauf berief, er habe das eine oder andere auf der Heide, also auf nicht privatem Grund, gefunden. Selbst wirklich Verlorenes war dadurch nicht schon herrenlos geworden, zumal die Besitzer den Verlust öffentlich beklagt hatten. Die darin zum Ausdruck kommende Ausnutzung von bestimmten Situationen wurde Peters in einem Anklagepunkt ausdrücklich vorgehalten. So soll er versucht haben, einem Dorfbewohner des Nachts Saatkorn aus der Scheune zu stehlen, nachdem er diesem noch am Vortag beim Ausdreschen geholfen hatte, mithin über die Gegebenheiten bestens informiert war. Durch ein Loch, »welches das Wetter ausgewaschen«, soll er versucht haben, in die Scheune einzudringen, wurde dort aber von dem Besitzer mit den Worten empfangen, »solte fortgehen oder er wolte ihm mit der Hewgabel ... abfertigen«. Worauf der Eindringling sich kampflos durch besagtes Loch zurückgezogen habe.[37]

Johannes Peters galt im Dorf offenkundig als ein die Eigentumsverhältnisse und gemeindliche Konventionen mißachtender Mensch. Ob er erst in Reaktion auf so empfundenes Verhalten isoliert wurde oder ob er schon seit längerem in solcher Isolation lebte und deswegen die Normen dörflichen Zusammenlebens verletzte, bleibt zu bedenken, ebenso, ob die Ärmlichkeit seiner Lebensverhältnisse Ursache oder Folge der Spannungen war.[38] Die Gemeinde stellte ihn jedenfalls als einen durch eigene Schuld bzw. durch seine böse Gesinnung zur Bedrohung gewordenen Menschen der Obrigkeit vor, als eine Bedrohung für individuelles Eigentum, für den Dorffrieden, ja, wenn man den Hinweis auf mögliche Brandstiftung mit berücksichtigt, als eine Gefahr für den gesamten materiellen Bestand der Gemeinschaft. Nur eine Anklage wegen Hexerei hätte dieses Schadenpotential noch übertreffen oder zumindest abrunden können; aber dergleichen war erst um 1630 wieder durchsetzbar.

Der Appell an die Obrigkeit schien Erfolg zu versprechen. Verhaftung und Folter kamen über Johannes Peters, welche, sinnfälligerweise, aufgrund einer Seuche in Buch selbst ausgeführt wurde.[39] Aber wie er dem Dorf getrotzt hatte, so trotzte er nun auch der Obrigkeit und den Qualen der Tortur: Er blieb dabei, was er schon im gütlichen Verhör an Fehltritten zugegeben hatte; die ihm zusätzlich vorgeworfenen Untaten wollte er auch jetzt nicht eingestehen. Erstere waren den Regierungsräten von Anfang an als »etwas gering« vorgekommen; allerdings hatten sie damals, als es um die Erlaubnis zur Folter ging, sich dennoch der gemeindlichen Version angeschlossen, wonach dem Johannes

Peters aufgrund solcher wiederholten »und albereitt gestandenen diebischen Exceßen ein böß Gemüth und Gewohnheitt« zu unterstellen sei.[40] Jetzt, im Angesicht seiner Ungeständigkeit, zog sich die Obrigkeit wieder auf die Position zurück, durch Begnadigung zu bestimmten Bedingungen eine Besserung des Übeltäters zu versuchen. Peters wurde daher förmlich freigelassen. In der üblichen Form der Urfehde mußte er den Gnadenakt anerkennen – daß man ihn trotz seiner »begangener Exceß« und nur »in Betrachtung« seines »Weibs und armen Kinder« freilasse – sowie den üblichen Verzicht auf jegliche Rache gegen alle an seiner Verhaftung und Folterung Beteiligten leisten (»Urfehde«). Er mußte sich aber auch verpflichten, hinfort im Dorf ein völlig isoliertes und friedfertiges Leben zu führen, den Bannbezirk des Dorfes nicht zu verlassen, sich »aller ehrlicher Gesellschafften, Würtschafften und Würtß Heusern« zu enthalten und keine Waffen »und andere geferlichen Instrumente« bei sich finden zu lassen.[41]

Für das Dorf war die Freilassung ein neues Ärgernis, wurde doch der an den Galgen gewünschte oder zumindest aus der Gemeinschaft verwünschte Mann nun förmlich in ihrer Mitte eingeschlossen. Andererseits war Peters aufgrund seiner Freilassungsbedingungen im Alltag wehrlos geworden, weil ihn schon die dörflich akzeptierte Anwendung von Gewalt bei der erstbesten Provokation zum Urfehdenbrecher stempeln und der Obrigkeit wieder in die Hände liefern mußte. Es dauerte daher auch nicht lange, bis beide Seiten wieder zusammenstießen und sich das Kesseltreiben gegen den Freigelassenen fortsetzte.
»Ich werde aber an jezo von den Underthanen zu Buch, welche lieber gesehen, daß dieser böser Bub an lichtem Galgen gehencket alß ledig gelaßen worden wehr, vor gewiß berichtet …« – so begann der zuständige Amtmann einen weiteren Bericht an die Regierung über neue von Johannes Peters begangene Untaten:[42] Mit einer Teilnahme an einem Gemeindegelage außerhalb des Dorfes hatte er die Beschränkung auf den Bannbezirk verletzt, mit Gewalt hatte er die Teilnahme daran erzwingen wollen, bis ihm die Gemeinde Mahlzeit und Getränk zumindest »außerhalb vor die Stube« des Wirtshauses servierte. »Darob«, so die Klage der Gemeinde, »dieser Bub dermaßen erzürnnet«, daß er auf dem Rückweg den Bürgermeister des Dorfes »dermaßen mit Steinen tractiret, daß er ihme entlauffen müßen und sich seiner nit wol erweren konnen«. Dies seien nicht die einzigen Vergehen gegen die geschwo-

rene Urfehde, so der Amtmann; woraus zu ersehen sei, daß »dieser böse Bube« nicht nur die Herrschaft verachte, sondern auch seine Dorfbewohner mit Rachegelüsten verfolge.
Der weitere Fortgang der Geschichte war von einer beispiellosen Eskalation bestimmt: Zunächst sollte Peters auf unbestimmte Dauer im Dorf Buch bei Wasser und Brot eingesperrt werden. Aber der Bau eines eigens diesem Zweck dienenden »Plochhauses« war den lokalen Beamten zu teuer. Weshalb sie statt dessen den auch eher im Sinne des Dorfes liegenden Beschluß faßten, Peters öffentlich aus der Gemeinschaft auszustoßen, symbolisch und dauerhaft: mittels Pranger, Abhauen zweier Finger der rechten Hand – als Strafe für den Bruch des Urfehdenschwurs – und ewigem Landesverweis im Umkreis von 20 Meilen Weges.[43] Für den Fall, daß er diese Bedingungen verletzte, wurde ihm die Hinrichtung angedroht. Trotzdem erschien Peters bald darauf erneut in seinem Haus und Hof in Buch; und der unverzüglich angeordneten Verhaftung kam er zuvor, indem er sich mitsamt seiner Frau an das Kastellauner Stadttor begab, um die dort versammelten Beamten um die Gnade zu bitten, seiner Frau und Kindern zuliebe wieder nach Buch zurückkehren zu dürfen; die Bucher bräuchten von ihm nichts mehr zu befürchten.[44] Davon aber wollten die Beamten sich nicht überzeugen lassen; sie waren inzwischen ebenso wie die Bucher der Meinung, daß man mit dem »bösen Buben« »kurzen Prozeß« machen solle, damit er alsbald »neben seinem Kopf hergehen« würde, wie es einer von ihnen im Bericht an seine Regierung ausdrückte.[45] Aber die ihm vorgesetzten Räte waren entsprechend ihrer Ferne zum Geschehen und ihrer Vorliebe für die Orientierung an abstrakten Normen gänzlich anderer Meinung: Eine Lebensstrafe komme für sie zur Zeit aus juristischen Gründen überhaupt nicht in Frage; und eine erneute durch Auspeitschung verschärfte Ausweisung berge die Gefahr in sich, daß er mit noch mehr Rachegelüsten zurückkehre. Das Gespenst der Brandstiftung bewegte nun auch die Räte. Deshalb plädierten sie erneut für eine Sicherheitsverwahrung im Dorf, die durch Reduktion der Nahrung auf Brot und Wasser auch Ernüchterung bewirken sollte.[46] Aber die zuständigen drei Lokalbeamten, von denen jeder eine hier beteiligte Landesherrschaft vertrat, konnten sich darüber nicht einigen. Also wurde Johannes Peters zum zweiten Mal ausgewiesen, dazu über eine gehörige Wegstrecke weit ausgepeitscht.[47]

Und kehrte wieder zurück! »Es komen an iezo die Underthanen von Buch anhero und zeigen ahn, was Gestalt Peters Johan sich nit allein abermals ohne Schew im Dorff Buch finden laßen«,[48] so begann ein neuer Bericht unseres Amtmannes. Und was er zu berichten hatte, zeigt, wozu ein Mensch in der Lage war, wenn er in die Enge getrieben wurde. Bezeichnend für den Bruch aller alltäglichen Konventionen war, daß er nun sogar Pferde seiner Mitbewohner eigenmächtig von der Weide wegführte, um sie zur Verrichtung der Feldarbeit vor seinen Pflug zu spannen. Nur scheinbar knüpfte Peters damit an die Normalität der Daseinsfürsorge für seine Familie an; denn längst war ihm die Situation aus den Händen geraten. Eine Seuche hatte er mit seinen Kleidern, die aus einem infizierten Ort stammten, wo er sich zwischenzeitlich aufgehalten hatte, in das Dorf Buch gebracht (»darin es sonsten Luft halben ganz gut gewesen«); seine eigenen Kinder starben als erste daran. Vermutlich in einem Ausbruch von Raserei wollte er daraufhin die Seuche in die Häuser seiner verhaßten und ihn hassenden Nachbarn tragen: Er »wolle sich nit im Hauß halten, sondern lauffe im Dorff den Nachbaren wider ihren Willen in ire Heuser, welches ihnen sehr beschwerlich und geferlich«. Solcherart verdächtig, die Seuche bei sich zu tragen, war Peters zum buchstäblich unangreifbaren Feind der Gemeinschaft geworden.

Erneut berieten Beamte und Regierung darüber, wie man den »bösen Buben« unschädlich machen könnte, und noch immer hielt zumindest einer der betroffenen Landesherren daran fest, daß der »böse und ... gefehrliche Gesell« in ein noch einzurichtendes »Plochhaus« eingesperrt werden sollte.[49] Die Ereignisse gingen freilich auch darüber hinweg: Schon kurz darauf starb Peters selber an der Seuche. Und man kann sich die Erleichterung vorstellen, die zumindest den zuständigen Amtmann beflügelte, als er seiner Herrschaft darüber Bericht erstattete, »daß die Pestilenz diesen bösen Buben erwürget und man nunmehr seiner gesichert« sei. Der Preis dafür war jedoch hoch, wie der Beamte zugeben mußte: »Das Dorff aber ist durch ihne ganz inficiret worden.«[50]

Am Grunde der Ausgrenzung des Johannes Peters lag die zeittypische Spannung zwischen knappen Ressourcen und daraus resultierenden Empfindlichkeiten für die Verletzung von Eigentum. Sie steigerten die Feindseligkeit seiner Umgebung bis zu dem Punkt, wo sich die Dorfbewohner darin einig wurden, ihn aufzuhängen bzw. durch Ausgrenzung und dadurch bedingte wirtschaftliche Not umzubringen. Das Dorf brachte ihn in die Hände der Obrigkeit, unter die Hände des Scharfrichters, später an den Pranger, bis zu jenem Block, auf dem er sich zwei Finger abhacken lassen mußte, schließlich außer Landes. Als er dennoch am Kastellauner Stadttor die Obrigkeit um erneute Aufnahme in die Gemeinschaft bat, war außer seiner Frau niemand bei ihm. Johannes Peters hatte keine »Freundschaft«, zumindest keine, die offen für ihn einzutreten wagte.

V.

Die Verletzung von Eigentum ist gemeinsam mit der Verletzung von Ehre die schlimmste Beeinträchtigung sozialer Beziehungen und persönlicher Integrität im Dorf der Frühen Neuzeit. Die Gemeinde Roth schloß einen ihrer Bürger sogar aus, weil er ein zweieinhalb Pfund schweres Stück holländischen Käses entwendet hatte (sie nahm ihn allerdings nach Leistung entsprechender Sühne wieder auf).[51] Beleidigungen mit den Wörtern »Dieb« und »Schelm« drückten ein Höchstmaß möglicher Verletzung männlicher Ehre aus, dasselbe der Hurereivorwurf unter Frauen. Nur der Zuruf, ein »Hexenmeister« oder eine »Hexe« zu sein, vermochte dies noch zu übertreffen, weil die Aufforderung an den Iniurianten zum Beweis seiner Behauptung einen tatsächlichen Hexereiprozeß mit Hinrichtung auslösen konnte.[52]

Diebstahls- und Hexereiverdacht ließen sich damals auch wesensmäßig verbunden denken. Beide bedrohten sie den dörflichen Wert des Vertrauens und die gemeinsame Existenzgrundlage, Hexerei nur ungleich stärker als Diebstahl. Deshalb verwundert nicht, daß Bedrohungen des Zusammenlebens durch Diebstahl, Eigentumszerstörung und übermäßige soziale Aggressivität auch zum Hexereivorwurf erweitert werden konnten. Der Hexenprozeß war dann nicht nur das fast todsichere Mittel, sich die vermeintliche Bedrohung ein für allemal vom Hals zu schaffen, sondern zugleich authentischer Ausdruck der Gefährlichkeit, die das Dorf der betreffenden Person glaubhaft unterstellte. Genauso verlief das Schicksal des Jakob Thieß und seiner Frau Agnes aus dem im gleichen Bezirk wie Buch gelegenen Dorf Lieg. 1611 war Thieß als ein ebensolch unverträglicher Dorfbewohner wie Johannes Peters der Obrigkeit vorgeführt worden: Das Leben eines mit ihm verfeindeten Nachbarn soll er bedroht, dessen Bienenkörbe umgeworfen und damit gedroht haben, sein Haus anzuzünden, das dann auch tatsächlich einer Feuersbrunst zum Opfer fiel. Thieß wurde daher verhaftet, mit ihm ein Mann namens Henrich Grieß, der allerdings jegliche Mittäterschaft bestritt. Beide wurden gefoltert, beide blieben ungeständig, mußten daher freigelassen werden.[53] Aber während Grieß die Rückkehr in das Gemeindeleben gelang, blieb an Thieß der Ruf des gewalttätigen Querulanten hängen. 1630 wurde zunächst seine Frau Agnes, dann auch er, wegen Hexerei angeklagt, von einem Ausschuß, wie ihn die Gemeinden damals allenthalben in den Regionen von Saar, Mosel und Mittelrhein, von Eifel, Hunsrück und Westerwald zur Verfolgung der Hexen bildeten.[54] Die Aktion des gemeindlichen Ausschusses rief der Obrigkeit erneut den Brandstiftungsprozeß von 1611 in Erinnerung; in Verbindung mit dem Hexereiverdacht war Thieß endgültig zur Unperson geworden. Den Beamten galt er als »mutwilliger bose[r] Gesell« und »starcker frecher Man«, der damals schon die Urfehde gebrochen habe, »der sehr leichtfertig« sei »und Ehren wenig achtet«, mithin jetzt erst recht ein Risiko für seine Nachbarn darstellte, wenn er auch von dieser Anklage freigesprochen werden sollte (»und also die arme Leut in selbigem Dorff Liech gar nit gesichert sein konnen«).[55] Auch in den Anklagen des Beltheimer Ausschusses werden die Unverträglichkeiten des Zusammenlebens sichtbar. Schadenszauber wurde Thieß' Frau darin unter anderem vorgeworfen, dessen Plausibilität die Anklage aus der Verweigerung von Korn schöpfte, welches sich Thieß einst hatte leihen wollen. Unter Verweis auf seine Unredlichkeit war ihm dies abgeschlagen worden.[56] Adressat und Verweigerer der Bitte war sein einstiger Mitangeklagter aus der Brandstiftungsaffäre gewesen, Henrich Grieß. Und der fungierte im nun gebildeten Ausschuß zugleich als Wortführer der Anklage, ein persönlicher Ausdruck der in der Hexereianklage artikulierten sozialen Reaktion gegen Thieß. Seine Frau war davon nicht unberührt geblieben: Auch sie galt als von »harter frecher Natur« und wurde jetzt zusammen mit ihrem Mann hingerichtet.[57]

Wie der reiche Hofmann aus dem Nachbarort Eveshausen sich im Alltag verhalten, so ein weiteres Beispiel, und was er an wirtschaftlichem Erfolg aufzuweisen hatte, führte dazu, daß seine gesamte Existenz als

Bedrohung der anderen Dorfbewohner empfunden wurde. Bei mehr als einer Gelegenheit hatte er den anderen prahlerisch verkündet, solange er und seine »Freundschaft« im Dorf ansässig seien, würden die anderen »keinen Pfennig aufstechen«, sie mochten noch so sehr arbeiten, wie sie wollten. Deswegen, und nur deswegen, wurde der Hofmann bei der Obrigkeit wegen Hexerei angeklagt und ebenfalls hingerichtet. Denn seine Worte und sein Verhalten, etwa beim Verkauf und Erwerb von Grundstücken, wurden als immense soziale und materielle Bedrohung aufgefaßt.[58]

Diebstahl konnte als Vorstufe zur Hexerei angesehen werden, weil beide Delikte in freilich unterschiedlichem Ausmaß die materiellen Lebensgrundlagen bedrohten und kollektive Reaktionen der dörflichen Umwelt provozierten. Diese Erweiterung war nicht zwingend, dennoch möglich, wie eine Frau in solcher Lage ahnte. Wegen des Verdachts, ein Kalb gestohlen zu haben, war sie von mehreren Bauern ergriffen worden, um zum Verhör vor die Obrigkeit in den Amtsort Kastellaun gebracht zu werden. Während man sie bewachte, entspann sich ein Dialog zwischen ihr und einem Mann, dem sie klarzumachen versuchte, sie werde dennoch ihre Kinder ehrlich erziehen. Ihr Bewacher konterte, indem er sie zusätzlich beschuldigte, ihm Honig bzw. Bienenwaben gestohlen zu haben; so gebe sie ihren Kindern »ein böß Exempel, und wie man pflegt zu sagen, so fallen die Birnen nit weit vom Baum«. Darauf sie, die Feindseligkeit ihrer Umgebung und ihr weiteres Schicksal mit düsteren Vorahnungen resümierend: »Wann ich nun nacher Castellaun [zum Verhör] komen, so hab ich die Kalbin gestollen, so hab ich Biennen gestollen, so bin ich auch ein Hex.«[59]

VI.

Diebstahl war ein häufig vorkommendes Alltagsdelikt, das nicht in jedem Fall Ausgrenzung zur Folge hatte. Diese aber stellte sich als zwingende Folge bei Personen ein, deren Beziehung zu ihrer Umgebung ohnehin gespannt und die zudem aufgrund der strukturellen Ärmlichkeit ihrer Existenz ständig versucht waren, sich Lebensmittel, Futter, Dünger und Gebrauchsgegenstände anzueignen, oder für solche Versuchungen empfänglich zu sein schienen. Zudem gab es das Bedürfnis, den häufig durch Unaufmerksamkeit und Mißgeschick bedingten Verlust von Eigentum anderen Dorfbewohnern zuzuschreiben. Weshalb ein dörflicher Konsens bezüglich der Schuld einer bestimmten Person an solchen Vorkommnissen dazu führen konnte, daß jene mit weiteren Vorwürfen geradezu überhäuft wurde. Daher führte der Verdacht von Diebstahl und schon die Vermutung, Mitglieder der Gemeinde könnten aufgrund ihrer prekären wirtschaftlichen Lage der Versuchung dazu ausgesetzt sein, zu heftigen kollektiven Reaktionen. Diese reichten von Isolation, was die Bedürftigkeit der so Ausgegrenzten naturgemäß noch vergrößerte, bis hin zur physischen Vernichtung, wenn die Obrigkeit für eine Ausweisung oder gar Hinrichtung gewonnen werden konnte.

Verletzungen von Ehre waren nicht weniger schmerzlich, aber sie wurden vermutlich stärker individuell empfunden. Gewalttätige Reaktionen auf Ehrverletzungen zielten auf die Wiedererlangung der sozialen Reputation. Das Übertreten des obrigkeitlichen Gewaltverbotes erschien den Dorfbewohnern demgegenüber zweitrangig.

Die lokalen Beamten wußten um die eigenwillige Werthierarchie ihrer dörflichen Untertanen. Dementsprechend neigten sie dazu, die Ahndung von Körperverletzungen pragmatisch von den Umständen abhängig zu machen. Hätte diese Haltung den Ausschlag gegeben, wäre die Tötung des Jakob Meister aus Roth wohl nicht mit der Hinrichtung bestraft worden. Umgekehrt fand der »böse Bube« Johannes Peters bei ihnen keine Gnade, eher noch bei der Regierung. Dieselbe Regierung hatte jedoch im Fall des Mordes auf einem Urteilsspruch entsprechend abstrakt formulierter Rechtsgrundsätze bestanden, auf der Verurteilung ohne Ansehen der Person, der Familie und der Umstände. Im Dorf hegte man diesbezüglich andere Anschauungen, weil die Handlungsweise des Mörders Werte und Empfindungen erkennen ließ, um deren Verletzbarkeit man wußte, und weil der Tatzusammenhang so beschaffen war, daß die übrigen Mitglieder der Dorfgemeinschaft keinen Anlaß hatten, sich bedroht zu fühlen. Ganz anders dürfte dies im Fall des »Scheffer Peter« aus Bell gewesen sein, der 1583 seine Frau zu Tode geprügelt hatte und deswegen auch laut Meinung des sponheimischen Regierungsgutachters mit Recht vom Kastellauner Schöffengericht zum Tode verurteilt werden sollte.[60] Der Jurist berief sich dabei nicht nur auf frühere Gewaltausbrüche des Ehemannes gegen seine Frau, sondern auch auf die Angst seiner dörflichen Umgebung: Scheffer galt dort als »ein bößer harter Man ..., für welchem sich die gantze Nachbarschafft« fürchtete. Unter diesen Umständen mußte die Bitte von Scheffers »Freundtschaft« um Gnade und ihr Angebot auf Bezahlung aller Prozeßkosten nicht nur bei dem Juristen auf taube Ohren stoßen, sondern auch in der Gemeinde selbst.

Andreas Blauert

Kriminaljustiz und Sittenreform als Krisenmanagement?

Das Hochstift Speyer im 16. und 17. Jahrhundert

I.

Die verschiedenen Formen der Kriminaljustiz und Sittenreform, wie sie im Hochstift Speyer während des 16. und 17. Jahrhunderts geübt wurden, sollen im folgenden darauf befragt werden, was sie über den inneren Zusammenhang und die Erfahrung einer überaus interessanten Periode der frühneuzeitlichen Geschichte auszusagen vermögen: die Jahre zwischen etwa 1550 und 1650, gelegentlich auch das Eiserne Jahrhundert der europäischen Geschichte genannt.[1] Zwei Geschichten aus dem Hochstift Speyer, in dem der Speyerer Bischof also nicht nur geistliche, sondern auch weltliche Hoheitsrechte ausübte, können am Anfang dieses Versuchs stehen.

Es war an einem Donnerstagabend, dem 9. Juli 1592, als sich vier Speyerer Stiftsherren, Matthias Kremel, Sebastian Ranck, Johann Rat und Paul Frei, von Dudenhofen auf den Heimweg in ihre Stifte in der Stadt Speyer machten. In stark bezechtem Zustand allerdings, wie es in den Urfehden vom 11. August 1592 heißt, die die vier schwören mußten, nachdem sie aus dem Gefängnis entlassen worden waren. Was genau war passiert?

Die Stadttore waren schon verschlossen gewesen, als die Stiftsherren nach Speyer gelangt waren, und so fanden sie sich »zwischen zweien thoren vff dem Kluppels graben [heute: die Kipfelsau] ausser der Statt Speier versperrt«. Sie drangen daraufhin in das nahegelegene Gartenhaus eines Speyerer Bürgers ein. Freilich nicht nur, um dort, wie man erwarten könnte, ihren Rausch auszuschlafen, sondern auch, um ihrem angestauten Unmut darüber, an diesem Abend nicht mehr nach Hause zu kommen, freien – zerstörerischen – Lauf zu lassen.

Als erstes »zersprengten« die Stiftsherren die Gartentür und warfen einen Teil in den nahen Graben. Danach brachen sie die wohlverschlossene Tür des Gartenhäuschens auf. Eine Türhälfte landete im Garten, der im übrigen ebenfalls stark verwüstet wurde. Die Urfehden beklagen vor allem, daß die vier Stiftsherren die Rebstöcke ausrissen, die sich im Garten befanden. Doch damit nicht genug. Im Gartenhäuschen selbst zertrümmerten sie einen darin befindlichen Tisch, warfen das Tischblatt kurzerhand in den Garten und hingen den Tischfuß »wie ein Schild« zum Fenster hinaus.[2]

Geschichten wie diese haben sich seit Anfang des 16. Jahrhunderts in großer Zahl aus Speyer erhalten. Nicht weniger als 233 Urfehden der Jahre 1531 bis 1616 dokumentieren den Willen der Speyerer Bischöfe, Einfluß auf den Lebenswandel ihrer Geistlichen zu nehmen – Prügeleien, übermäßiges Trinken, das Konkubinat und andere Laster waren unter den Geistlichen weit verbreitet – und so auf die Herausforderung zu reagieren, die sich ihnen in der Zeit von Reformation und Gegenreformation stellte.[3] Der allgemeine Reformwille, der in Speyer seit etwa 1560/70 zunächst in den Stiften Fuß faßte, war im übrigen nicht auf die Hebung des sittlichen Niveaus und des Bildungsstandes der Geistlichen beschränkt, sondern auch auf die Lebensführung der Laien gerichtet. Was lag da näher, als diejenigen Dörfer im Bistum bzw. Hochstift Speyer, die sich im Eigentum der Speyerer Stifte befanden, zu »Versuchsstationen der Reform« (Forster) zu machen![4]

In einem dieser Dörfer, Jöhlingen, das dem Domstift gehörte, kam es vor diesem Hintergrund im Jahr 1595 zu einer kuriosen Situation: Die Stiftsherren sahen sich damals mit einer »Steuerrevolte« konfrontiert, mit der die Jöhlinger, an ihrer Spitze der örtliche Pfarrer, die Führung eines Hexenprozesses erzwingen wollten. Erste Untersuchungen in Hexensachen hatten in Jöhlingen bereits 1575, 1578 und 1584/85 stattgefunden. Sie scheinen unter dem mäßigenden Einfluß der Speyerer Stiftsherren und der bischöflichen Beamten – und sehr zum Mißfallen eines Großteils der Jöhlinger Bevölkerung – jedoch allesamt ein glimpfliches Ende gefunden zu haben. Die Fronten zwischen Verfolgungsbefürwortern und -gegnern, die quer durch das Dorf liefen, verhärteten sich daraufhin. Pfarrer Reuter, der in seinen Predigten des öfteren gegen die »bösen Weiber« gewettert hatte, berief im Jahr 1595 eine Dorfversammlung ein, die angesichts erneut umlaufender Hexengerüchte androhte, eine anstehende Reichssteuer nicht zu bezahlen, wenn von seiten der Obrigkeit nicht ein Hexenprozeß eingeleitet würde. Das Domstift reagierte zwar mit scharfen Worten auf das anmaßende Verhalten der Jöhlinger, rief Pfarrer Reuter auch bald von seiner Pfarrstelle ab, konnte sich aber dem auf ihm lastenden Druck nicht mehr völlig entziehen. Mindestens eine Frau scheint damals als Hexe verbrannt worden zu sein.[5]

Soviel zu den beiden Geschichten. Die Frage, die die folgenden Ausführungen beherrschen wird, lautet nun: Ist ein gemeinsamer Bezugsrahmen für die Betrachtung von zwei auf den ersten Blick doch vergleichsweise weit voneinander entfernt liegenden Phänomenen wie dem Reformwillen der Speyerer Bischöfe und den Hexenverfolgungen des 16. und 17. Jahrhunderts vorstellbar? Verbindungslinien zwischen den beiden liegen ja nicht gerade offen zutage.

Ich denke, daß es innere Zusammenhänge zwischen diesen und weiteren Phänomenen gibt. Sie sollen im folgenden herausgearbeitet werden. Erste Anhaltspunkte und Orientierungshilfen, in welche Richtung diesbezügliche Bemühungen gerichtet sein müssen, hat die jüngere Hexenforschung herausgearbeitet. So weiß man heute sehr genau, daß Hexenverfolgungen wellenförmig an- und abschwollen und daß diese Wellen komplizierten Bewegungsgesetzen gehorchten. W. Behringer und H. Lehmann fassen den gegenwärtigen Kenntnisstand der in den Blick genommenen Zusammenhänge wie folgt zusammen: Schlimme Agrarkrisen als Ergebnis einer kapitalen, langandauernden Klimaverschlechterung und gewandelte, pessimistische religiöse und intellektuelle Einstellungen, ja, eine verstärkte Neigung zu eschatologischer Spekulation unter den gesellschaftlichen Eliten klangen während der Höhepunkte der europäischen Hexenverfolgungen zusammen und schufen ein allgemeines Klima der Angst und der Verfolgungsbereitschaft. Behringer spricht an dieser Stelle von einer regelrechten Verdüsterung des Lebensgefühls und des Weltbildes, das die Zeitgenossen ein Jahrhundert lang, zwischen etwa 1550 und 1650, ergriffen habe.[6]

Der vorliegende Beitrag stellt sich die Aufgabe, die Anregungen Behringers und Lehmanns aufzugreifen. Gleichzeitig versucht er, die in Frage kommenden Phänomene – Stichworte waren bisher: Reformwille, Hexenverfolgungen, Agrarkrisen, Klimaverschlechterung, eschatologisches Bewußtsein – in stärkerem Maße, als das bislang üblich war, durch eine sich mit ihnen verbindende menschliche Grunderfahrung zu perspektivieren: die der Krise bzw. – damit zusammenhängend – die der Angst. Die These, die ich im folgenden entfalten möchte, geht dahin, daß der gesamte Bereich der Kriminaljustiz und

Sittenreform, wie sie im 16. und 17. Jahrhundert im Hochstift Speyer geübt wurden, ein Medium der Erfahrung und der versuchten Bewältigung gesellschaftlicher Krisenphänomene darstellte. Doch damit zurück zu den Speyerer Verhältnissen, zunächst nochmals zu seinen Hexenprozessen.

II.

Das Hochstift Speyer hat, anders als geistliche Fürstentümer wie die Hochstifte Eichstätt, Würzburg und Bamberg im katholischen Franken oder das Erzstift Köln, überaus wenig Hexenprozesse erlebt. Lediglich etwa zwanzig Hinweise auf Hexenuntersuchungen in den Jahren 1564–1651 finden sich in den Speyerer Quellen, etwa 1000 Todesurteile sind im Falle des Hochstiftes Würzburg oder des Erzstiftes Köln dagegen alleine zur Zeit der großen Verfolgungswelle der Jahre 1626–1631 bezeugt.[7] Diese auffallend niedrige Zahl von Hexenverfolgungen im Hochstift Speyer fügt sich nichtsdestoweniger völlig in das Bild eines wellenförmigen An- und Abschwellens der Hexenverfolgungen in ihren mittel- und westeuropäischen Kernregionen ein, das von der internationalen Hexenforschung in den letzten Jahren recht genau beschrieben werden konnte.

So sind die Untersuchungen, die 1564–1565 in Lussheim, im rechtsrheinischen Teil des Hochstifts, wegen zweier der Zauberei verdächtigter Frauen angestellt wurden, noch der ›Vorphase‹ der eigentlichen Verfolgungszeit zuzurechnen. In eine ›Vorwelle‹ der großen Verfolgungen von 1569–1586 fallen die ersten Vernehmungen in Jöhlingen, die anders als die Vorgänge im Jahr 1595 noch ein glimpfliches Ende genommen zu haben scheinen. Eine ganze Reihe von Hexenprozessen, die 1591–1592 in den linksrheinischen Ämtern Edesheim und Kirrweiler des Hochstifts stattgefunden haben, fallen in die Zeit der ersten ›Hauptwelle‹ der europäischen Hexenverfolgungen, die von 1587 bis 1605 dauerte, mit einem Höhepunkt zwischen 1586 und 1591. Im zeitlichen Zusammenhang dieser Verfolgungswelle stehen auch die Jöhlinger ›Steuerrevolte‹ von 1595 und Hexenuntersuchungen, die zur selben Zeit in Odenheim angestellt wurden.

Nur wenige unsichere Hinweise auf Hexenprozesse finden sich in den Quellen für die ersten Jahre des 17. Jahrhunderts. Deutliche Verfolgungsspuren haben sich im Falle des Hochstifts Speyer dagegen aus der Zeit der zweiten ›Hauptwelle‹ der großen Verfolgung zwischen 1609 und 1634 erhalten. Zwei Prozeßserien lassen sich im Hochstift Speyer – wie auch anderswo – unterscheiden: eine lokal begrenzte Verfolgung im rechtsrheinischen Amt Bruchsal von 1616 bis 1620 sowie mehrere Prozesse, die von 1628 bis 1630 über das ganze Hochstift verteilt geführt worden sind. Diese Prozesse sind Teil des absoluten Gipfels der europäischen Hexenverfolgungen in den Jahren zwischen 1626 und 1631, wenn sie auch neben den erwähnten großen Würzburger oder Kölner Hexenjagden, was ihre Zahl betrifft, geradezu verschwinden. Der letzte überlieferte Speyerer Hexenprozeß aus dem Jahr 1651 gehört bereits zur ›Auslaufphase‹ der Hexenverfolgung in ihren mittel- und westeuropäischen Kernregionen. Wie andernorts auch zur selben Zeit handelte es sich dabei um einen Kinderhexenprozeß. Ein sechsjähriges Mädchen wurde damals in Bruchsal inhaftiert und vernommen.[8]

Die Speyerer Hexenprozesse entsprechen trotz ihrer geringen Zahl freilich nicht nur dem von der Forschung herausgearbeiteten Wellenschema, sie fügen sich auch in ein weiteres in den letzen Jahren herausgearbeitetes Muster der Verfolgung: Sie stehen nicht nur im Fall der Jöhlinger ›Steuerrevolte‹ des Jahres 1595 für einen ausgeprägten Verfolgungswillen der ländlichen und kleinstädtischen Bevölkerung des Hochstifts bei gleichzeitig nur geringer oder eingeschränkter Verfolgungbereitschaft der landesherrlichen Verwaltungs- und Regierungsspitze. So mußte beispielsweise das Ritterstift Odenheim im Jahr der Jöhlinger ›Steuerrevolte‹ gegen die Gemeinde Odenheim klagen, die sich weigerte, Gemeindemitglieder wiederaufzunehmen, die in Hexenuntersuchungen verstrickt, aber freigesprochen worden waren.[9]

Vieles spricht in diesem Zusammenhang dafür, daß die Verhältnisse im Hochstift Speyer denen in benachbarten kurtrierischen Herrschaftsbezirken ähnelten, die unlängst gründlich untersucht worden sind.[10] Charakteristikum der dortigen Verhältnisse waren gemeindliche Hexenausschüsse, die zusammen mit der lokalen Beamtenschaft die Verfolgungen vorantrieben und die trierischen Hofbeamten beständig in Zugzwang brachten. Der nicht zu bremsende Verfolgungswille, Amtsanmaßung und Mißwirtschaft der Ausschüsse hatten in den Jahren 1591 und 1630, also auf dem Höhepunkt der Verfolgung, zur Konsequenz, daß die Trierischen Erzbischöfe Johann von Schöneberg und Philip Christoph von Sötern zumindest versuchten, die Hexenverfolgungen in ihrem Hoheitsbereich einzudämmen (Sötern vereinigte seit 1623 die Speyerer Bischofs- und die Trierer Erzbischofswürde und regierte das Hochstift Speyer seit diesem Jahr nur noch als trierische ›Nebenlande‹).[11] Zwar wird allgemein die Ansicht vertreten, daß den Trierer Erzbischöfen nur wenig Erfolg in ihrem Bemühen beschieden gewesen sei, das gemeindliche Hexenausschußwesen einzudämmen. Das Speyerer Beispiel könnte jedoch in eine andere Richtung weisen. Ein förmliches Verbot der Hexenprozesse blieb freilich Söterns Nachfolger auf dem Erzbischofsstuhl, Carl Caspar von der Leyen, vorbehalten, das dieser Anfang der 1650er Jahre erließ. Auch im benachbarten Kurmainz fanden in den 1650er Jahren die letzten obrigkeitlichen Hexenverfolgungen statt.[12] Die Speyerer Verhältnisse fügen sich in diesen zeitlichen Rahmen.

III.

Wirft man nun einen Blick auf die an dieser Stelle besonders interessierenden krisengeschichtlichen Zusammenhänge, dann ist zunächst an die krisengeschichtlichen Eckdaten der europäischen Hexenverfolgungen zu erinnern. Die beiden Hauptwellen der Verfolgung fallen mit zwei ausgeprägten Agrarkrisenperioden in den Jahren 1585 bis 1594 und 1624 bis 1629 zusammen, die große Teile der Bevölkerung einer nicht abreißen wollenden Kette von Mißernten, Teuerungen, Hungersnöten und Seuchenzügen aussetzten. Diese Agrarkrisenperioden sind vor dem Hintergrund einer massiven Klimaverschlechterung in Europa in den Jahren von 1565 bis 1629 zu sehen, die ihrerseits nur Teil der sogenannten Kleinen Eiszeit ist, die Europa zwischen dem 15. und 19. Jahrhundert das unwirtlichste Klima seit dem Ende der letzten großen Eiszeit vor ungefähr 10000 Jahren bescherte und die von der Mitte des 16. bis weit ins 18. Jahrhundert hinein besonders ausgeprägt war.[13]

Auch die drei markanteren Perioden der Speyerer Hexenverfolgung (1591–1592, 1616–1620, 1628–1630) fielen mit dem Höhepunkt regional spürbarer Agrarkrisen zusammen bzw. setzten mit deren Abklingen ein. Das war so im Fall der Hexenprozesse von 1591/92, als die Getreidepreise in Freiburg, Basel und Straßburg einen Höhepunkt erreichten und aus Trier Nachrichten über schlechte Ernten vorliegen.

Auch eine Aussätzigen- und Siechenordnung wurde damals erlassen. Auf die Zaubereiverordnung des Trierer Erzbischofs aus dem Jahr 1591 wurde bereits hingewiesen. Den Hexenprozessen, die von 1616 bis 1620 im Hochstift Speyer stattfanden, gingen 1615 eine Teuerung und eine Seuche voraus. Unmittelbar nach Ende dieser Prozeßserie waren die Auswirkungen des Dreißigjährigen Krieges erstmals im Hochstift zu spüren. Ernst Graf von Mansfeld durchstreifte damals nach seiner Flucht aus Böhmen die Region, was wiederum spanische Truppen ins Hochstift zog. Im Jahre 1623, als die Kriegshandlungen beendet waren, sollen einem Bericht Bischof Söterns an den Papst zufolge drei Viertel der hochstiftischen Bevölkerung vertrieben oder tot gewesen sein. Auf eine weitere Agrarkrise der Jahre zwischen 1624 und 1629 folgten dann die Hexenprozesse von 1628 bis 1630. Katastrophale Verhältnisse mit Krieg, Hungersnot und Pestepidemien herrschten von 1632 bis 1636 nicht nur im Hochstift Speyer, sondern in ganz Deutschland: 1632 forderte eine pestartige Krankheit dort Tausende von Opfern. 1635 kehrte der Dreißigjährige Krieg in sein Gebiet zurück; französisch-schwedische und kaiserliche Truppen standen sich damals gegenüber. Bischof Sötern, der das Hochstift aus politischem Kalkül zwischenzeitlich ins antikaiserliche Lager (!) geführt hatte, mußte diese Eskapade teuer bezahlen; er befand sich von 1637 bis 1645 in kaiserlichem Gewahrsam in Wien und mußte das Hochstift führungslos zurücklassen. 1636, das Kriegsglück hatte sich gerade zugunsten der kaiserlichen Truppen gewendet, herrschten wiederum Mangel, Teuerung, Hungersnot und Krankheit im Hochstift. Nicht nur im Falle Speyers gilt im übrigen, daß die Jagd auf Hexen in den kurzen Friedensintervallen zwischen den kriegerischen Auseinandersetzungen der Zeit besonders ausgeprägt war. Ganz ähnlich lagen die Verhältnisse im benachbarten Kurmainz, wo erst der Einmarsch des schwedischen Heeres im Jahre 1631 alle damals noch laufenden Ermittlungen in Hexensachen zum Erliegen kommen ließ.[14]

Es ist natürlich wenig sinnvoll, einen starren Ursache-Wirkungs-Zusammenhang zwischen Klimaphänomenen und Agrarkrisen auf der einen Seite und der verstärkten Bereitschaft, Hexenprozesse zu führen, auf der anderen Seite anzunehmen. Die Tatsache, daß gewisse Jahre als Mißernte- und Hungerjahre gelten müssen, daß während gewisser Jahre Epidemien grassierten usw., erklärt – für sich genommen – ja noch nicht, warum die oft alltäglichen Auseinandersetzungen, die an der Basis von Hexenprozessen aufscheinen, etwa zeitgleich in Hexenprozesse mündeten. Vor allem für die an der Untersuchung lokaler Prozeßmilieus interessierte sozialgeschichtliche Hexenforschung bleibt es eine Frage, *warum* Hexenprozesse an einem Ort X zu einem Zeitpunkt Y stattfanden, nachdem beispielsweise eine Pestwelle gerade abgeklungen war. Ein direkter Zusammenhang wie im Fall der westschweizerischen Engraisseurs, die im 16. und 17. Jahrhundert in Hexenprozessen angeklagt waren, die Pest verbreitet zu haben, ist da die Ausnahme.[15]

In der hier eingenommenen krisengeschichtlichen Perspektive führt an dieser Stelle ein Gedanke von J. Delumeau weiter. Er geht davon aus, daß sich Epidemien, Hunger und die zahlreichen kriegerischen Ereignisse des 16. und 17. Jahrhunderts – weitere Krisenphänomene wären zu ergänzen – in der Wahrnehmung der Zeitgenossen zu einer ›großen Krise‹ verbanden, der sie weitgehend hilflos ausgeliefert waren und auf die sie mit Angst reagierten.[16] Die ›große Krise‹: ein amorphes Krisenkontinuum also, das die Menschen der frühneuzeitlichen europäischen Gesellschaften jenseits der nackten Akte des Miteinanderlebens, Wirtschaftens und politischen Handelns umschloß? Und welchen Platz nehmen Hexenprozesse in diesem Kontinuum ein?

Ich habe bereits deutlich gemacht, daß es wenig sinnvoll erscheint, einen allzu engen Zusammenhang zwischen verschiedenen Krisenphänomenen auf der einen Seite und dem verstärkten Auftreten von Hexenprozessen auf der anderen Seite anzunehmen. Das würde nichts anderes bedeuten, als in einen kruden Umweltdeterminismus zu verfallen – und genau dieser Vorwurf wird ja immer wieder gegen krisengeschichtlich argumentierende Versuche erhoben. Weitaus sinnvoller erscheint es da, mit J. Delumeau einen vergleichsweise lockeren Zusammenhang zwischen den einzelnen Facetten der ›großen Krise‹ und der Bereitschaft, Hexenprozesse zu führen, zu konstatieren. Ich verstehe die großen Hexenverfolgungen des späten 16. und frühen 17. Jahrhunderts denn auch weit mehr als konstitutiven Bestandteil eines allgemeinen Krisenszenarios denn als abgeleitete Größe einzelner Krisenfaktoren.

In dieser Perspektive kann es aber nicht weiter verwundern, daß die oft katastrophische Ausmaße annehmenden Mißernten, Teuerungen, Hungersnöte und Seuchenzüge der Zeit und die große Not, die sie heraufbeschworen, ihren Widerhall in Hexenprozessen fanden. Wie hätten sie diesen auch nicht finden sollen, wenn die Zeitgenossen allgemein davon überzeugt waren, daß es – neben vielem anderem – in der Macht der Hexen lag, Unwetter usw. herbeizuzaubern und ihre Mitmenschen so zu schädigen!

Es ist in krisengeschichtlicher Perspektive zweifellos eine interessante Beobachtung, daß die Jahre zwischen 1628 und 1630 im Falle des Hochstifts Speyer nicht nur vergleichsweise viele Hexenprozesse erlebten, sondern auch die Jahre mit der höchsten überlieferten Delinquenz im Untersuchungszeitraum überhaupt darstellen, soweit diese in den Speyerer Hofratsprotokollen des 16. und 17. Jahrhunderts greifbar wird. Es ist damit ein sicherlich auch andernorts beobachtbarer Sachverhalt angesprochen, der von der Hexenforschung gerne übersehen wird und zu der Meinung Anlaß gibt, die Menschen dieser Zeitspanne seien während der Hexenverfolgung zweifellos von einer regelrechten Hexenpanik erfüllt gewesen. Das mag für Zentren der Hexenverfolgung wie die fränkischen Hochstifte oder das Erzstift Köln zutreffen. Nur, läßt sich diese Sichtweise aufrechterhalten, wenn sich für das Hochstift Speyer in synchroner Perspektive erweist, daß zeitgleich mit dem Anstieg der Hexenprozesse insgesamt mehr als doppelt so viele Vergehen und Verbrechen wie üblich geahndet und viele von ihnen wie das Hexereidelikt mit dem Tode bestraft wurden? Ein Blick auf die quantitative und qualitative Entwicklung von Kriminaljustiz und Sittenreform im Hochstift Speyer während des 16. und 17. Jahrhunderts erscheint daher angebracht.

IV.

Grundlage der Betrachtung der Entwicklung von Kriminaljustiz und Sittenreform – von staatlicher Strafzucht und kirchlicher Sündenzucht, wie man in Anlehnung an H. Schilling erläuternd hinzufügen müßte[17] – können die Hofratsprotokolle der Jahre 1537 bis 1669 bilden.[18] Eine kriminalstatistische Auswertung dieser Protokolle wird zunächst einmal in Rechnung stellen müssen, daß sie weit davon entfernt sind, einen lückenlosen Eindruck von den richterlichen Aktivitäten des Hofrats zu vermitteln. Das liegt zum einen daran, daß die Hofratsprotokolle nicht über sämtliche Regierungs-, Verwaltungs- und Rechtsprechungstätigkeiten des Hofrats in derselben Ausführlichkeit Aufschluß geben. Als sogenannte Jurisdiktionalprotokolle berühren sie insbesondere Fragen der fürstlichen Hoheitsrechte und der Religionsausübung, Grenzfragen, Zoll-, Steuer- und Münzfragen, Zunftrechtsfragen usw. Justizsachen finden sich hier also vor allem, insofern sie sich in diesen Rahmen einfügen: Oft haben sie beispielsweise Hoheitsstreitigkeiten des Bischofs zum Gegenstand, die in gerade laufenden Prozessen aufgeworfen werden. So beklagt sich in einem Fall die Stadt Speyer wegen eines von einem bischöflichen Richter angeordneten Arrests. Ein Fährmeister wiederum legt bei der bischöflichen Regierung Beschwerde gegen die Stadt Speyer ein, von der er in den Turm geworfen worden ist. Maßnahmen der Kirchenzucht sind in den Hofratsprotokollen wiederum nur dokumentiert, sofern der weltliche Arm hier dem geistlichen Arm der Herrschaft zu Hilfe kommt (Prozesse wegen Zauberei und Hexerei, Häresieprozesse, Prozesse wegen Ehebruchs usw.).

Einen vergleichsweise vollständigen Eindruck von den richterlichen Aktivitäten des Hofrats könnten allenfalls eigens angelegte Kriminalprotokolle vermitteln. Das früheste – und einzige – erhaltene Speyerer Exemplar datiert jedoch vom Ende des 17. Jahrhunderts.[19] Auch Kriminalprotokolle können freilich nur über die Fälle berichten, die in die Zuständigkeit des Hofrats fielen und die der Hofrat als oberstes Gericht des Hochstifts an sich gezogen hatte. Daneben existierten umfangreiche Rechtsprechungsbefugnisse der Ämter und Gemeinden, die die Kriminalprotokolle nicht dokumentieren. Man wird in diesem Zusammenhang ohnehin einräumen müssen, daß der Hofrat des 16. und 17. Jahrhunderts weit davon entfernt war, moderne hoheitliche Funktionen auszuüben. Regiert, verwaltet und Recht gesprochen wurde in erster Linie in den Ämtern, und die Amtmänner der wichtigsten Ämter besaßen direkten Zugang zum Hofrat wie zum kleinen fürstbischöflichen Hof. Während des Dreißigjährigen Krieges dürfte die obrigkeitliche Infrastruktur insgesamt stark beeinträchtigt gewesen sein.

Erwähnt werden muß an dieser Stelle noch, daß die moderne kriminalitätsgeschichtliche Forschung grundsätzlich skeptisch ist, was die Rekonstruierbarkeit verläßlicher Deliktzahlen betrifft. Mehr noch, es erscheint ihr durchweg fragwürdig, von den überlieferten Verfahren bzw. Urteilen auf das Maß der tatsächlich geübten Delinquenz zu schließen.[20] Eine kriminalstatistische Auswertung der Hofratsprotokolle des 16. und 17. Jahrhunderts ist nach dem zuletzt Gesagten aber weder unmöglich noch, was ihr Ergebnis betrifft, irrelevant, da es ihr im vorliegenden Fall gar nicht darum geht, die Grundlagen einer Argumentation zu legen, die zuverlässige *absolute* Deliktzahlen benötigte. Es geht vielmehr darum, eine Vorstellung von der *relativen* Häufigkeit einzelner Delikte und Deliktgruppen zu gewinnen und nach möglichen Entwicklungen im Deliktspektrum des 16. und 17. Jahrhunderts zu fragen. Das erscheint auf der gegebenen Quellengrundlage ohne weiteres möglich.

Die Auswertungsergebnisse: Die Hofratsprotokolle der Jahre von 1537 bis 1669 enthalten Eintragungen zu insgesamt 436 Strafsachen, das sind ca. vier Strafsachen pro Jahr. Zum Vergleich: Das hochstiftische Kriminalprotokoll der Jahre 1682 bis 1687 verzeichnet immerhin ca. 30 Fälle pro Jahr. (Die Auswertung gibt in beiden Fällen die Zahl der bekannten Verfahren und nicht die der darin angeklagten Personen wieder.) Die Abweichungen vom Jahresdurchschnitt fallen in den Hofratsprotokollen in der Regel nicht sonderlich stark aus. Eine Ausnahme machen hier lediglich, wie erwähnt, die Jahre um 1630, genauer: die Jahre von 1627 bis 1632, mit mehr als doppelt soviel Fällen wie üblich. Das 17. Jahrhundert liegt durchweg über dem Schnitt, das vorangegangene mehrheitlich darunter.

Die Häufigkeit einzelner Delikte bzw. Deliktgruppen verteilt sich im Gesamtzeitraum der Jahre zwischen 1537 und 1669 wie folgt: Es liegen relativ dicht beieinander die Vergehen gegen das Eigentum, gegen das Leben und gegen die Moral mit 87, 102 und 117 Fällen. Es fallen dagegen leicht ab die Vergehen gegen die Religion mit 54 Fällen, die in den Hofratsprotokollen im Fall der Prozesse gegen die Wiedertäufer im Hochstift jedoch besonders ausführlich dokumentiert sind. Das sind zusammen 360 der 436 bekannten Strafsachen; die restliche Zahl kann den genannten Deliktgruppen (noch) nicht zugeordnet werden.

Nur wenig Spektakuläres läßt sich zum Charakter der Eigentums- und Gewaltdelikte und deren Entwicklung im Hochstift Speyer im 16. und 17. Jahrhundert sagen. Bei den Eigentumsdelikten dominieren, wie nicht anders zu erwarten, die Diebstahlsdelikte (Fisch-, Holz-, Wilddiebstahl usw.). Wirtshaushändel, Totschläge usw. bestimmen das Bild bei den Gewaltdelikten. Bewegung kommt erst mit dem Dreißigjährigen Krieg in dieses Bild: ›Diebesgesellschaften‹ und Straßenräuber machen Mitte der 1630er Jahre im Gefolge der schwedischen Truppen das

Hochstift unsicher. Mord und Totschlag herrscht nach Ende des Krieges, zur Zeit der französischen Besatzung, zwischen (plündernden) Soldaten und Einheimischen.
Während nun die Zahl der Eigentums- und Gewaltdelikte zumindest bis in die Zeit des Dreißigjährigen Krieges hinein keine auffälligen Schwankungen aufweist, häufen sich die Vergehen gegen die Moral und die Religion zu bestimmten Zeiten, so besonders im Fall der Prozesse gegen die Wiedertäufer im Hochstift, bei Vergehen von Geistlichen und bei Ehebruchsdelikten. Solche Massierungen können im Fall eines geistlichen Territoriums wie dem des Hochstifts Speyer nicht weiter verwundern. Sie liegen im Trend der gegenreformatorisch-sittenreformerischen Bestrebungen der Zeit: Standen zunächst das Wiedertäuferproblem und die Reform der Geistlichkeit (dokumentiert vor allem in den drei Urfehdebüchern Speyerer Geistlicher, aus denen auch die einleitende Beispielgeschichte stammt) im Zentrum der Aufmerksamkeit der Speyerer Bischöfe, so wandten sie sich seit Ende des 16. Jahrhunderts besonders der Sittenreform ihrer Untertanen zu. Da die Auswertung der Quellen gerade die angeschnittenen gegenreformatorisch-sittenreformerischen Bestrebungen der Speyerer Bischöfe so überaus deutlich vor Augen treten läßt, sollen diese im Zusammenhang dargestellt werden.

V.

Ich brauche hier nur kurz auf die Wiedertäuferprozesse im Hochstift Speyer einzugehen, die bis ins zweite Jahrzehnt des 17. Jahrhunderts zahlreiche Spuren in den Speyerschen Hofratsprotokollen hinterlassen haben. Das katholische Fürstbistum konnte die Existenz von Täufergemeinden in seinen Grenzen nicht hinnehmen, stellten sie doch die religiöse und politische Einheit des Territoriums gleichsam ›von innen‹ in Frage, zusätzlich zur Gefahr ›von außen‹, die von den ins Lager der Reformation eingeschwenkten Nachbarterritorien ausging – vor allem von der Kurpfalz, die schon vor der Reformation versucht hatte, das Hochstift in seine Abhängigkeit zu bringen. Zum politisch-herrschaftlichen Gegensatz der Territorien war nun also der religiöse der Glaubensrichtungen bzw. Konfessionen getreten. Die Täuferbewegung verlor indessen mehr und mehr an Kraft im Hochstift – immer wieder kam es vor, daß Anhänger nach Mähren auswanderten –, und am Vorabend des Dreißigjährigen Krieges scheint es kaum noch Täufergemeinden in seinem Gebiet gegeben zu haben. Für Ludwig Stamer in seiner katholischen »Kirchengeschichte der Pfalz« ein Erfolg der katholischen Reformbewegung, die der ›Sekte‹ erfolgreich den Boden entzogen habe.[21]

Weitaus mehr Aufmerksamkeit verdient an dieser Stelle die Klerusreform im Hochstift Speyer. Sie wird – wie erwähnt – vor allem in 233 Urfehden Speyerer Geistlicher aus den Jahren zwischen 1531 und 1616 dokumentiert, einige zusätzliche Hinweise finden sich in den Hofratsprotokollen. Kurz eine Bemerkung zum Quellentyp der Urfehde: Unter Urfehde versteht man in der einschlägigen Definition W. Ebels »den Zufriedenheitseid des aus dem Gefängnis oder Zuchthaus oder Untersuchungshaft entlassenen Gefangenen, in welchem dieser die Haft als zu Recht vollzogen anerkannte und gelobte, sich dafür nicht zu rächen«.[22]

Eine Kostprobe der Art der Vergehen und Verbrechen, derer die Speyerer Geistlichen angeklagt waren, habe ich in meiner einleitenden Geschichte gegeben. Ich möchte im weiteren darauf verzichten auszuzählen, welche Verfehlungen im einzelnen überwogen, zumal die meisten Kleriker, die in Haft kamen, sich mehrerer Delikte schuldig gemacht hatten: Da sprach man dem Alkohol heftig zu, randalierte man und demolierte Mobiliar, verwundete im Getümmel die eigene Mutter mit dem Messer. So geschehen im Fall der Stiftsherren Gottfrid Fabritius und Eberhard Rübsamen, die am 15. und 22. Juni 1583 Urfehde schwören mußten.

Sie liebten es, sich »mit süßem und anderm wein [zu] vberladen«, und waren berüchtigt für den Unfug, den sie in betrunkenem Zustand – und vermutlich nicht nur dann – anstellten. So zerschlug Gottfrid Fabritius einmal die Fenster der Speyerer Burse, wurde ein anderes Mal gegen Georg Kieß und sein Gesinde handgreiflich, weil er in Kießens Haus nichts zu trinken bekommen hatte, und fiel bei anderer Gelegenheit mit unziemlichen Reden über den Speyerer Bürgermeister auf. Nach einem Gelage, an dem neben Fabritius und Rübsamen auch einige Krämer teilgenommen hatten, demolierte ersterer seinen Ofen und warf diesen und einiges andere mehr unter tatkräftiger Hilfe seines Kumpans durch das Fenster auf die Straße. Rübsamen mußte sich unter anderem auch wegen eines Handgemenges mit dem Stiftsherrn Gerhard Pfeil verantworten, das stattgefunden hatte, als er diesen mit seiner Mutter zusammen in seiner Stube trinkend vorgefunden hatte. Er stürzte sich sofort auf Pfeil, warf diesen zu Boden und verfolgte ihn mit einem Messer, als dieser zu fliehen versuchte. »In welchem Zustand«, so Rübsamen später in seiner Urfehde, »ermelte mein mutter verwundet worden. Welches keinem andern dan mir, wil sonsten kein messer außgezuckt gewesen, zugelegt werden kann.«[23]

Die Zahl der Urfehden steigt beim Amtsantritt eines neuen Bischofs regelmäßig an. Besonders deutlich ist das im Fall Marquards von Hattstein (1560–1581), dann auch, bei abnehmender Tendenz, im Falle Eberhards von Dienheim (1581–1610) und des bereits erwähnten Philipp Christoph von Sötern (1610–1652). Das kann im Grunde nicht überraschen; neue Besen kehren bekanntlich gut. Allenfalls die hohe Zahl von Urfehden Speyerer Stiftsgeistlicher beim Amtsantritt von Bischof Marquard von Hattstein ist erklärungsbedürftig, wird ihm doch allgemein vorgeworfen, daß er seine bischöflichen Pflichten stark vernachlässigt habe. Möglicherweise handelt es sich hierbei um einen Reflex des »Selbstreinigungsprozesses« der Speyerer Stifte, an denen katholisches Reformgedankengut seit den 1560er und 1570er Jahren Fuß zu fassen vermochte. Später dann wurden die Geistlichen auf dem Lande immer mehr zum Gegenstand der Disziplinierung. M. Forster hat diesen Prozeß am Beispiel Jöhlingens nachgezeichnet. Er kommt denn auch zu dem Ergebnis: »Das bedeutsamste Resultat der Reform in den Jahren vor dem Dreißigjährigen Krieg war die Tatsache, daß jetzt in den ländlichen Pfarreien besser ausgebildete und reformfreudige Priester wirkten, Männer, die das Zölibat hielten und ihre Arbeit gewissenhaft ausführten.«[24]

Wesentlich skeptischer erweist sich Forster, was die Einschätzung der seit den 1580er Jahren ebenfalls deutlich greifbaren Versuche betrifft, die religiöse Bildung und Moral der Laien zu heben. Verlauf und Erfolg dieser Laienreform sind natürlich noch weitaus schwieriger abzuschätzen als der der innerkirchlichen Reformmaßnahmen. Die Forschung hat sich bislang im wesentlichen darauf beschränkt, auf die führenden Köpfe der Speyerer Reformbewegung – Bischof Eberhard von Dienheim und seinen Generalvikar Beatus Moses – und auf die Visitation hinzuweisen, die letzterer von 1583 bis 1588 durchführte, ferner die einzelnen Maßnahmen der Klerus- und Seelsorgereform aufzuzählen und auf das Wirken der Jesuiten und Kapuziner im Dienste der Reform

aufmerksam zu machen.[25] Wieviel kam davon aber in den Gemeinden an, wurde von den Laien aufgenommen? Forster konstatiert in diesem Zusammenhang einen zunehmenden Widerstand der Bevölkerung, der seit Beginn des 17. Jahrhunderts zu einer Verlangsamung des kirchlichen Reformprozesses geführt habe. Das mag in der Tendenz zutreffen, als eigentlicher Einschnitt dürfte sich nach Ausweis der Hofratsprotokolle hier jedoch der Dreißigjährige Krieg erweisen, der sämtliche Reformbestrebungen mehr oder weniger schlagartig zum Erliegen kommen ließ.
Relativ deutlich wird das am Vorgehen der Speyerer Richter gegen Ehebruchsvergehen, die seit dem Jahr 1585 einen nicht unerheblichen Prozentsatz der in den Hofratsprotokollen verzeichneten Rechtsbrüche ausmachen: 66 von insgesamt 200 Rechtsfällen der Jahre zwischen 1585 und 1632 waren Ehebruchssachen. 1582 war bereits eine neue Eheordnung erlassen worden, die die neuen rechtlichen und sittlichen Maßstäbe der Obrigkeit dokumentierte. Nach 1620, also mit dem Einfall der Mansfelder ins Hochstift, kamen die diesbezüglichen Anstrengungen der Speyerer Bischöfe jedoch zum Erliegen, einzig um 1630 verzeichnen die Quellen nochmals eine ganze Reihe von Ehebruchs- und verwandten Delikten: 20 von 51 verzeichneten Straftaten der Jahre zwischen 1627 und 1632 waren Ehe- und verwandte Sittendelikte.[26]

Bei Lage der Dinge ist es jetzt möglich, zum Ausgangspunkt der letzten Ausführungen zurückzukehren und eine Antwort auf die mehrfach umkreiste Frage zu versuchen, wie die hohe Deliktrate um 1630 zu bewerten ist, warum damals neben Zauberei und Hexerei so viele Vergehen und Verbrechen verfolgt wurden. War die allgemein gestiegene Delinquenz etwa Ausdruck einer in den vergangenen Kriegs- und Krisenjahren aus den Fugen geratenen Gesellschaft? Oder war der Anstieg der Verfahren nur das Resultat durchgreifenden Handelns der Hofräte, lokalen Amtmänner und anderen bischöflichen Beamten, das in einer kurzen Friedensphase des Dreißigjährigen Krieges möglich war, die das katholisch-kaiserliche Lager in einer Position der Stärke sah, wie man in Anlehnung an G. Schormann vermuten könnte.[27] Beide Erklärungsansätze greifen für sich genommen zu kurz, da Verschiedenes damals ganz offensichtlich zusammenwirkte: ein starker Hexenverfolgungswille der Bevölkerung, der in enger Verbindung mit den zeitgenössischen Krisenerfahrungen stand und die Obrigkeit in Zugzwang brachte, zumal sie selbst ja nicht frei vom Hexenglauben war. Hinzu trat der beschriebene Reform- und Disziplinierungswille der Speyerer Bischöfe, der sich in einer kurzen Friedensphase des Dreißigjährigen Krieges nochmals entfalten konnte und dafür verantwortlich war, daß die Sünden- und Strafzucht im Hochstift ganz allgemein intensiviert wurde.

Ich verstehe die Sittenreformbemühungen der Speyerer Bischöfe in diesem Zusammenhang nicht nur als quasi innerkirchliches bzw. interkonfessionelles Programm, entwickelt in Reaktion auf die lutherische und reformierte Herausforderung und umgesetzt in Ausführung der Bestimmungen des Konzils von Trient (1545–1563). Dieses Reformprogramm für Geistliche und Laien begreife ich vielmehr *auch* als Widerhall der allgemein als krisenhaft erfahrenen Zeit. Mit anderen Worten: Es ist meines Erachtens seinerseits Ausdruck der allgemeinen Krisenstimmung. Die Krise war eben vielfältig; religiöser bzw. kirchlicher, aber auch – wie gesehen – anderer Art: Die Welt als Ganze schien in Unordnung geraten, weshalb es gerechtfertigt erscheinen mag, von einer »großen Krise« zu sprechen. Die Zeichen der Krise waren auf alle Fälle für jeden Mann und jede Frau sichtbar, und sie riefen nach Buße und moralischer Erneuerung.

Als Quelle hierfür werde ich im folgenden einige literarische Beispiele präsentieren, Flugblätter und Flugschriften aus der Gattung der Prodigien- oder Wunderzeichenliteratur, die außergewöhnliche Naturereignisse wie Kometenerscheinungen, große Unwetter, Erdbeben, aber auch andere Phänomene als göttliche Bußaufrufe oder Strafen begreifen und zur Darstellung bringen. Diese Gattung läßt die vielfältigen Erfahrungen und Ängste der Menschen des 16. und 17. Jahrhunderts wie in einem Spiegel für uns heutige Leser und Betrachter wiederaufscheinen und erfüllt die nackten Zahlen von Mißernte-, Teuerungs-, Hunger- und Seuchenjahren, von Hexenprozessen und Kriegszügen mit Leben, die bislang als Indikatoren der Krise genügen mußten. Die Lektüre von Wunderzeichenliteratur gewährt somit Einblicke in Bereiche und Formen der Selbstwahrnehmung und Selbstausdeutung der frühneuzeitlichen Gesellschaften, in denen sich historische Erfahrungen in gleichsam geronnenem Zustand wiederauffinden lassen.[28] Vor allem aber zeigt sie, um einen weiteren Gedanken und eine Formulierung von J. Delumeau aufzunehmen, daß die Menschen der Frühen Neuzeit einen ständigen Dialog mit der Angst führten, sei es in Gestalt der *spontanen, ständig wiederkehrenden Ängste* vor Pest, Dürre, Hunger und Krieg oder der *überlegten*, von Kirchenleuten formulierten Ängste.[29]

VI.

An dieser Stelle dürfte es nicht mehr notwendig sein, die Indikatoren der Krise nochmals aufzuzählen; sowohl ihre europäischen Eckdaten wie die speziellen Speyerer Daten sind mittlerweile hinlänglich bekannt. Statt dessen soll der Blick auf die Quellengruppe gerichtet werden, die wie keine andere im hier interessierenden Zusammenhang einen Eindruck von der zeitgenössischen Erfahrung und versuchten Bewältigung gesellschaftlicher Krisen vermittelt und zeigt, in welchem Zustand die Zeitgenossen die Welt sahen und was ihrer Meinung nach zu tun wäre.

Die Prodigienliteratur stellt eine der vier großen inhaltlichen Gruppen oder Richtungen dar, die sich in der Flugblatt- und Flugschriftenliteratur des 16. und 17. Jahrhunderts unterscheiden lassen. Im einzelnen sind dies theologisch-erbauliche Flugblätter und Flugschriften, ethisch-moralische Publikationen, politisches Tagesschrifttum und eben die Prodigien- oder Wunderzeichenliteratur. Letztere läßt sich ihrerseits in mindestens sechs ›Prodigiengebiete‹ oder Prodigienthemen untergliedern: In die Literatur zu 1.) Kometen und anderen Himmelszeichen, 2.) Wetter- und Brandzeichen, 3.) Blutzeichen, 4.) Hexen, Zauberern und Teufeln, 5.) Monstren sowie 6.) Geistern, Gespenstern und Leichen. Von den einschlägigen Charakterisierungen der Prodigienliteratur sei hier nur an die von R. Schenda erinnert: Als ihre bewegende Kraft erkennt er, »daß sowohl die religiösen und politischen Wirren als auch die sozialen Mißstände auf dem Zorn Gottes beruhen, der täglich neue Zeichen geschehen läßt, um die Menschen zur Buße zu mahnen und an das nahe Weltende zu erinnern«.[30]

Wer die einschlägigen Sammlungen von Wunderzeichenliteratur des 16. und 17. Jahrhunderts kennt, der weiß, daß die in Frage kommenden Phänomene bei ihrem Auftreten für einen schlagartigen Anstieg der Prodigienliteratur sorgten. Das war der Fall bei den Kometenerscheinungen der Jahre 1577 und 1618, bei starken Unwettern um 1565, 1582, 1613, aber auch 1629, anläßlich der großen Hexenverfolgungen.[31]

Das vermehrte Auftreten von Prodigienliteratur ist also seinerseits Krisenindikator bzw. Indikator von Krisenerfahrung. Ein Abgleich ihrer Erscheinungsjahre mit den von der Agrarkrisenforschung u. a. herausgearbeiteten Krisenjahren wäre sicherlich aufschlußreich, kann hier aber nicht geleistet werden. Im folgenden soll vielmehr an einigen Beispielen der besondere Charakter der Wunderzeichenliteratur vorgeführt werden.

Eine Sammlung »Wahrhafftige Erschröckliche Newe Zeitungen« des Jahres 1615 kommt dem sehr nahe, was Schenda als allgemeineren Gattungskontext der Prodigienliteratur erkennt: Er bezeichnet sie als die Sensationsliteratur des 16. und 17. Jahrhunderts, im Fall von Flugblättern, Einblattdrucken usw. zweifellos zum schnellen und kurzen Gebrauch bestimmt – die ›Bild-Zeitung‹ der Frühen Neuzeit. Die Neuen Zeitungen von 1615 informieren in diesem Sinne kurz und knapp über acht denkwürdige Ereignisse: ein Unwetter in Thüringen; ein ›Wunderwerk‹ am Himmel von Frankfurt am Main (die Rede ist von einem Meteor); Erdbeben in Österreich, Böhmen und Ungarn; verschiedene Mißgeburten; die Taufe eines Türken und seiner Familie in Rom; Straßenräubereien in der Gegend von Prag; eine Reihe seltsamer Todesfälle; schließlich über einen Wal, der an die niederländische Küste angeschwemmt wurde. Das mahnende und erzieherische Moment der Prodigienliteratur tritt hier hinter das Sensationselement klar zurück, es ist allenfalls noch präsent in der Zeitung »Vom grossen Wallfisch in Holland am Strand«, in der es heißt:

> Gegen anfang daß Jenners ist bey hoher Springflut ein zimlich grosser Wallfisch / ungefehr 60. Schuch lang vnd 14. hoch vnd breyt / am Strand von Nordwig 4. Meiln von Graffenhaag todt ligen blieben / vnd von einem grossen Volck auß den vmbligenden Orthen beschawet worden / Solche Monstra Marina halten die Niderländer darfür / sollen Krieg vnd blutige Schlachten praesagiren vnd bedeuten / wie solches vor diesem observiert worden. Diß Monstrum ist nachmaln verkaufft / zu Stücken gehawen / vnd Tran darvon gemacht worden.[32]

Angstbewältigung und Bußaufruf spielen dagegen eine besondere Rolle in der in mindestens zwei Auflagen 1612 und 1618 erschienenen Flugschrift »De Tonitru et Tempestate, Das ist Nohtwendiger Bericht / Von Donnern vnd Hagelwettern / wannen vnd woher sich dieselben verursachen / Ob sie natürlich: Item / Ob Teufel vnd Zauberer auch Wetter machen können / durch was mittel sie gestillet vnd abgewendet werden...« Der Autor diskutiert das Thema über die beachtliche Länge von 127 Seiten, erweist uns heutigen Lesern aber auch den Gefallen, die Quintessenz seiner Gedanken in einem kleinen Gedicht zu präsentieren. In diesem Gedicht heißt es:

Das Donnerwetter in gemein /
Auch Werck des höchsten Gottes seyn /
Vnd nicht vom Teufl vnd bösen Leut /
Gemacht werden in warmer Zeit /
Lehret vns klärlich Gottes Wort /
Das sich keins findt an einem Orth /
Ja ohne Gottes will vnd raht /
Man gar nie keins gehöret hat /
Wann sich natürlich vrsach findt /
Von Hitz vnd Kält / nur mittel sind /
Dardurch Gott strafft die böse Welt /
Die Gläubigen er doch erhelt /
Gleich wie ein Vater offtmals thut /
Sein Kind zu straffen braucht die Ruht:
Also sind jenes auch Instrument /
Dadurch Gott strafft an manchem end /
Ob ers schon köndt ohn Mittel thun /
Schafft er doch ohn ein Ey kein Hun /
Sondern es muß natürlich seyn /
Was Gott geschehn lest in gemein /
Denn ihm dienen all Element /
Stern vnd Planet am Firmament /
Er kans auch ordnen böß vnd gut /
Nach dem es ihm gefallen thut /
Drumb sollen wirs erkennen fein /
Das alles Gottes straffen seyn /
Die er bald schickn vnd wenden kan /
Nach dem man lebt vnd ihn rufft an.[33]

Dieses Gedicht zeigt, daß die Menschen des 16. und 17. Jahrhunderts versuchen mußten, auf die vielfachen Krisenphänomene und Prodigien ihrer Zeit mit der Bereitschaft zur Buße und zur allgemeinen Reform zu antworten.[34] Die Diskussion der Frage, ob auch der Teufel und böse Leute Unwetter herbeizaubern können, oder ob es allein Gottes strafender Wille ist, der das vermag, illustriert im übrigen sehr schön Delumeaus Gedanken von der Transformation *spontaner* volksläufiger Ängste in die *überlegten* Ängste der Eliten.[35]

Ein »Spiegel Göttlichen zorns / vber die sünde der itzigen / argen / letzten / grundbösen Welt / so uns... zur warnung vnd busfertigem leben für augen gestellet« aus dem Jahr 1620 beschränkt sich nun nicht darauf, Monstra Marina oder Wetterzeichen als Prodigien zu interpretieren. Ihm gerät der bedenkliche Zustand der menschlichen Gesellschaft selbst zum Zeichen – und Handlungsappell –, indem er den allgemeinen Sittenverfall der Zeit anprangert. Wenn jedoch der moralische Niedergang der Welt droht, ja, bereits eingetreten ist, dann sind auch, so kann gefolgert werden, konkrete Gegenmaßnahmen gefordert. Was bislang noch vergleichsweise unspezifisch Bereitschaft zur Buße und Wille zur Reform genannt wurde, zu der die Prodigienliteratur aufforderte, kann im »Spiegel Göttlichen zorns« also durchaus auch als Aufforderung an die Zeitgenossen verstanden werden, die Straf- und Sündenzucht zu intensivieren. »Das Glänzend schwert der Gerechtigkeit Soll man recht brauchen jederzeit«, heißt es unmißverständlich. Und im Zusammenhang:

Ach Gott / wie grosse sünd vnnd schand /
Regieret jetzt im ganzen land /
Es ist der Arm / gleich wie der Reich /
In Lastern ganz ersoffen gleich.
Das Gott zur straff gezwungen wird /
Wie man in allen Landen spürt.
Man seh das Gsicht im Geist hier an /
Welchs dir hier thut vor augen stahn.
So mustu ja bekennen frey /
Das es von Gott ein warnung sey.
Vnd wan wir vns dann nicht bekehrn /
So soll der feind vnsr land verhern:
Den lang gedürst nach vnserm blut /
Wie die erfahrung zeigen thut.
Der eigen nutz vnd böser Rath
Viel Land vnd Leuth zerstöret hat.
Welche auch jetzt im ganzen Land
Genommen haben vberhand.
Das es nicht höher kommen kan /

Drumb wirt es vns sehr übel gan.
1. Der Engel Gottes tritt herfür/
Vnd verkündigt vil straffen dir.
2. Hat auch ernstlich vnd vnuerholn
Das Buch des Lambs zu lehrn befohln.
3. Das Glänzend schwert der Grechtigkeit
Soll man recht brauchen jederzeit.
4. Dann gegen vber siht man hell
Im fewr stehn Fraw Jesabell:
Das schnöde weib / Gottloß / verucht/
5. Mit jrem spiegel der vnzucht.
Welche mit jrer sund vnd schand
Erfült vil Königreich vnd Land.
6. Daher die wag der Grechtigkeit
Zerbricht vnd grossen schaden leid.
7. Darbey die Sonn verfinstert gar/
8. Die Ruth ist auch gebunden zwar/
Darmit der Herr vns straffen wil:
9. Vom Himmel fält des fewers vil.
Das fewr Gotts zorns ist angangn.
Dann wir der sünden vil begangn.
...[36]

VII.

Der Hexenverfolgungswille der hochstiftischen Bevölkerung, die in Krisenzeiten Hexen verfolgte, und der gleichzeitig wirksame Reform- und Disziplinierungswille der Speyerer Bischöfe wirken in der zuletzt eingenommenen Perspektive in dieselbe Richtung, sie sind, was ihre Funktion betrifft, identisch: eben ein Medium der Erfahrung und versuchten Bewältigung gesellschaftlicher Krisen bzw. daraus resultierender Angst. Der Territorialisierungsansatz sowie der Konfessionalisierungs-, der Disziplinierungs- und andere Ansätze mehr, die in der Regel dazu dienen, die intensivierten Straf- und Sündenzuchtmaßnahmen der frühneuzeitlichen Gesellschaften zu begründen, greifen meines Erachtens in diesem Punkt zu kurz. Sie binden die betreffenden Maßnahmen an einen vergegenständlichten Zuchtwillen eines anonymen

Kollektivsubjekts (Staat, Kirche, Moderne, Affektkontrolle u.a.), übernehmen möglicherweise sogar dessen Perspektive.[37] Damit entgeht ihnen aber weitgehend eine zutiefst anthropologische Dimension der Geschichte: daß Geschichte aus der Warte der beständigen Bedrohung der menschlichen Existenz erfahren wird und – was diesen Versuch zugegebenermaßen motiviert hat – auch geschrieben werden kann. Gerade hierfür kann die Geschichte der Erfahrung und versuchten Bewältigung gesellschaftlicher Krisen aber ein geeignetes Feld sein.[38]

Es ist hier nicht mehr möglich, auf die vielfältigen Einwände einzugehen, die immer dann erhoben werden, wenn ein Historiker mit dem Begriff ›Krise‹ arbeitet. Eine Reihe von Warnungen sind zweifellos berechtigt, so die vor der Versuchung, »Krise als einen Prozeß an sich, als ein historisches Subjekt zu verstehen«[39], oder die Warnung, Krisen existierten weniger in der historischen Realität als »in den Hoffnungen moderner Historiker auf die Aufdeckung eines biologisch-genetischen Ablaufs der Geschichte«[40], was in der Sache dasselbe wie der erste Einwand meint.

Diese Kritiker müssen sich aber die Frage gefallen lassen, ob sie sich nicht vorstellen können, daß es einen für die Betrachtung vormoderner europäischer Gesellschaften angemessenen Krisenbegriff geben könnte. Er müßte freilich anders aussehen als der von J. Burckhardt im 19. Jahrhundert entwickelte Begriff der politisch-gesellschaftlichen Krise, dessen Horizont Verlauf und Ergebnis der Krisendiskussion heute immer noch bestimmt.[41] Dieser andere Krisenbegriff müßte beispielsweise der in starkem Maße wirksamen Naturabhängigkeit vormoderner Gesellschaften Rechnung tragen. Eine Naturabhängigkeit, die unsere gegenwärtigen Gesellschaften im übrigen, wie das U. Beck unlängst formuliert hat, im Zuge der technisch-industriellen Verwandlung und weltweiten Vermarktung der Natur längst wieder ereilt hat.[42] Das sogenannte Eiserne Jahrhundert führt uns vor, wie seine Zeitgenossen in einen ›Dialog‹ mit diesen allgemeinsten Existenzbedingungen des Menschen zu treten versuchten.

Karen Lambrecht

»Jagdhunde des Teufels«
Die Verfolgung von Totengräbern im Gefolge frühneuzeitlicher Pestwellen

> »Anno 1606 hat der hellische Jäger durch seine Jagdthunde das versoffene / unzüchtige / ubermüttische Totengräberische Gesindtlein mit Gifft mischen / kochen / salben und aussäen bey 2000. Menschen niedergefellet / die verborgene Teuffels Strick und Netze hat der allwissende Gott den 6. Septemb. entdecket / und 19. Personen / Eheleute / Eltern und Kinder zu Lichte und Gerichte gebracht / davon Herrn Samuelis Heinitzij Pfarrherrens daselbsten / und hernach des Olßnischen Fürstenthumbs Superintendenten Historia nach der lenge zu lesen.«[1]

I.

Die Hinrichtung von Totengräbern und ihren Familien im niederschlesischen Frankenstein in den Jahren 1606/1607 erregte großes Aufsehen. Chroniken[2] und Flugschriften zeugen von dem Eindruck, den diese Vorfälle in der zeitgenössischen Publizistik hinterlassen hatten. Sensationell wirkte insbesondere die Art und Weise der Hinrichtung. Der Gräßlichkeit der Verbrechen sollte die Grausamkeit der Strafe entsprechen. Auf einem Flugblatt nimmt die Beschreibung dieser Hinrichtungen ein Viertel des gesamten Textes ein: Zu Beginn wurden die Verurteilten auf einem Karren in der Stadt herumgeführt, wobei die Scharfrichter ihnen von Zeit zu Zeit mit glühenden Zangen Fleischstücke aus dem Körper rissen. Ihre Daumen wurden ›abgezwickt‹. Dem älteren Totengräber und seinem 87jährigen Knecht wurde zunächst die rechte Hand abgehauen, bevor beide zusammen an einen Gaul geschmiedet, zur Richtstätte geschleift und mit »Fewr von ferne… gebraten« wurden. Dem neuen Totengräber von Striegau trennte man das männliche Glied mit einer glühenden Zange ab. Schließlich schmiedeten die Scharfrichter auch ihn an einem Gaul fest, bevor man ihn »schmölzen und braten« ließ. Die übrigen vier Perso-

Newe Zeyttung.

Vnerhörtte/ abscheuchliche/ vnd vnnatürliche Thatten/

vnd mißhandlungen/ in dem Fürstenthumb Schlesien/ von etlichen Todten gräbern begangen/ wie sie auch/ wegen jhrer Mißhandlungen/ in disem 1606. Jar den 20. des Monats Septembris/ hingerichtet worden.

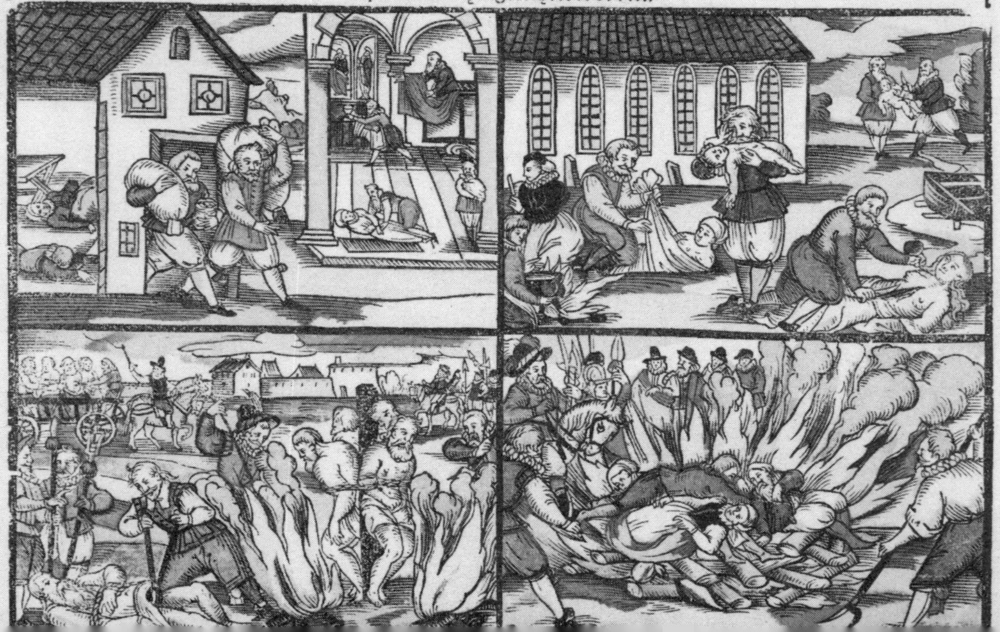

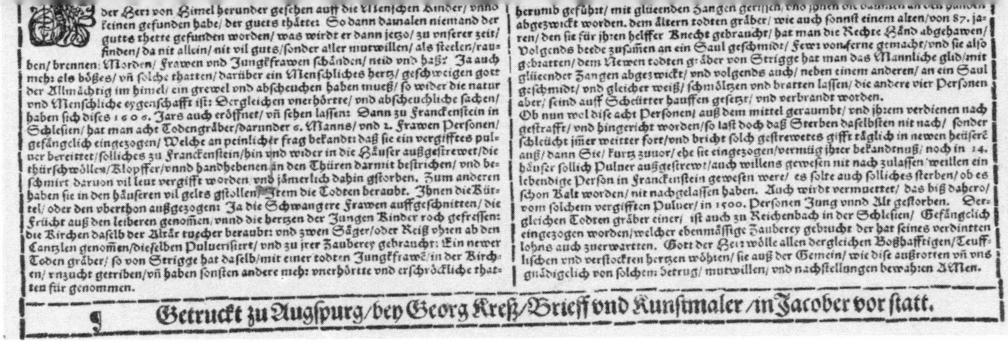

der Herr von Himel herunder gesehen auff die Menschen Kinder/ vnnd keinen gefunden habe/ der guets thäte: So dann damalen niemand der gutts thette gefunden worden/ was wirdt er dann jetzo/ zu vnserer zeit/ finden/ da nit allein/ nit vil guts/sonder aller mutwillen/ als steelen/rauben/ brennen: Morden/ Frawen vnd Jungkfrawen schänden/ neid vnd haß: Ja auch mehr als böses/ vñ solche thatten/ darüber ein Menschliches hertz/ geschweigen gott der Allmächtig im himel/ ein grewel vnd abscheuchen haben mueß/ so wider die natur vnd Menschliche eygenschafft ist: Dergleichen vnerhörtte/ vnd abscheuchliche sachen/ haben sich dises 1606. Jars auch eröffnet/ vñ sehen lassen: Dann zu Franckenstein in Schlesien/ hat man acht Todengräber/darunder 6. Manns/ vnd 2. Frawen Personen/ gefängclich eingezogen/ Welche an peinlicher frag bekandt: daß sie ein vergifftes pulver bereittet/sólliches zu Franckenstein/hin vnd wider in die Häuser außgestrewet/die thürschwöllen/Klopffer/vnnd handhebenen an den Thüren darmit bestrichen/ vnd beschmirt daruon vil leut vergifft worden vnd jämerlich dahin gstorben. Zum anderen haben sie in den häuseren vil gelts gstollen/ Item die Todten beraubt. Jhnen die Küttel/ oder den vberthon außgezogen: Ja die Schwangere Frawen auffgeschnitten/ die Frücht auß den leiberen genom̃en/ vnnd die hertzen der Jungen Kinder roch gefressen: die Kirchen daselb der Altär tuecher beraubt: vnd zwen Säger/oder Reiß vhren ab den Cantzlen genom̃en/dieselben Pulverisiert/ vnd zu jrer Zauberey gebraucht: Ein newer Toden gräber/ so von Strigge hat daselb/mit einer todten Jungkfrawẽ/in der Kirchen/ vnzucht getriben/vñ haben sonsten andere mehr vnerhörtte vnd erschröckliche thatten für genommen.

herumb geführt/ mit glüeenden Zangen gerissen/ vnd jhnen die ... abgezwickt worden. dem ältern todten gräber/ wie auch sonnst einem alten/von 87. jaren/ den sie für jhren helffer Knecht gebraucht/ hat man die Rechte Händ abgehawen/ Volgends beede zusam̃en an ein Saul geschmidt/ Fewr von ferne gemacht/vnd sie also gebratten/ dem Newen todten gräber von Strigge hat man das Mannliche glid/mit glüeender Zangen abgezwickt/ vnd volgends auch/ neben einem anderen/ an ein Saul geschmidt/ vnd gleicher weiß/ schmöltzen vnd bratten lassen/ die andere vier Personen aber/ seind auff Scheitter hauffen gesetzt/ vnd verbrandt worden.
Ob nun wol dise acht Personen/ auß dem mittel geraumbt/ vnd jhrem verdienen nach gestrafft/ vnd hingericht worden/so last doch daß Sterben daselbsten nit nach/ sonder schleücht jm̃er weitter fort/vnd bricht solch gestrewetes gifft täglich in newen heüserẽ auß/ dann Sie/ kurtz zuvor/ ehe sie eingezogen/vermüg jhrer bekandtnuß/ noch in 14. häuser sollich Pulver außgestrewt/auch willens gewesen nit nach zulassen weillen ein lebendige Person in Franckenstein gewesen were/ es solte auch solliches sterben/ ob es schon Kalt worden/ nit nachgelassen haben. Auch wirdt vermuettet/ das biß dahero/ vom solchem vergifften Pulver/ in 1500. Personen Jung vnnd Alt gestorben. Dergleichen Todten gräber einer/ ist auch zu Reichenbach in der Schlesien/ Gefängclich eingezogen worden/welcher ebenmässige Zauberey gebrucht der hat seines verdintten lohns auch zuerwartten. Gott der Herr wölle allen dergleichen Boßhafftigen/Teufflischen vnd verstockten hertzen wöhren/ sie auß der Gemein/ wie dise außrotten vñ vns gnädigclich von solchem betrug/ mutwillen/ vnd nachstellungen bewahren AMen.

Getruckt zu Augspurg/bey Georg Kreß/Brieff vnd Kunstmaler/in Jacober vor statt.

Hinweis des Verf.: Quellenangabe des Flugblatts (Anm. 3). Germanisches Nationalmuseum Nürnberg Ding. 1156

In Hayliger Schrifft wirdt gelesen / das Gott der Herr von Himel herunder gesehen auff die Menschen Kinder / vnnd keinen gefunden habe / der guets thätte: So [...] wirdt er dann jetzo / zu vnserer zeit / finden / da nit allein / nit vil guts / sonder aller mutwillen / als steelen / rauben / brennen: Morden / Frawen und Jungfrawen schänden / neid vnd haß: Ja auch mehr als bößes / vnn solche thatten / darüber ein Menschliches hertz / geschweigen gott der Allmächtig im himel / ein grewel vnd abscheuchen haben mueß / so wider die natur und Menschliche eygenschafft ist: Dergleichen vnerhörtte / vnd abscheuchliche sachen / haben sich dieses 1606. Jars auch eröffnet / vnn sehen lassen: Dann zu Franckenstein in Schlesien / hat man acht Todengräber / darunter 6. Manns / vnd 2. Frawen Personen / gefängelich eingezogen / Welche an peinlicher frag bekandt: daß sie ein vergifftes pulver bereittet / solliches zu Franckenstein / hin vnd wider in die Häuser außgestrewet / die thürschwöllen / Klopffer [...] darmit bestrichen / vnd beschmirt darvon vil leut vergifft worden vnd jämerlich dahin gestorben. Zum anderen haben sie in den häusern vil gelts gestollen / Item die Todten beraubt. Ihnen die Küttel [...] außgezogen: ja die Schwangere Frawen auffgeschnitten / die Frücht auß den leibern genommen, vnnd die hertzen der Jungen Kinder roh gefressen: die Kirchen daselb der Altär tuecher beraubt [...] vnd zu jrer Zauberey gebraucht: Ein newer Toden gräber / so von Strigge hat daselb / mit einer todten Jungkfrawen / in der Kirchen / Unzucht getriben / vnn haben sonsten andere mehr vnerhörte vnd erschröckliche thatten für genommen. [...]
Ob nun wol dise acht Personen / auß dem mittel geraumbt / vnd ihrem verdienen nach gestrafft / vnd hingericht worden / so last doch daß Sterben daselbsten nit nach / sonder schleücht jmmer weitter fort / vnd bricht solch gestrewetes gifft täglich in newen heüseren auß / dann Sie / kurtz zuvor / ehe sie eingezogen / vermüg ihrer bekandtnuß / noch in 14. häuser sollich Pulver außgestrewt. [...] Auch wirdt vermuettet / daß biß dahero / von solchem vergifften Pulver / in 1500. Personen Jung vnnd Alt gestorben. Dergleichen Todtengräber einer / ist auch zu Reichenbach in der Schlesien / Gefängelich eingezogen worden / welcher ebenmässige Zauberey gebrucht der hat seines bedintten lohns auch zuerwartten. Gott der Herr wölle [...] dise außrotten vnn vns gnädigelich von solchem Betrug / mutwillen / vnd nachstellungen bewahren. Amen.

nen sind dem Bericht zufolge auf einen Scheiterhaufen gesetzt und verbrannt worden.[3]
Der Frankensteiner Pfarrer Samuel Heinnitz, Augenzeuge dieses und der folgenden Ereignisse, bei denen im Laufe eines Jahres an vier Hinrichtungstagen insgesamt 19 Menschen zu Tode kamen, schrieb dazu 1609 einen fast 250seitigen Bericht. Heinnitz machte in jenem Traktat aus seiner Parteinahme gegen die Totengräber keinen Hehl. Als Vertreter der Obrigkeit legte er eine Rechtfertigungs- und Verteidigungsschrift vor. Die »Historia Laquei Venatoris. Warhafftige Geschicht von etlichen geoffenbarten unnd zerstörten Gifftwercken deß Hellischen Jägers, in der Pest Anno 1606 zu Franckenstein in Schlesien, Leipzig 1609«[4] war Antwort auf eine nicht mehr überlieferte Flugschrift mit dem Titel: »Warhafftige und erschreckliche Neuzeitung, welche sich begeben und zugetragen hat zu Frankenstein, gedruckt zu Posen bei Michel Wolrab 1606«.[5] Der Protestant Heinnitz[6], der in Leipzig promoviert wurde, kommentierte in vier mit »tragicus actus« überschriebenen Kapiteln die Vorgänge in Frankenstein mit einer rhetorischen Begabung, die ihn später zum Hofprediger des Fürstentums Oels aufsteigen ließ. Geübt im Verfassen von Predigten, baute er seine Schrift didaktisch auf. Im Untertitel wies er auf den vorbildlichen Charakter seiner Predigten hin, die auch »bey abthuung anderer Malefiz-Personen zu erwegen« seien.
Samuel Heinnitz beschreibt folgende Ereignisse: Im Dezember 1605 brach in der Stadt Frankenstein eine Seuche aus. Unter den zunächst wenigen Todesopfern befanden sich auch die zwei Enkel des alten Totengräbers Wentzel Förster. In den Folgemonaten breitete sich die als »Pest« bezeichnete Seuche so stark aus, daß zusätzlich ein Totengräber aus Striegau, Georg Freydiger, vom Stadtrat in Dienst genommen werden mußte. Diesen beiden zur Seite standen »neben ihren Weibern / etliche gehülffen und knechte«: Caspar Hübner, auch Schleuniger genannt, Thomas Otten, auch Dickbein genannt, und Hans Clement.
Am 6. September 1606 morgens belästigten die beiden letztgenannten Knechte betrunken die Kirchgänger der Gemeinde und stritten sich, »wie es gemeiniglich volle Zappen zu thun pflegen«. Doch damit nicht genug, die beiden Totengräber gaben auch »verdächtige Reden« von sich, die unser Chronist Heinnitz so kommentierte: »Kinder, Narren und volle Leut / die reden gerne die warheit. Was heut im hertzen ligt verborgen / Trunckenheit offenbaret morgen.« Der Rat der Stadt ließ

beide verhaften. Während dessen kam »ihr Prinzipal«, also der Totengräbermeister Wentzel Förster dazu und bat »mit auffgehobenen Henden / man woll sie nur wol straffen / denn er könte für diese Gesellen keine ruhe auff dem Kirchhofe haben«.

Als nun die »beyde Vogel im gebawr sitzen / fangen sie an zu singen«. Hans Clement gestand, daß er seinem Meister Freydiger geholfen hätte, aus »faul fleisch und gifftige sachen von todten Leichnam« Giftpulver zu machen. Dieses Gift wurde allgemein für den Ausbruch der Seuche verantwortlich gemacht. Während des »gütlichen Examens« – also ohne Anwendung der Folter – gab er weitere Verbrechen zu, beispielsweise den tätlichen Angriff auf einen Boten aus Grottkau.

Am 12. September nahm man beide Angeklagte »mit vorwissen des Keyserlichen Ampts« auch in die peinliche Frage. Auf ihre so in der Folter erzwungene Aussage hin wurden mehrere Personen verhaftet: Meister Wentzel Förster, seit 28 Jahren Totengräber in Frankenstein und – laut Heinnitz – im Besitz des Vertrauens der Gemeinde; Georg Freydiger, der neue Totengräbermeister; ihre beiden Ehefrauen; der Knecht Caspar Schleuniger und der alte Bettler Caspar Schetz. Nachdem auch sie das ihnen vorgeworfene Verbrechen des Giftstreuens gestanden hatten, wurden alle acht 14 Tage nach Prozeßbeginn hingerichtet. Doch trotz dieser schnellen obrigkeitlichen Maßnahmen wütete die Pest weiter.

Statt dessen weitete sich durch den Inquisitionsprozeß die Zahl der Angeklagten immer mehr aus. Da »nicht allein die Seuch weiter grassiret / sondern ... auch newe klage und bericht für die Obrigkeit wegen mehrer Gifftpulverstrewer einkommen«, mußten der dreizehnjährige Sohn Caspar Schleunigers und der elfjährige Sohn Georg Freydigers am 4. Oktober ins Stockhaus.[7] Die Sippenhaft erklärt der Berichterstatter mit einem Euripides-Zitat: »Von bösen Eltern kommen böse Kinder.«

Am 24. Oktober zählten drei Frauen zu den weiteren Opfern dieses Prozesses: Susanna Matz, die Tochter des Stadtdieners und Schwiegertochter Wentzel Försters; Ursula, Caspar Schleunigers Ehefrau, und Margarete, die Frau von Caspar Schetz. Letztere starb schon im Gefängnis an Wassersucht und wurde verbrannt. Die beiden anderen Frauen dagegen richtete man wie bisher, so »daß schrecklichen zuzusehen gewesen«. In dieser zweiten Phase des Prozesses galt bereits das Geständnis als todeswürdig, Giftpulver verteilt und ausgestreut zu haben.

Selbst der neue Totengräber Barthel Milden, der »hindan gesetzt der vorigen schrecklichen straff« sich – laut Heinnitz – scheinbar nicht abschrecken ließ, wurde am 8. Januar 1607 als Gifthersteller und Giftstreuer verhaftet. Mit ihm machte man gleichzeitig vier Personen aus dem Umkreis der vorigen Angeklagten den Prozeß: der »Landsknechtin« Eva, der Mutter der bereits hingerichteten Susanna, Magdalena Matz und Susanne Montag. Ihr Todestag war der 23. Februar. Letzte Opfer in dieser Reihe waren der Totengräber Hans Lacken und sein gleichnamiger vierzehnjähriger Sohn, der gegen ihn ausgesagt hatte. Beide wurden wegen Giftstreuens am 5. Oktober hingerichtet. Dem Jungen wurde anstelle der vorigen kumulativen Strafen der Kopf abgeschlagen, der Vater lebendig verbrannt.

II.

So außergewöhnlich die Totengräberprozesse der Jahre 1606/1607 in Frankenstein erscheinen mögen: Sie sind keine Einzelfälle, sondern stehen – chronologisch gesehen – im Zentrum einer Reihe von Prozessen, die sich von 1542 bis 1681 erstreckten. Besonders im westlichen Ostmitteleuropa lassen sich viele der bisher wenig beachteten[8] Prozesse lokalisieren. Ausnahmecharakter haben die Frankensteiner Fälle jedoch bezüglich der Anzahl der Opfer.

1542	Breslau (Schlesien)	1
1542	Reichenstein (Schlesien)	1
1562	Wiener Neustadt (Österreich)	2
1582	Großzschocher (Sachsen)	mind. 6
1600	Bernstadt/Oels (Schlesien)	3
1606/7	Frankenstein (Schlesien)	19
1607	Breslau (Schlesien)	1
1614	Wolkenstein (Sachsen)	1
1632	Gottesgabe (Sachsen)	2
1633	Löwenberg (Schlesien)	2
1656	Guhrau (Schlesien)	1
1672/3	Frankenstein (Schlesien)	3
1679	Wien (Österreich)	1
1680	Geyer (Sachsen)	1 (Landesverweis)
1681	Wünschelburg (Glatz)	1[9]

Der Chronist Heinnitz führt selbst weitere Beispiele – besonders aus den oberitalienischen Städten – an, wo Totengräber in den Verdacht gerieten, Gifte gestreut und damit die Pest ausgelöst zu haben. In Italien wurden

zu Pestzeiten immer wieder Personen als Giftstreuer verdächtigt. Dabei wurde auch Bettlern vorgeworfen, Türklinken mit Giftsalben beschmiert zu haben. So gestanden die als Zauberer angeklagten Salzburger Bettler Schadenszauber durch Giftstreuen.[10] Die Frankensteiner Prozesse fallen jedoch nach Heinnitz dadurch auf, daß hier »mit den Todten gantz unbarmhertzig / als Aasgeyer umbgangen« worden sei.
Wo immer man auch Totengräber verdächtigte, fahndete die Obrigkeit nach Querverbindungen, da ihnen eine verschwörerische Vereinigung unterstellt wurde. Als 1562 in Wiener Neustadt Rupert Schlemmer und seine Frau lebendig verbrannt wurden, behauptete er, der Totengräber von Baden hätte ihm das Wissen um das Giftstreuen beigebracht.[11] Der erwähnte Caspar Schleuniger hatte angeblich im Jahre 1600 das Pulvermischen von dem Totengräberknecht Hans Schulz aus Strehlen, Georg Freydiger dagegen von einem Schäfer aus Trautenau gelernt. Dieser soll es benutzt haben, um seine Schafe zu vergiften, um dadurch möglichst viele Felle zu erhalten.
Die Frankensteiner Prozesse hatten auch direkte Auswirkungen auf benachbarte Regionen. Aufgrund der Aussage des Frankensteiner Totengräberknechts Barthel Milden wurde Peter Neunherz 1607 in Breslau nachträglich der Prozeß gemacht. Er gestand, daß er im Jahre 1600 Pestleichen die Beulen ausgeschnitten, sie gepulvert und das Pulver ausgestreut habe. Einem Totengräberknecht, seinem späteren Ankläger Barthel Milden aus Frankenstein, habe er einige Tüten von dem Gift gegeben.[12] Ein Totengräber soll aus Polen nach Frankenstein gekommen sein und dort – wie vorher in Polen – Giftpulver ausgestreut haben.[13] Der Totengräber von Guhrau, »der mörderische Bösewicht«, gestand angeblich 1656, noch anderen Totengräbern in Niederschlesien, beispielsweise in Prausnitz und Brieg, die Giftherstellung beigebracht zu haben. Dies sollte sie wie ihn selbst reich machen. Das Pulver hätten die Totengräber auch willig angenommen – der zu Prausnitz habe bereits über siebenhundert Menschen damit getötet. Die anderen »dergleichen Complices« seien hin und wieder auch »ergriffen / fest gemacht / und an die Torturen geworffen« worden.[14]
Bei dem zweiten Totengräberprozeß in Frankenstein übersandten die Reichenbacher im Dezember 1672 ihren Totengräber auf einem Wagen gefesselt zur Gegenüberstellung. Ebenso brachte der Abt von Kamenz den Totengräber zur Konfrontation von Wartha nach Frankenstein. Beide wurden daraufhin verhaftet.[15]

III.

Den Totengräbern und ihren Familien wurde der Tod von teilweise namentlich genannten Personen vorgeworfen. Die Anklage lautete auf vorsätzlichen Mord und Giftmischerei. Das Strafmaß entsprach in etwa der in der Carolina, der Peinlichen Halsgerichtsordnung Karls V., vorgesehenen Strafe für diese Verbrechen. Dort heißt es in Artikel 130 über Giftmischer:

»eyn mannßbild, der soll eynem fürgesatzten mörder gleich mit dem rath zum todt gestrafft werden. Thet aber eyn solche mißthat eyn weibsbild, die soll man erdrencken, oder inn andere weg nach gelegenheit vom leben zum todt richten. Doch zu merer forcht andern, sollen solche boßhafftige mißthettige personen, vor der entlichen todtstraff geschleyfft oder etliche griff inn jre leib mit glüenden zangen gegeben werden, viel oder wenig, nach ermessung der person vnd tödtung, wie vom mordt deßhalb gesetzt ist.«[16]

Es war bekannt, daß »dergleichen Strafe / … auch vielen Todtengräbern in Pestzeiten angethan worden / welche gifftige Pulver ausgestreuet / das Sterben unter den Leuten noch ärger und grösser zu machen / damit sie der Verstorbenen Güter desto befreyeter rauben und stehlen könten«.[17]

In zwei belegten Fällen stützten Rechtsgutachten die Hinrichtung von Totengräbern. Während der Pest des Jahres 1600 wurden in Bernstadt bei Oels der Totengräber Christoph Woitke und später dessen Vater in Oels selbst angeklagt und hingerichtet. Zu beiden Fällen existierten Gutachten der Breslauer Schöffen vom 18. Oktober und 3. November 1600, welche die oben beschriebene übliche Strafe nach erfolgter Folter festsetzten.[18] 1681 klagte man in Glatz den Wünschelburger Totengräber Georg Oscher an. Er starb im Dezember nach einem Urteil der Prager Appellationskammer auf dem Scheiterhaufen.[19]

Die Hinrichtungen hatten einen festgelegten Ablauf. Strafen und Hinrichtungsrituale spiegelten das dem Malefikanten vorgeworfene Verbrechen. Der sogenannte Armesünderzug führte an den Ort der Straftat, hier also durch die ganze Stadt. Die Zahl der Zangengriffe verweist auf die Qualität oder Häufigkeit des Deliktes.[20] Das Schleifen zur Richtstätte hatte einen besonders schimpflichen Charakter und geschah oft auf einer frischen Kuhhaut – symbolisch für das Sündenregister – mit dem Kopf nach unten.[21] Das Rädern blieb bis ins 19. Jahr-

hundert hinein eine recht verbreitete Strafe für schwere Mordverbrechen.
Viele Beschreibungen der kaum vorstellbaren Exekutionen ähneln sich in ihrem Ablauf, variieren jedoch je nach Fallage im Detail. Peter Neunherz, Totengräber auf der Probstei in Breslau, wurde 1607 »für dem Rathause auf einen Leiterwagen gesetzet, mit dem Leibe und Armen angebunden, und in die Neustadt in das enge Töpfergäßlein geführet, da er an dem rechten Arm mit glühender Zange den ersten Griff, Druck und Riß, in der Honigecken am linken Arm den andern, in der Kornecke an der rechten Brust den dritten empfangen und mit besonderer Geduld erlitten. Auf einem Anger ward er noch lebendig auf ein Creuze gesatzt, an Hals, Leib, Händen und Füßen mit 5 Ketten angeschmiedet, und von hinten und vorne beim Feuer geschmaucht und gebraten.«
1673 wurde »Heinrich Krahle / ... auff einen Wagen gesezet / und auff allen 4 Ecken des Ringes in der Stadt Franckenstein herumb geführet / daselbst mit glüenden Zangen an Brust und Armen gerissen / hernach vor das Thor zum Gerichte heraus geführet worden / aldorten hat er ansehen müssen / wie man seiner Weib und Tochter die Köpffe abgehauen / welche in ein Loch verscharret worden / darauff wurde er auffs Längste mit dem Rade an seinen Gliedern zerschlagen / und hernach auff einem grossen Scheiter-Hauffen lebendig verbrennet: Hat also dieser boßhafftige Mensch seinen verdienten Lohn (den Wercken nach) empfangen.«
Wenige Monate später wurde dann die ältere Tochter Maria Krahl bei dem Galgen vor dem Münsterberger Tor mit dem Schwert hingerichtet und unter dem Galgen vergraben. Der Knecht Elias Welzel aber wurde im Juni auf einer Kuhhaut zum Galgen geschleift und dann in Anbetracht seines Alters aufs schnellste, das heißt vom Kopf bis zu den Beinen, durch das Rad zum Tode gebracht.
Nicht alle Opfer der bekannten Fälle wurden jedoch auf die beschriebenen Arten hingerichtet. Im sächsischen Gottesgabe kam während der Pest 1632 ein Totengräber in den Verdacht des Giftstreuens. Ein »verwegener Mühlknecht« überfiel ihn und zündete das Haus an, so daß das Totengräberehepaar umkam. Im schlesischen Löwenberg wurden während des Dreißigjährigen Krieges die »Pestilentzischen Todten-Gräber« bei den Beinen aufgehängt, in den Backofen gezwungen und dort erstickt.[22]

Obwohl der Hauptanklagepunkt des Giftmischens (veneficium) in Giftherstellen und Giftstreuen unterschieden wurde, war das Strafmaß für Giftstreuen allein nicht etwa geringer. So sind in Frankenstein 1606/1607 die Angeklagten des zweiten Hinrichtungstages, denen lediglich dieses Verbrechen angelastet wurde, durchaus entsprechend den geltenden Gesetzen hingerichtet worden. Dagegen wandte man die Strafe für die Frauen, die ebenfalls mit glühenden Zangen gerissen wurden, verschärft an, denn die Carolina sah allein Ertränken vor. So kamen am 23. Februar zusammen mit Barthel Milden drei Frauen auf eben diese Weise um. Allerdings traten bei den meisten Angeklagten in der Folter auch andere Delikte zum Vorschein, die fast das gesamte Spektrum frühneuzeitlicher Delinquenz vorführen. Die Anhäufung der Delikte bedeutete dann automatisch Strafverschärfung. Welchen Wahrheitsgehalt solche Geständnisse haben, muß allerdings offen bleiben.

In der Zusammenschau spiegeln die härteren, kumulativen Strafen die begangenen Verbrechen wider. So konnte – nicht nur bei den Totengräbern – Kastration die Strafe für Unzucht, aber auch Kannibalismus sein.[23] »Wegen geübte vntrew an seiner Obrigkeit« wurden beispielsweise dem Bettler Schetz und Wentzel Förster »als einem trewlosen und meyneydigen Menschen« die rechten Hände abgehauen. »Die zwo abgehawene Hände sind an Pranger gehefftet und angeschlagen worden.« Die Totengräber und ihre Mitangeklagten mußten sich neben Giftmord und Leichenschändung auch für Abtreibung, »Ritualmord«, Diebstahl, Kirchenraub, Straßenräuberei, Unzucht, Magie und Ordnungsdelikte wie Trunkenheit und Randalieren verantworten.

Magdalena, der Mutter von Susanna Matz, wurde vorgeworfen, daß sie »Wissenschaft gehabt umb das Gifftpulver, welches ihre Tochter Susanna gestrewet«, am 12. November selbst Gift gestreut und »irer Tochter in Unzucht und abtreibung der Leibesfrüchte uberholffen« habe. Alle Angeklagten gaben schließlich Eigentumsdelikte zu. Es ist zu vermuten, daß das Eingeständnis von Diebstahl gezielt erfoltert wurde. Den Totengräbern wurde nämlich nachgesagt, sich regelmäßig an den Gütern der Verstorbenen zu bereichern. Caspar Schleuniger gestand »vielfaltigen diebstal, ... wie denn seine meuchelmörderrey allermeist auff den raub gericht gewesen«. Wentzel Förster, der zunächst den Vorwurf des Giftstreuens weit von sich wies, »weil er 66. Jahr alt / und 28. Jahr hier Todtengräber gewesen / und nun auff die letzte solte untrewlich mit den todten umbgehen / so solte man ihm alle tage ein glied ablösen«, gestand letztendlich, daß er »mit seinem weibe gestolen in häusern / auff der Klostergassen«. Seine Frau Hedwig bekannte entsprechend. »Erstolen neben ihrem Manne / auff der Bleckergasse in häuser / der Hans Rittigin zwey silberne ringlein abgezogen / und sonst mit den andern geraubet und theilung gehalten.« Georg Freydiger hatte »des raubs und diebstals mit seiner Compagnia genossen«.

Auch das Delikt der Körperverletzung kam vor Gericht: Hans Clement gestand, »daß er einen Boten von Grottgaw auff der keyserlichen Landstrassen verwundet / derowegen er zu Breßlaw gestraft worden«. Zu den Verstößen gegen die Obrigkeit zählte vor allem die Trunkenheit: Hans Clement und Caspar Schleuniger, die beiden Knechte, griff man auf, als sie sich »des morgends früe im Brandtewein vollgesoffen«. Sittenwidriges Verhalten wurde Männern und Frauen gleichermaßen vorgeworfen. Caspar Schleuniger beging »schnöde Unzucht, als er ein lediger Knecht gewesen«. Thomas Otten wurde dies ebenfalls angelastet. Susanna Matz sollte mit zwölf Personen »sine respectu loci & personarum« Unzucht getrieben haben. Ihr wurde außerdem noch dreifache Abtreibung vorgeworfen.

Angeblich machten sich die Angeklagten auch des »Kirchenraubs« schuldig, nämlich »das oberste Altartuch genommen ... und ein Stück aus dem grossen außgenäheten Tuch geschnitten / und darzu den Sandzeiger von der Cantzel gestolen«. Das »Heiligthum« habe ein Angeklagter »zu seinem Mordpulver / ... gebrauchen oder mißbrauchen wollen«.

Die Deliktanhäufung ist durchaus typisch für ein frühneuzeitliches Strafverfahren und läßt sich hauptsächlich auf die Anwendung der Folter zurückführen. Besonders gravierend waren die Geständnisse über Leichenschändung und Kannibalismus. Caspar Schleuniger gab zu, gemeinsam mit Thomas Otten, der seine Aussage bestätigte, eine Art Ritualmord[24] begangen zu haben. Sie hätten aus »ungetaufften kindlein / die hertzlein außgeschnitten / und davon nach sonderbarer art / davon sichs auch nicht schreiben lest / gessen / (wie er auch etlicher todten häupter im grabe abgestossen)«. Peter Neunherz aus Breslau wurde 1607 zur Last gelegt, daß er während der Pest sieben Jahre zuvor »giftige pestilentzalische Sterbedrüsen und Fettes aus dreien todten Leichen ausgeschnitten, sie neben andern Sachen gepulvert... und ausstreuet«.[25] Adam Hennig gestand, er hätte auf Befehl des Teufels ein Kind »aufgeschnitten, das Herze dem teufel in die Hende gegeben, der Teufel etliche worte darüber gesprochen und es dem Todtengräber roh zu fressen gegeben«. Auch er pulverisierte das Fleisch und die Gebeine.

IV.

Zentraler Anklagepunkt aller Fälle war der Vorwurf der Giftherstellung und der Ausstreuung des Giftpulvers. Ambivalent wie die meisten magischen Praktiken hatte das Giftpulver im Volksglauben auch eine positive, vor der Pest schützende und heilende Wirkung. In Wolkenstein verbrannte man 1614 einen Totengräber, der angeblich zweierlei Pulver hatte, ein »gutes wider die Pest, und ein ansteckendes, so er aus einer Pestdrüse gemacht«.[26] Die Menschen glaubten, daß sich die Totengräber in Pestzeiten selbst vor der Ansteckung schützten. Einige Totengräber nutzten dies, um sich durch den Verkauf solcher Mittel zu bereichern. Bei aller Problematik von Foltergeständnissen könnte die Aussage Caspar Schleunigers zutreffen: Unter dem Schein einer besonderen »verwarnungs oder heilungs artzney« habe er Mittel ausgegeben, denn es könnten immer »solche unvorsichtige / alberne und blinde Leute in sterbensleufften« gefunden werden, die von den betrügerischen Mitteln und »vermeinten praeservativen und curativen« der Totengräber mehr hielten als von denen eines gelehrten und erfahrenen Arztes.[27] Im Haus des alten Frankensteiner Totengräbers Wentzel Förster fand man ein Jahr nach dessen Hinrichtung »einen aufgehenckten Zecker voller dütlein des gifftpulvers«. Georg Freydiger, der neue Totengräber, behauptete, von seinem Pulver, das er als »ein bewerte artzney wider die pest« ausgeteilt habe, sei genausoviel zu halten »als von seinem gifftpulver«.

Doch die Totengräber wollten sich nicht nur bereichern. Sie besaßen tatsächlich selbsthergestellte Mittel, an deren Schutzkraft sie glaubten und deren Rezepte über Generationen hinweg tradiert wurden. So bestätigt sich auch hier das gleichzeitige Vorhandensein von weißer und schwarzer Magie, von Heil- und Schadenszauber. Totengräber- und Zaubereiprozesse weisen nicht nur hierin ähnliche Strukturmerkmale auf, deren Vergleich zu einem tieferen Verständnis beider Phänomene führen kann. Wie bei Hexereiprozessen, wo zu bestimmten Zeiten ständig angewandte Alltagsmagie in eine Verteufelung und Kriminalisierung derselben umschlug, gerieten auch die Totengräber durch ihren – tatsächlichen – Umgang mit Magie in Verruf.

Aufschluß über die Glaubens- und Vorstellungswelt nicht nur der Totengräber bietet folgende Geschichte.[28] Der Pfarrer von Haynau berichtete am Ende des Dreißigjährigen Krieges, daß ihm 1634 der 84jährige Totengräber Hans Jencke auf dem Sterbebett gestanden habe, wie er sich »durch 9 Pesten nebst den Seinigen frisch und gesund erhalten«. Der Pfarrer ermahnte ihn, er solle beichten, denn »es müsste doch etwas besonderes sein, was die Todtengräber vor sich behielten, und es niemanden offenbahrten, indem es sonst fast nicht möglich wäre, daß sie beym Leben bleiben sollten«. Nach längerem Zögern erzählte der alte Totengräber, daß er selbst von seinem Großvater auf dem Totenbett »ein Stück« offenbart bekam, daß »ihn durch 15 Pesten erhalten«. Der Totengräber Hans Jencke mußte ihm jedoch schwören, daß er es »weder seyn Weib noch Kind noch sonst Jemand sagen, sonst würde er nicht viel zu thun bekommen«. Die Benutzung eines Schutzmittels war in den Augen der Totengräber also ein zweischneidiges Schwert. Verkauften sie es, verdienten sie sich zwar etwas dazu, riskierten aber – da sie ja an die Wirksamkeit der Mittel glaubten – weniger Todesfälle, das heißt weniger reguläre Arbeit.

Zur Herstellung des Giftpulvers sind, ähnlich wie bei der Herstellung von Hexen- und Flugsalben, die verschiedensten Rezepte überliefert.[29] Durch den Umgang mit den Toten kamen bei Totengräbern Ingredienzien von Leichenschändungen hinzu: »aus faul fleisch und gifftige sachen von todten Leichnam«. Das Gift soll nicht nur in den Straßen und vor bestimmten Häusern ausgestreut, sondern auch in warmes Bier getan, an Lehnen und Türgriffe geschmiert worden sein und »in der Kirchen die gestüle vergifftet« haben.

Für die sogenannten Pestkugeln des Hans Jencke sollten Pech, verschiedene Gewürze und Kleingestoßenes »von einem Bein oder Hirnschädel eines Menschen« mit Speichel vermischt und geschluckt werden, dann »währe er Tag und Nacht als 24 Stunden vor der Pest gesichert«. Er hätte »nicht allein in diesen 9 Pesten die er ausgestanden an der Zahl 7825 Personen jung und alt so auch an der Pest gestorben begraben, sondern auch ohne Scheu mit den inficirten auf einer Streu gelegen, und hätte ihm seyn Tage nicht geschadet weder Hand noch Fus wehe gethan«. Der Totengräber bekam 100 Dukaten für das Rezept geboten, »weil er aber den Eyd, den er seinem Gross-Vater geschworen nicht brechen wollen, auch ohne dies Geld genug vor sich gehabt, hat er es ihm nicht sagen wollen«. Immerhin konnte es sich Hans Jencke leisten, eine relativ hohe Summe von Goldmünzen auszuschlagen.

V.

Steigende Kriminalität kann ein Zeichen für zunehmende soziale Entwurzelung der Unterschichten und Randgruppen sein, auf die die Gesellschaft mit Marginalisierung und Disziplinierung reagiert. Eine Breslauer Totengräber-Ordnung machte in den ersten vier Punkten deutlich, welche Verhaltensweisen der Totengräber die Obrigkeit nicht duldete. Die Totengräber sollten »1. Gottesfürchtig / from / stille und nüchtern seyn / und solchen Gesindes sich auch befleissigen. 2. Der Wein- und Bier-Häuser / Kegen- und Tantz-Plätze in und ausser der Stadt sich äußern. 3. Gotteslästerung / Fluchen / Schelten / Zanck / Hader / Rauffen und Schlagen meiden. 4. Mit seinem Weibe und Gesinde friedlich und schiedlich ohne Aergernüß leben.«[30]

Aus der hier gesetzten Norm auf reale Lebensumstände der Totengräber zu schließen, ist problematisch. Ebenso wie bei ihren Geständnissen die Ebene der tatsächlich begangenen Delikte nur eingeschränkt herauszufiltern ist. Es ist aber leicht vorstellbar, daß Totengräber ihre Arbeit beispielsweise oft nur in betrunkenem Zustand ertrugen und sich ein Zubrot durch den Verkauf von allerlei Pulvern verdienten.[31]

Exemplarisch für den Werdegang eines Totengräbers mag der Lebensweg des Adam Hennig stehen, der 1656 in Guhrau auf der Anklagebank saß. Der im polnischen Fraustadt (Wschowa) geborene und dort seßhafte Hennig mußte quer durch Schlesien wandern, um schließlich eine Anstellung zu finden: Er habe »als aber die teure Zeit eingefallen, ungefehr vor 5 jahren, sich nacher Brünn in Mähren begeben, alda wehre Er Spittelmeister gewesen und bey eingefallener infection sich daselbst neben dem Todtengräber brauchen lassen«. In Brünn hatte er es sich »gelüsten lassen, ein stück geld« zu entwenden. Hennig wurde ausgepeitscht und aus der Stadt vertrieben. Die nächsten Stationen seines Lebens waren Olmütz, Lissa, wieder Fraustadt, das er wegen der dortigen Unruhen – gemeint ist der Schwedisch-Polnische Krieg (1654–1660) – verlassen mußte, bis er in Guhrau bei einem Tuchmacher Arbeit bekam. Als dort die Pest ausbrach und beide Totengräber starben, wurde er wiederum zu Totengräberdiensten herangezogen, geriet aber bald in Verdacht. Unter der Folter gestand er nun auch Verbrechen in allen anderen Orten, die er auch dort schon bekannt hätte, »wan Er so scharff, gleich wie zu Guhrau, wehre angegrieffen worden«.[32] Zu diesem Prozeß wurde ebenfalls ein Flugblatt gedruckt. Es veranlaßte sogar den Rat der Stadt, an die Landesherrschaft eine Art Gegendarstellung zu senden, um die darin verbreiteten Unwahrheiten zu berichtigen.[33]

Es spricht vieles dafür, daß der Lebenslauf Adam Hennigs durchaus typisch verlief. Alle Vorurteile, mit denen in der Frühen Neuzeit Randgruppen konfrontiert waren, finden sich auch in der »Historia Laquei Venatoris«. Heinnitz versah die Frankensteiner Totengräber und alle Personen, die in Verbindung mit ihnen standen, mit negativen Attributen. Die »unkeusche«, »unheilige böse« Susanna Matz hält sich »zum todtengräberischen Gesindlein«. Hedwig, die zweite Frau von Wentzel Förster, ist »zuvor mit Landsknechten herumb gezogen«. Georg Freydiger und seine Frau Anna: »Diese Bestia und ihr Mann / der mit Zigeunern herumb gezogen / und zu Constantinopel so gewesen seyn«; Paul, Sohn des Georg Freydiger, wird als ein »tückisch und verschlagen ingenium« bezeichnet.

Heinnitz gab mit der Abqualifizierung der Totengräber die Haltung von Teilen der frühneuzeitlichen Gesellschaft wieder. Zwar war der »unehrliche« Totengräber erst eine spätere Erscheinung, trotzdem gehörte diese Tätigkeit schon in jener Zeit zu den verfemten Berufen.[34] Noch im 13. Jahrhundert besorgten Verwandte oder Zunftgenossen des Toten die Eingrabung. Allmählich übernahmen in den Städten Leichenträger und Totengräber ihre Funktion. Mit dieser Tätigkeit bewegten sie sich in einem nun tabuisierten Bereich. Ähnliches geschah auch mit anderen Personengruppen, die in Kontakt mit den Grundelementen des Lebens standen, wie beispielsweise Hebammen.[35] Gegen den Widerstand der Bevölkerung, die ihre Angehörigen auf den innerstädtischen Kirchhöfen begraben wollte, wurde in der Frühen Neuzeit versucht, vor- oder außerstädtische Friedhöfe einzurichten. Gerade in Pestzeiten war dies eine gesundheitspolizeiliche Notwendigkeit.[36]

Ambivalent wie der Tabu-Begriff (»sakrosankt« und »verboten«) war auch die Inanspruchnahme dieser professionellen Totenversorgung. Sie provozierte sowohl ein Gefühl der Befriedigung als auch der Schuld,

denn das Wegschieben der unangenehmen Aufgabe verursachte ein schlechtes Gewissen. Das Tabu-Denken schlug gegebenenfalls in eine Dämonisierung und Kriminalisierung um: Juden, Hexen, Sodomiter und eben auch Totengräber galten gleichermaßen als Feinde des Volkes, deren Ziel es war, Krankheiten, Naturkatastrophen und Kriege herbeizubeschwören und letztlich die gesamte Christenheit zu vernichten. Sie fielen nun nicht mehr unter das Tabu, sondern wurden mit zunehmender Härte der Strafgerichtsbarkeit ausgeliefert.[37]
Gerade in der existentiellen Ausnahmesituation der Pest wurden Totengräber stigmatisiert und schließlich verfolgt. Die Ausgrenzung aus der Gesellschaft förderte oft den inneren Zusammenhalt einer Randgruppe und erzwang Vereinigungen, die in den Augen der Öffentlichkeit das Bild einer Verschwörung boten. Der verschwörerische Charakter bestätigte sich auch scheinbar durch die zugegebenen Verbindungen der Totengräber untereinander.

VI.

Eine der grundlegenden Erfahrungen der Menschen ist die Konfrontation mit dem Tod. Über den Stellenwert des Todes in der Geschichte sind sich Historiker und Sozialwissenschaftler seit längerem bewußt.[38]
Ein schrecklicher Höhepunkt der Begegnung mit dem Tod war die Pest, die »Krönung des Totentanzes«.[39] Fast vier Jahrhunderte lang von 1348 bis 1720, ist sie den Menschen in periodisch wiederkehrenden Epidemien allgegenwärtig. Der »Schwarze Tod« machte einen festen Bestandteil des Lebens aus. Die Ursache der Pest blieb bis ins 19. Jahrhundert hinein unbekannt. Sie war deshalb schwer zu bekämpfen. Immer wieder überlieferte Ängste und Reaktionsmuster brachen auf. Die Wissenschaft machte zum Beispiel die Verseuchung der Luft für den Ausbruch der Pest verantwortlich, wodurch sich viele in unseren Augen irrationale Verhaltensformen der Bevölkerung erklären. Während einer Epidemie brach vielerorts das gesamte öffentliche Leben und die obrigkeitliche Ordnung zusammen. Zwei Phänomene der Pest beeindruckten die Zeitgenossen der Vormoderne am meisten: die Plötzlichkeit des Ausbruchs und die Tatsache, daß ohne Rücksicht auf Unterschiede des Standes oder des Vermögens jeder in Todesgefahr geriet.[40] Diese Extremsituation führte zu einer Stimmung des Mißtrauens und der Un-

sicherheit. Die von der Pest heimgesuchte Bevölkerung suchte nach Erklärungen ihres Unglücks, um somit wieder eine beruhigende Atmosphäre zu schaffen.[41] Immer wieder wurden verschiedene Gruppen – »Sündenböcke«[42] – für die Entstehung der Seuche verantwortlich gemacht.

Der Zusammenhang zwischen Judenpogromen und dem »Schwarzen Tod« im 14. Jahrhundert ist schon seit längerem Gegenstand der historischen Forschung.[43] Inzwischen wird auch die Kriminalisierung von Aussätzigen, Ketzern und Hexen als kontinuierliche Verfolgungsstruktur mit wechselnden Opfern angesehen.[44]

Die Krisenzeit Ende des 16. und im 17. Jahrhundert war auch die Epoche der Hexenverfolgungen. Als Hexen beschuldigte Personen wurden für viele Krisenphänomene verantwortlich gemacht, für die Ausbreitung der großen Seuchen jedoch nur selten.[45] Dagegen kam es während mehrerer Pestwellen dieser Zeit zur Verfolgung von Totengräbern.

Allerdings wurden einige Hexen posthum für die Pest zur Rechenschaft gezogen. Eines der grundlegenden dämonologischen Nachschlagewerke der Zeit, der »Malleus maleficarum« oder »Hexenhammer«, erstmals 1487 gedruckt, beschreibt in der fünfzehnten Frage des ersten Teils, wie ein Ort infolge der Pest fast verödet war. Die Autoren Institoris und Sprenger erläutern an diesem Beispiel, wie es möglich sein kann, »daß mit göttlicher Zulassung viele Unschuldige mit den genannten Schädigungen wegen fremder Sünden, nämlich der Hexen, und nicht wegen eigener geschädigt und gestraft werden«.

Es ging in diesem Ort das Gerücht, »daß ein begrabenes Weib das Leichentuch, in welchem sie begraben war, nach und nach verschlänge, und die Pest nicht aufhören könnte, wenn jene nicht das Leichentuch ganz verschlänge und in den Bauch aufnähme. Nachdem der Rat darüber abgehalten war, gruben der Schulze und der Vorsteher der Gemeinde das Grab auf und fanden fast die Hälfte des Leichentuches durch Mund und Hals hindurch bis in den Bauch gezogen und verzehrt. Als der Schulze das sah, zog er in der Erregung das Schwert, schlug der Leiche das Haupt ab und warf es aus der Grube, worauf die Pest plötzlich aufhörte. So also waren mit göttlicher Zulassung die Sünden jenes Weibes an den Unschuldigen wegen der Verheimlichung seitens der Oberen gestraft worden. Denn bei der angestellten Inquisition fand man, daß jenes Weib lange Zeit ihres Lebens eine Wahrsagerin und

Zauberin gewesen sei.«[46] Versagte also die Obrigkeit beim Aufspüren der Hexen, mußten mit Zulassung Gottes auch Unschuldige sterben. Auch Heinnitz berichtet, daß »wie man denn in Pestilentzzeiten erfahren / daß todte Leute / insonderheit Weibespersonen / die an der Pest verblichen / im Grabe ein schmatzen getrieben / als ein Saw / wenn sie frisset / und bey solchem Schmatzen die Pest hefftig zugenommen«. Zahllose Geschichten ranken sich um diese Erscheinung, die schließlich auch die Wissenschaft beschäftigte. Zwischen Pest, Teufel und sonderbaren Leichenphänomenen wurde eine Beziehung hergestellt.[47] Durch »seine Werkzeuge« mordete und vergiftete der Teufel nicht nur, sondern er nahm auch mit den »Todten Cörpern im Grabe was schreckliches und grausames« vor. Bereits im 17. Jahrhundert vermutete man, was modernen Hygienikern zur Sicherheit wurde: die todbringenden Ausdünstungen und Giftgasexplosionen der traditionellen Bestattungspraxis. L. C. F. Garmann schrieb ein Kapitel mit dem Titel: »Von Leichen, die in Grüften Geräusche nach Art fressender Schweine von sich geben, gewöhnlich auch *schmaetzende Tode*.«[48]

Die Totengräber waren oft diejenigen, die schmatzende Tote entdeckten: Bei der Pest in Prausnitz 1656 »befunden die Todtengräber«, daß eine Frau »an beyden Daumen geschmazet hat, auch die Totengräber... die Hende auß dem Maul haben brechen müssen«. Weil sie aber »bezechte Leute sein und sie nichts dabey zu thun wissen«, wurde eine Kommission eingesetzt. Sie sollte achtgeben, ob in dem Grab weiterhin »solches schmatzen, als wenn ein Schwein etwas freße«, zu vernehmen sei. Was dabei entdeckt wurde, wissen wir nicht; die Folge dieser Untersuchung war jedenfalls die Verhaftung und Hinrichtung des Totengräbers Adam Hennig. Es ist möglich, daß an der Leiche nichts Eigentümliches bemerkt und somit auf den Totengräber zurückgegriffen wurde.

Auch andernorts bekämpfte man das Schmatzen der Toten, indem man sie ausgrub, ihnen den Kopf abschlug und sie verbrannte. Diese Vorgehensweise wandte man auch gegen schadenstiftende Wiedergänger und Vampire an. Gerade in Schlesien und den Nachbarregionen sind einige Fälle solcher posthumer Verbrennungen bekannt. 1591 wurde in Breslau ein Wiedergänger zweimal exhumiert und verbrannt. Die Asche mußte zusammengekehrt werden, »daß niemand dieselbe zu Ausübung böser Dinge bekommen möchte, und schütteten sie in einen fluß, worauf das Gespenst niemalen mehr gesehen worden«.[49]

Das Giftmotiv wurde zum gemeinsamen Nenner vieler Verfolgungen. Personen, die sozial suspekten Gruppen wie Leprakranken, Juden, Armen und Bettlern angehörten, gestanden, von äußeren Feinden mit Geld bestochen worden zu sein, damit sie giftige Pulver zum Zweck der Ansteckung ausstreuten.[50]
Nicht allein durch die magische Giftherstellung geraten die Totengräberprozesse in die Nähe der Hexenprozesse. So wurde beispielsweise der Teufelspakt, neben dem Schadenszauber ein wesentliches Element der Hexereivorstellung, den Totengräbern wiederholt angelastet.[51] Anna, die Ehefrau von Georg Freydiger, leugnete den Vorwurf der Zauberei. In ihrem Fall wurde deshalb die Wasserprobe in Betracht gezogen, aber verworfen. Heinnitz hielt sie sowieso zur Entdeckung von Hexen für unbrauchbar. Auch die bei Hexenprozessen immer wieder hervortretenden innerdörflichen Konflikte lassen sich aus diesem Prozeß ablesen. Caspar Schetz gestand, daß er »Gifftpulver beym newen Todtengräber Georg Freydiger geholet / aus ursache / weil er ein Bettler were / und ihm die Leute nicht gerne geben / wolte er ihne solch pulver in die Häuser werffen oder streuen«. Susanna Matz streut Gift »für des newen Balbiers thür... / weil sie nicht were zu des Balbierers Tochter hochzeit gebeten«. Heinnitz jedoch machte deutlich, daß er die Prozesse der Totengräber nicht als Zaubereiprozesse ansah: »Das Essen dreier Herzen, davon sie das eine aus einem ungetauften Kinde, die zwei andern aus todten Frauen geschnitten, wird man wol iezt nicht für Zauberei; sondern für eine der unmenschlichsten Taten, wozu der Aberglaube verleitet, halten.«[52] Vielmehr schuf Heinnitz ein Erklärungsgebäude, in dem die Ordnung der Welt wiederhergestellt wurde. Die Pest sei eine Strafe Gottes, aber das Werk des Teufels mit Gottes Erlaubnis, da Gott selbst nichts Böses tun dürfe.

Parallelen gibt es nicht nur zu Hexenprozessen, sondern auch zu Judenverfolgungen. Auch hier erkannte Heinnitz den Zusammenhang. Er sah lediglich die Werkzeuge des Teufels vertauscht: »Es entstand eine grosse Pest mehr aus Menschen boßheit und betrug / als aus des Himmels gestirns und gewitters zustand verursacht / weil Juden vorhanden / und gifft in die Brünne worffen. Daher leicht zuerachten / weil auch hier in unser werenden Pest der Hellische Jäger mit seinen stricken / netzen und Jagehunden incarnatis Diabolis nicht gefehlet / daß er hiemit nichts newes / sondern sein altes mord- und Lügenhandwerk variatis seu mutatis tantum personis, instrumentis & quibusdam circumstantiis getrieben habe.«

Die spätmittelalterlichen Judenpogrome standen entweder in Zusammenhang mit der Pest, als den Juden besonders in der Mitte des 14. Jahrhunderts der Vorwurf der Brunnenvergiftung gemacht wurde, oder mit Ritualmordvorwürfen und der Hostienschändung. In der Frühen Neuzeit warf man Hostienschändung vor allem Hexen und Zauberern vor. Lediglich bei wenigen Totengräberprozessen, zum Beispiel bei dem Guhrauer Prozeß 1656, wurde die Brunnenvergiftung noch thematisiert. Statt dessen steht Giftpulver in seiner positiven und negativen Wirkung im Vordergrund. Der Ritualmord als nicht ausschließlich antijüdischer Vorwurf[53] trat überhaupt zurück. In Ansätzen läßt sich dieser Vorwurf in Hexenprozessen und eben in den Totengräberprozessen identifizieren. Mit den Totengräbern, ebenso wie mit Juden und Hexen, wollte man die Agenten des Satans unschädlich machen.

Auch Ketzern wurden Geheimversammlungen und perverse Unzucht sowie Kindsmord zur Herstellung magischer Mittel angelastet. Die Verfolgung von Teufelskult und ritueller Unzucht bei Ketzern, Juden und Totengräbern konnte bereits auf eine Tradition der Inquisition zurückgreifen. Im gesamten östlichen Mitteleuropa war zu Beginn des 14. Jahrhunderts die Vorstellung vom Ketzer als Teufelsdiener verbreitet. Den Schweidnitzer Waldensern wurde sogar eine gewisse Affinität zum Judentum nachgesagt.[54] Die Waldenserverfolgung 1315 ist ein Indiz für eine allmählich auch in Schlesien aufkommende Pogromstimmung, wo es ebenfalls zu Judenverfolgungen kam, weil man ein Bündnis zwischen Ketzern und Juden vermutete.[55]

Die Regionen, in denen Totengräberprozesse geführt wurden, befinden sich in ihrer Mehrzahl in Schlesien, wenige in Sachsen und Österreich. Hier fehlte die Bevölkerung jüdischen Glaubens. In Schlesien waren Juden bis auf zwei privilegierte Gemeinden vertrieben worden, und gerade Frankenstein besaß ab Mai 1514 das teuer erkaufte Vorrecht der Judenfreiheit.[56] Auch Hexenprozesse wurden in diesen Gebieten vergleichsweise wenige geführt. In Frankenstein, dem Ort, in dem gleich zwei aufsehenerregende Totengräberprozesse überliefert sind, gab es wohl nur eine Hexenhinrichtung im Jahr 1583 und 1653 eine Hexereianklage.

In Totengräberprozessen finden sich Elemente vor allem aus Hexen- und Judenverfolgungen. Sie bilden damit die Verbindung zwischen verschiedenen Verfolgungsmustern. Ein Vergleich von Verfolgungsmechanismen läßt Unterschiede und Gemeinsamkeiten klar hervortreten. Totengräber sind ebenso Opfer einer verunsicherten Gesellschaft, die über deren Kriminalisierung und grausame Hinrichtung ihre Ordnung wiederherzustellen versuchte. Historische Kriminalitätsforschung kann dies mit den Begriffen von Disziplinierung und sozialer Kontrolle deutlich machen. Verbrechen, Strafe und »Kriminalisierung« – der Vorgang, in dem eine Person(engruppe) zu Verbrechern erklärt wird – haben in der Frühen Neuzeit nicht nur mit einer neuen Interaktion von Herrschaft und Bevölkerung[57] zu tun, sondern ebenso mit den grundlegenden Lebenserfahrungen der Menschen.

Das Spektrum der den Totengräbern zur Last gelegten Delikte spiegelt neben der besonderen ›Abscheulichkeit‹ dieser Berufsgruppe auch den Zusammenbruch der öffentlichen Ordnung. In Pestzeiten wurde immer wieder der Anstieg insbesondere von Diebstahl und Unzucht beklagt. Der Magistrat in Frankenstein bemühte sich, die Amtspflichten nicht – wie vielerorts üblich – zu vernachlässigen, sondern durch seinen Aktionismus zu beweisen, daß er und die Gerichtsbarkeit funktionsfähig waren und schnell eingriffen, um die Ordnung wiederherzustellen. Denn – so hatte es der »Hexenhammer« vorgedacht – wurde kein Schuldiger gefunden, ›sündigte‹ die Obrigkeit und verursachte den Tod Unschuldiger.

Sie versuchte deshalb, gegen das Krisensymptom der in ihren Augen zunehmenden Brutalität und Aggressivität der Gesellschaft durch Kriminalisierung bestimmter Gruppen anzukämpfen. Ihr Instrument sollten Recht und Gesetz sein, auf deren Basis sie notfalls in kommunaler Eigeninitiative die Prozesse durchführte: »Weil kein Urtheil der Pest wegen hat können eingeholt werden, haben wir ihn auf diese Weise hinrichten lassen.«[58]

Die Gedankenwelt der Täter mag die Ereignisse verständlicher machen. Der grausame Tod der Opfer, neunzehn Frankensteiner als Sündenböcke einer krisengeschüttelten Gesellschaft, verliert deswegen dennoch nicht seinen Schrecken.

Gerd Schwerhoff

Verordnete Schande? Spätmittelalterliche und frühneuzeitliche Ehrenstrafen zwischen Rechtsakt und sozialer Sanktion

Der Pranger, an dem Verbrecher nach den Worten der frühneuzeitlichen Juristen zum allgemeinen »Hohn und Spott« ausgestellt wurden, war im späten Mittelalter und in der Frühen Neuzeit alles andere als ein Ort der Lächerlichkeit. Vielmehr stellte er ein wichtiges Symbol politischer Herrschaft dar. Während der Galgen meist vor den Mauern der Städte stand, befand sich der Pranger in ihrem Zentrum, am Rathaus oder auf dem Marktplatz. Obwohl auch als Strafinstrument im Bereich der niederen Gerichtsbarkeit eingesetzt, war er doch vor allem ein Attribut der Hochgerichtsbarkeit und damit zugleich ein Symbol politischer Herrschaft.[1]

Mit großer Verbissenheit stritten etwa der Kölner Stadtrat und der Erzbischof im Jahr 1610 über die Neuerrichtung eines Prangers an der Marspforte. Der dortige Schandpfahl gehörte in den Bereich des Hochgerichtes, das trotz weitgehender Autonomie der Stadt auf den Erzbischof als ehemaligen Stadtherren vereidigt war. Der Magistrat, der auf dem zentralen Altermarkt einen eigenen, städtischen ›Kax‹ unterhielt, verhinderte die Ersetzung des alten hölzernen Exemplars durch eine neue Ausfertigung aus Stein. Er mochte ein solches kurfürstliches Herrschaftszeichen mitten in der Stadt, einen Stachel im Fleisch seiner Selbstmächtigkeit, nicht dulden. Das Hochgericht seinerseits hielt hartnäckig an der Bestrafung von Delinquenten an diesem verfallenen Justizmonument fest, um seine Ansprüche zu bekräftigen.[2]

Der Pranger erscheint hier als Monument der Obrigkeit, die Ehrenstrafe selber als ein herrschaftlicher Rechtsakt. Doch weist das irritierende Moment des öffentlichen Hohns und Spotts eindeutig über das obrigkeitliche Handeln hinaus. Nicht zuletzt deswegen erschien vielen Rechtshistorikern diese Art des Strafens denn auch zutiefst suspekt. Theodor Harsters Urteil aus dem Jahr 1900 steht hier für viele:

»Nicht immer, am wenigstens bei den minder tief veranlagten Gaunern und Dirnen der Heerstrasse, erreichte diese aus ethischen Gesichtspunkten überhaupt sehr anfechtbare Strafe die beabsichtigte Wirkung, sondern artete recht häufig in eine Volksbelustigung aus, wenn beispielsweise die für solche Schauspiele stets äusserst dankbare Strassenjugend eine angestellte Dirne mit Hohnworten begrüßte und diese mit spitzer Zunge und oft nicht geringem Erfolg den Redekampf aufnahm.« Bezeichnend ist seine Ratlosigkeit darüber, ob es sich bei dem gelegentlichen Bewerfen der am Pranger Stehenden mit Kot um eine »beabsichtigte Strafschärfung« handelte oder ob hier lediglich die »Empörung des Publikums« zum Ausdruck kam.[3] Die Konsequenz aus dieser Irritation zieht der Rechtshistoriker Wolfgang Schild mit der Feststellung, nicht der Scharfrichter oder der Gerichtsbüttel habe eigentlich die Strafe vollzogen, sondern die Öffentlichkeit selbst. »In der Verspottung durch das Volk lag die eigentliche Strafe, die deshalb ›infam‹ machte. Die Ehrenstrafen waren niemals ›rechtliche‹ Strafen im modernen Sinn, sondern soziale Sanktionen.«[4]

So führt eine Analyse der Ehrenstrafe mitten hinein in das spannungsreiche Zusammenspiel zwischen herrschaftlichen und gesellschaftlichen Reaktionsweisen auf abweichendes Verhalten. Nur einige Aspekte können im folgenden behandelt werden, eine umfassendere Geschichte der Ehrenstrafen, die ihrer sozialen Bedeutung und historischen Dynamik gerecht werden könnte, fehlt.[5] Nach einigen Bemerkungen über die Wurzeln und Frühformen der Ehrenstrafen (I) wird es um die wichtigsten Ausprägungen von Pranger (II) und schimpflichem Aufzug (III) gehen, bevor die sanktionierten Delikte und die Häufigkeit der Anwendung erörtert werden (IV). Diesem Querschnitt folgt die Erörterung von Problemen, die mit Funktion, sozialer Reichweite und Wirkung der Ehrenstrafen zusammenhängen: die Risiken des öffentlichen Vollzuges sowie die sozial unterschiedliche Betroffenheit von Etablierten und Außenseitern (V); die Wirkungslosigkeit der Ehrenstrafen bei einem vorliegenden Dissens über das zugrundeliegende Vergehen (VI); auf der anderen Seite die Verschärfung der sozialen Auswirkungen im Verlauf der Frühen Neuzeit (VII). Schließlich sollen die Ehrenstrafen in den Kontext des alteuropäischen Ehrdiskurses gestellt (VIII) und am Ende die Ergebnisse knapp zusammengefaßt werden (IX).

I.

»Der Pranger ist eine Einrichtung der mittelalterlichen Strafjustiz«, so heißt es lakonisch in der einschlägigen Spezialuntersuchung; an anderer Stelle allerdings wird diese Charakterisierung deutlich relativiert mit dem Hinweis, daß die Prangerstrafe erst im Hochmittelalter auftaucht, dafür aber bis in das 19. Jahrhundert hinein praktiziert wird.[6] In den Quellen begegnet uns der Pranger – Synonyme sind u. a. Halseisen, Kax, Prechel, Schreiat oder Staupe, womit die regionalen Sondernamen noch längst nicht ausgeschöpft sind – seit Beginn des 13. Jahrhunderts, und zwar sowohl in Deutschland als auch in vielen anderen europäischen Ländern. Offenbar verbreitete er sich in Deutschland vom Süden und Westen her. Auch für die andere klassische Ehrenstrafe, das Steinetragen, findet sich der älteste Beleg in etwa zur gleichen Zeit, nämlich im Jahr 1182 in der Gründungsurkunde des Erzbischofs von Reims für Beaumont.[7] Voll entwickelt und in reichhaltiger Ausprägung sind die Ehrenstrafen dann seit dem 14. Jahrhundert vorfindbar, in der Stadt ebenso wie auf dem Land, im Bereich der Hoch- ebenso wie in dem der Niedergerichtsbarkeit.[8]

Ihr Ursprung ist noch nicht eingehender untersucht worden. Gerne wird darauf verwiesen, daß im Mittelalter schon die unrechte Tat an sich, ohne daß eine Strafe erfolgte, mit Recht- und Ehrlosigkeit verbunden war. Noch die Theresiana im 18. Jahrhundert beharrte darauf, daß nicht erst die Strafe, sondern schon die kriminelle Handlung unehrlich mache.[9] Der Prototyp einer unehrlichen Tat war für die mittelalterlichen Zeitgenossen der heimliche Diebstahl, während Totschlag als »erbar sach« angesehen wurde.[10] Dabei erscheint der Begriff der ›Rechtlosigkeit‹, der den Verlust der Gerichts-, Amts- und Zeugnisfähigkeit impliziert, wesentlich schärfer konturiert zu sein als der der Ehrlosigkeit. Als präzise umrissenes Element eines lückenlosen und logischen Strafrechtssystems der Vergangenheit – ohnehin eher ein nachträgliches Konstrukt der Rechtshistoriker als faßbare Wirklichkeit – läßt sich der Ehrverlust nur schwer begreifen.[11]

Auch wenn ehrenrührige Sanktionen und schimpfliche Bestrafungen erst im späten Mittelalter in größerem Umfang normativ festgeschrieben wurden, gibt es für die Zeit zuvor Nachrichten über sie. Auf eine der spektakulärsten Ehrenstrafen im hohen Mittelalter hat eine Untersuchung von Bernd Schwenk ein schärferes Licht geworfen.[12] Es handelt sich dabei um das Hundetragen, eine Variante der sogenannten Harmschar. Ein bekannter Fall ereignete sich 1155, als Kaiser Friedrich I. Barbarossa auf dem Reichstag zu Worms einige hohe Adlige, darunter seinen Verwandten Pfalzgraf Hermann von Stahleck, als Landfriedensbrecher eine deutsche Meile weit mitten durch die Stadt Hunde tragen ließ. Die Bedeutung dieser Strafe war ambivalent: Zum einen wird sie vom Chronisten Otto von Freising als Vorstrafe bzw. als Ersatz zur eigentlich verhängten Todesstrafe gedeutet, wobei das Leben der Täter »um den Preis der öffentlichen Verächtlichmachung«[13] geschont wurde; zum anderen, und darauf weist der Hund als Symbol der Treue hin, konnte das Hundetragen als Teil einer öffentlichen Versöhnungszeremonie verstanden werden, bei dem der Vasall ein Treueversprechen für die Zukunft ablegt und dem Herrscher und Richter Friedrich moralisch die gnädige Wiederaufnahme in seine Huld nahegelegt wurde. Die öffentliche Schandprozession, die Demütigung und Reuebereitschaft beinhaltete also die Aussicht auf eine erfolgreiche Reintegration und zielte nicht auf eine dauerhafte Ehrminderung und endgültigen Ausschluß. Und in der Tat finden wir die bestraften Adligen wie Hermann von Stahleck weiterhin in der Umgebung des Kaisers.[14]

Friedrich Barbarossa bzw. seine Frau Beatrix wurden von spätmittelalterlichen Chronisten auch mit einer anderen, historisch nicht sicher verbürgten Variante entehrender Schandprozessionen in Verbindung gebracht. Zur Verachtung des Herrschers hätten die Mailänder 1162 die Kaiserin umgekehrt, mit dem Gesicht zum Schwanz gewendet, auf einen Esel gesetzt und mitten durch die Stadt getrieben. Als Rache verhängte Friedrich nach der Eroberung und Einnehmung der Stadt die Strafe, daß jeder Mailänder, wollte er überleben, mit den Zähnen eine Feige aus der Scheide einer Eselin herausziehen und verschlingen sollte.[15]

Gleich, ob in diesem Fall Tatsache oder nur phantasievoll erfunden, das umgekehrte Reiten auf einem Esel, oft mit schandbarer Entblößung oder gar Nacktheit und meist unter aktiver Beteiligung der Menschen auf der Straße, die die Reiter mindestens mit Spott und Hohn, wenn nicht mit Kot und Steinen überschütteten, ist häufig überliefert. Schandprozessionen wie die geschilderten sind seit dem frühen Mittelalter nachweisbar, entweder als reguläre Gnadenstrafen anstelle der eigentlich verhängten Todesstrafe oder als außerrechtliches Spottritual.

Zu einer regelmäßig angewandten Strafe wurde dieser offenbar byzantinischem Vorbild folgende Ritus allerdings erst im späten Mittelalter, zunächst in romanischen Ländern, später dann in Deutschland. Als Strafe für Ehebrecher(innen) und für Frauen, die ihre Männer schlugen bzw. Männer, die sich schlagen ließen, scheint sie zu einem Teil der Rügegerichtsbarkeit geworden zu sein.[16]

Pranger und Lastersteine markieren eine neue Stufe in der Entwicklung der Strafe. Man wird sie in den Kontext des entstehenden Gefüges öffentlicher und obrigkeitlich verhängter peinlicher Sanktionen einordnen müssen, das in einem jahrhundertelangen Prozeß das archaische System von Selbsthilfe und Sühne ablöste. Im Gefolge dieser Entwicklung, die als ›Kriminalisierung des Strafrechts‹ oder gar als Geburt des eigentlichen öffentlichen Strafrechts im Gefolge der Landfriedensbewegung bezeichnet worden ist, verfestigten sich auch die Ehrenstrafen.[17] Die Obrigkeiten und Gerichtsherren übernahmen und systematisierten im Verlauf dieses Prozesses gleichsam Sanktionen, die von kleineren und überschaubareren Gemeinschaften schon seit langem und eher informell verhängt worden waren. Hier mag die Feststellung von Wilhelm Ebel Berechtigung haben, daß im Lübischen Recht der ›Kaak‹ ursprünglich ein »kommunales, genossenschaftliches Strafmittel« gewesen sei, das dann vom stadtherrlichen Gericht übernommen worden sei.[18]

Allerdings kann man kaum von einer Enteignung der sozialen Gemeinschaft durch den entstehenden Staat sprechen: Zum einen blieb der konstitutive Anteil der Gesellschaft am Vollzug der Ehrenstrafen erhalten; ohne die Beteiligung einer »Öffentlichkeit« war er undenkbar. Zum anderen zeichnen sich die Ehrsanktionen gerade dadurch aus, daß sie wie kaum eine andere Sanktionsart flexibel in allen Rechtssphären einsetzbar blieben, vom Hochgericht über den niedergerichtlichen Bereich bis hin zu den kaum schriftlich fixierten, gewohnheitsrechtlich begründeten Rügeformen der Nachbarschaften und peer-groups.

Ein Teil der Ehrenstrafen stammt aus einem sehr klar bestimmbaren Kontext, nämlich aus dem Bereich der Kirche. Die Kirchenbuße dürfte im Lauf des Mittelalters aus der feierlichen öffentlichen Buße und Rekonziliation der Büßer im Rahmen der Gründonnerstagsliturgie hervorgegangen sein. Spätestens im 15. Jahrhundert wurde sie als Kriminalstrafe von weltlichen Gerichten und Behörden übernommen, eine Entwicklung, die durch das Staatskirchentum nach der Reformation weitere Impulse erhielt. Typisch erscheint z. B., wenn in den 1530er Jahren am Niederrhein oder in Westfalen reumütige Wiedertäufer gnadenhalber durch eine öffentliche Bußprozession mit Kerzen in der Hand und in ein Büßerhemd gewandet in oder um die Kirche geführt werden. Selbst als Ersatz für eine erlassene Todesstrafe konnte die Kirchenbuße dienen wie 1579 im Fall eines Totschlägers in Schötmar.[19] Auch die Strafe der Lastersteine, eigentlich archaischeren Ursprungs, wurde von den Zeitgenossen christlich ausgedeutet, als Symbol für die schwere Sündenlast oder als Anspielung auf die Mühlsteine des Evangeliums.[20]

Noch deutlicher kann die idealtypische Entwicklung der Kerzensymbolik nachgezeichnet werden. Die Kerze ›wandert‹ vom freiwilligen religiösen Sühneopfer in das kirchliche Bußrecht, wo sie eine zentrale Rolle spielt; von dort wird sie in das profane Recht erst als Sühne, dann als Strafe übernommen. Wir finden sie dann auch als Bestandteil spätmittelalterlicher Sühneverträge für Totschlag oder, wie erwähnt, von Kirchenbußen, die von weltlichen Obrigkeiten verhängt wurden. Am Abschluß dieser Entwicklung steht ihre Übernahme in ein – rein rechtlich betrachtet – weltliches Strafritual wie das Kerzen-und-Steine-Tragen in der Reichsstadt Köln.[21]

II.

Einer reichhaltigen und differenzierten Sprache der Ehre entsprechen die verschiedensten Ausprägungen der Ehrenstrafen. Diese erscheinen im Süden und Westen des Alten Reiches vielfältiger als im Norden und Osten, die Frühe Neuzeit kannte wohl insgesamt mehr als das Mittelalter. Rechtshistorische Lehrbücher haben das Panoptikum dieser Sanktionen – mit einer Mischung aus Amusement und Mißbilligung – ausführlich dargestellt,[22] so daß hier auf eine weitere Aufzählung verzichtet werden kann. Nur die wesentlichen Ausprägungen von Pranger und schimpflichem Aufzug sollen im folgenden vorgestellt werden.

Dabei war der Schandpfahl keineswegs das einzige immobile Ehrstrafeninstrument, daneben existierten in reicher regionaler Differenzierung Wippgalgen, Prelle, Schuppestuhl, Lasterkorb und/oder Narrenhäuslein.[23] Schon hinter der Prangerstrafe verbarg sich eine Vielzahl von Instrumenten und Vollzugsgebräuchen. Das Halseisen, das metallene Band, mit dem der Delinquent festgekettet wurde, war gewöhnlich an einen Pfahl gebunden (dem es in vielen Gebieten denn auch den

Namen gab), konnte aber auch einfach in die Kirchen- oder Rathausmauer eingelassen sein. Die jeweilige Ausgestaltung des Prangers reichte vom einfachen hölzernen Schandpfahl über die steinerne, erhöht auf einem Podest stehende Schandsäule bis hin zur kunstvoll gefertigten, oft mit Figuren geschmückten Schandbühne oder dem Gehäusepranger, der mit einer Plattform, gelegentlich auch mit Gitterwerk oder im Unterbau mit einer ›Torenkiste‹ (etwa in Rostock) versehen war. Marktplatz, Rathausplatz oder auch der Platz vor der Kirche waren die typischen Örtlichkeiten. Dabei konnte es an einem Ort durchaus mehrere Pranger geben. Frankfurt soll zeitweilig über sieben Halseisen an verschiedenen Plätzen verfügt haben; in der Regel fand der Strafvollzug am Römer statt, doch konnte man aus gegebenem Anlaß auf weniger zentrale Örtlichkeiten ausweichen wie im Jahr 1634, als man den dort aus und ein gehenden Gesandten des evangelischen Städtebundes den Anblick der Delinquenten ersparen wollte.[24]

Ein Grund für die Existenz mehrerer Pranger konnte in der Konkurrenz verschiedener Gerichtsinstanzen liegen, wie das Beispiel der Stadt Köln zeigt; wo diese Strafe sowohl durch die Hoch- als auch durch die Niedergerichte verhängt wurde, benutzte man separate Schandpfähle. Von dem Bemühen, verschiedene Abstufungen der Ehrabschneidung zu unterscheiden, wird noch zu reden sein.

Die am Pranger verbrachte Zeit war oft nicht klar bemessen. Die Spanne reichte im allgemeinen von einer viertel Stunde bis zu einem halben Tag mit der Tendenz zur Reduzierung in der späteren Zeit. Für das Hildesheim des späten 15. Jahrhunderts erzählt Henning Brandis in seinem Tagebuch von einem Gewalttäter, den er vor dem Rathaus in das Halseisen spannen ließ: »...dar stunt he lange tyt unde vel volkes leip af unde an«.[25]

Die Begleitumstände der Prangerstrafe lassen sich nur im Einzelfall aus den Quellen erschließen. Gut dokumentiert ist das obrigkeitliche Bemühen, durch symbolische oder schriftliche Hinweise die Entehrung zu verschärfen und den Sinn der Strafe zu verdeutlichen. Dabei konnte der Delinquent einmal durch Objekte, die mit seiner Missetat in Zusammenhang standen, geschmäht werden: Der Betrüger mußte etwa mit einem falschen Scheffel mit eingeschlagenem Boden am Pranger stehen, der Holzdieb bekam einen Klafter Holz umgehängt, der Obstdieb Äpfel und Birnen an einer Schnur. Als Zeichen für die eigentlich verwirkte schärfere Strafe konnte der Delinquent auch mit einer Rute oder mit einem Besen ausgestattet werden. Oft sind die Gegenstände nur auf einer Tafel oder auf einer Papiermütze abgebildet, die als ›Infulc oder ›Eiffel‹ (von lat. infula = Stirnbinde; auch Mitra, Bischofshut) bezeichnet wurden. Der Nürnberger Chronist Heinrich Deichsler beschreibt für das Jahr 1489 die öffentliche Ausstellung einer Frau: »het ein papierein infel auf, teufel daran gemalt; verpot ir die stat; het zaubert«.[26] Einem Gemüsedieb wurde in Frankfurt 1599 am Halseisen eine offenbar individuell gefertigte »Eiffel« mit darauf abgebildeten Krautköpfen und Zwiebeln aufgesetzt. In Speyer verwahrte man unter den Malefizinstrumenten »ein papieren hut, daran ein paffen und huren gelach gemahlet, so man den unzüchtigen pegken unnd kuplerin am pranger pflegt ufzusetzen«. Noch sparsamer war die Praxis in Schwäbisch-Hall, wo den Verurteilten auf einer Tafel ein stichwortartiger Steckbrief mit Aufschriften wie »Leutbetrüger«, »Flucher«, »Gotteslästerer«, »Trunkenbold«, »Erzdiebin«, »Stadt- und Landhur« um den Hals gehängt wurde. Eine umgehängte Tafel mit Aufschrift »du sollst nicht falsch schwören«, die sich in Freiburg 1762 direkt an die Zuschauer richtet, unterstreicht die generalpräventive Absicht der Ehrenstrafen.[27]

Häufig, wenn nicht sogar meistens wurde das Prangerstehen in Kombination mit anderen Leibesstrafen und mit der Strafe der Stadt- oder Landesverweisung verhängt. Das erklärt die Uneinigkeit der zeitgenössischen Juristen in der Frage, ob die Prangerstrafe selber eine Leibesstrafe sei oder nicht.[28] Auf jeden Fall haftete den am Pranger öffentlich vollstreckten Züchtigungen ein starkes ehrvernichtendes Element an.

Typischerweise wurde die Prangerstrafe mit der öffentlichen ›Ausstäupung‹ kombiniert, oft auch mit dem anschließenden Verweis aus Stadt und Land. So beschloß der Frankfurter Rat etwa 1443 über einen Betrüger, »den kue milcher an das halseissen slahen und ine mit ruden uss der stad triben umb siner bosheit, beschissery und zeubery willen«.[29] Eine sehr wichtige Differenzierung im Grad der Entehrung ergibt sich aus der Person des Züchtigers: Die Vollstreckung durch die Gerichts- oder Stadtdiener erschien weniger ehrantastend als die durch den Henker. Auch die Unterscheidung in Pranger und Schandpfahl hatte ihren tieferen Grund in der unterschiedlichen Person desjenigen, der die Strafen vollstreckte. Am wenigsten entehrend wirkte somit die nichtöffentliche Ausprügelung durch die Stadtbüttel; deswegen wurde sie etwa von den Kölner Stadtvätern zur Besserung jugendlicher Missetäter verwandt.[30]

Am Pranger wurden auch die meisten der grausamen Verstümmelungsstrafen vollzogen, etwa das Ausstechen der Augen, das Abschneiden der Ohren oder vor allem die Brandmarkung. Es bedarf keiner näheren Erörterung, daß derartige »Kainsmale für heimliche Verbrecher« besonders ehrabschneidende Wirkungen hatten. Ein Würzburger Bürger wollte sich 1389 vom Stadtgericht ausdrücklich bescheinigen lassen, daß er sein bei einer Schlägerei abgehauenes Ohr nicht durch die Strafe verloren hatte, weil es ihm »sonst an seinem handwerk nachteilig« sei.[31] Bei der Brandmarkung handelte es sich um die nota infamiae schlechthin. 1698 sah sich Franz Harkes Frau in Plön genötigt, ihre Ehre zu verteidigen mit den Worten, »daß sie den, der ihr nachredete, daß sie eine Brandmarke hätte, für einen Schelm hielte...«[32] Gebrannt wurden die Delinquenten auf die Stirn, durch die Backen oder auf den Rücken, wobei das Brandeisen die Form eines Kreuzes, des Stadtwappens oder auch des Galgens hatte.[33]

Das Brandzeichen des Galgens verweist darauf, daß auch die Todesstrafen – abgesehen von der ›ehrlichen‹ Hinrichtung durch das Schwert – einen ehrvernichtenden Aspekt hatten. Das galt insbesondere für das Hängen. Um den Galgen drehte sich eine ganze Semantik der Unehre. In Schandgemälden und Scheltbriefen wurde ein säumiger Schuldner in drastischer Übersteigerung seines Vergehens bzw. der zu erwartenden Strafe am Galgen hängend dargestellt.[34] Dem Frankfurter Rat erschien offenbar die Unehrenhaftigkeit mancher Strafen noch nicht ausreichend; deshalb ließ er vielen Todeskandidaten – insbesondere Fälschern, Ketzern und Kirchenräubern, die auf dem Scheiterhaufen endeten – bemalte Papierhüte fertigen, die denen der am Pranger Ausgestellten glichen. Auch gestohlene Gegenstände und falsche Karten oder Würfel wurden den Hinzurichtenden um den Hals gehängt. Und Gewaltverbrechern, die auch Diebstahl begangen hatten, wurde neben der Strafe des Räderns auch symbolisch der Galgen bereitet.[35]

III.

Die zweite Hauptform der Ehrenstrafe war der ›schimpfliche Aufzug‹, ihre typische Ausprägung bestand im Steinetragen. Gelegentlich stand diese Sanktion in enger Verbindung mit dem Pranger, die Steine wurden dann an diesem Ort aufbewahrt, und die Schandprozession bewegte sich um ihn herum. So wurde 1522 Grete Gremme in Soest wegen Unzucht dreimal um den ›Kack‹ herumgeführt; dann wurden ihr vom Büttel die durch eine Kette verbundenen Schandsteine um den Hals gehängt, die sie unter Trommelschlagen der Stadtdiener durch die Stadt tragen mußte.[36] Ähnlich wie hier wurde diese Strafe, die vor allem, aber nicht ausschließlich gegen Frauen verhängt wurde, auch anderswo gestaltet. Das Aussehen der Steine konnte von der Kugelgestalt bis zur groben künstlerischen Bearbeitung (Frauengesichter, Tiergestalten) reichen. Auch das Ritual der Prozession selber konnte variieren. So mußten sich in Dortmund zwei verurteilte Frauen gegenseitig mit einem Stock quer durch die Stadt treiben.[37]

Das Steinetragen stellt nur die wichtigste Variante der vielfältigen Schandinstrumente und schimpflichen Prozessionen dar, die in den Quellen überliefert sind. So wurden in Schwäbisch-Hall im 17. Jahrhundert die Steine durch die ›Geige‹ ersetzt, einen hölzernen, um den Hals zu legenden Kragen. In Breslau mußten ab den 1570er Jahren Frauen und Diebe in Ketten oder in Fässern die Straße kehren. In Schlettstadt war schon 1374 für Bigamisten verfügt worden, sie sollten drei Sonntage hintereinander um die Kirche gehen »mit einem rade, barfus, barhoupt und in dem hemede«.[38]

Diese Beschreibung erinnert daran, daß neben den Instrumenten auch das Äußere der Delinquenten zum entehrenden Ritual beitrug. Nicht nur wurde ihnen verboten, sich hinter Hüten und Schleiern zu verstekken; sie mußten darüber hinaus in einfacher Kleidung antreten, etwa im Untergewand wie in Speyer; damit wurden sie ihrer Identität beraubt und eventueller Standesattribute entledigt.[39] Wenn der Aspekt der Kirchenbuße dabei eine dominante Rolle spielte, war dies u. a. in der Kleidung der Delinquenten ablesbar wie bei der Dienstmagd in Danzig 1560, die das Kind ihrer Herrschaft fahrlässig im Bett erdrückt hatte: Sie mußte »an drei aufeinanderfolgenden Sonntagen in einem weißen Kleid und einem weißen Tuch auf dem Kopf und einer brennenden Kerze in der Hand vor dem Hochaltar in der Marienkirche (der größten

Kirche Danzigs) stehen« vom Anfang bis zum Ende der Messe.[40] Daß bei der Verbindung mit Leibesstrafen die schändliche Entblößung eine Rolle spielte, liegt nahe. 1378 wurde ein Meineidiger in Rothenburg »mit blozzen hemde« aus der Stadt geprügelt. Bei der Ausstäupung in Vorarlberg wurden die Delinquenten »biß uff die gurtell hinab« entblößt. Umgekehrt konnte auch das Tragen bestimmter Kleidung als entehrende Sanktion verordnet werden. So sollten nach einer Urkunde von 1417 in Basel liederliche junge Männer 14 Tage lang einen gelben Kugelhut ohne Zipfel und darauf drei große schwarze Würfel mit großen weißen Augen tragen, was als Nachbildung des Judenhutes gedeutet wird.[41] Gleichsam die perfekte Verschmelzung des Tragens eines Gegenstandes und der schimpflichen Tracht stellte ein Schandmantel wie die hölzerne ›Heucke‹ in Köln dar.

Waffen-, Kirchen- und Wirtshausverbote lassen sich vielerorts als konkrete Sanktionen für deviantes Verhalten nachweisen. Seit dem Ausgang des 15. Jahrhunderts entwickelten sich z. B. in Vorarlberg abgestufte Einschränkungen für die Teilnahme am öffentlichen Leben zu Regelstrafen. Die Brüder Hans und Jos Kueni aus Nenzing mußten sich 1492 in Bludenz eidlich verpflichten, in den folgenden zwei Jahren in den umliegenden Ämtern keine Waffen außer einem Brotmesser mit abgebrochener Spitze zu tragen. Noch schwerer traf es 1512 Hans Metzler, der wegen Beihilfe zur Falschmünzerei eigentlich zu einer schweren Körperstrafe verurteilt worden war. Er wurde nach öffentlicher Stäupung mit der Auflage entlassen, sein Leben lang keine anderen Waffen zu tragen als ein abgebrochenes Messer, kein Zechgelage mehr zu besuchen und in der Kirche »allwegen dahinden und nit vor fromen luten [zu] stan«. Der Dieb Cristly Schucz durfte zusätzlich zu diesen Auflagen 1518 in keine offene Badestube »under biderb lut« mehr gehen. Das Kirchspiel durfte er umgekehrt nur verlassen, wenn er »zu den hailgen gen« wollte, also auf Wallfahrt. Peter Ritter schließlich, der 1528 wegen eines hinterhältigen Tötungsversuches und Friedensbruchs zum Tode verurteilt, dann aber begnadigt wurde, schloß seinen Urfehdeeid mit der langen Aufzählung von Verboten mit dem Satz: »Item ich sol uff kainem plaz kain wil sten noch beliben ...«[42] Nicht erst hier stellt sich das Problem der Kontrolle: Konnte, und vor allem wollte die soziale Gemeinschaft ein derartig rigides Auflagensystem überwachen? Schließlich bedeuteten die Auflagen für Peter Ritter zugleich Einschränkungen für alle, die mit ihm Umgang pflegten.

Das mögliche Spektrum entehrender Strafen ist weit gespannt und mit den genannten Aspekten keineswegs erschöpfend behandelt. Zu erinnern ist z. B. an die Vielzahl informeller Rügebräuche. Dazu zählte etwa das Dachabdecken als gebräuchliche nachbarschaftliche Rügeform für einen Mann, der sich von seiner Frau schlagen ließ, wie es etwa Hans Ziegler in Lülsfeld 1670 passierte. Dazu gehörte auch das oft zitierte Charivari, die Katzenmusik, eine öffentliche entehrende Ballade, vorgetragen meist nachts durch eine Horde junger Männer, typischerweise zur Verspottung von ungleichen Hochzeitspaaren. Eine enge Verbindung mit anderen Rügebräuchen wird hier dadurch sichtbar, daß manchmal das umgekehrte Reiten auf dem Esel ein Bestandteil dieses Rituals war. Oft wurde es in Verbindung mit dem Karneval vollzogen, wodurch die Akzeptanz erhöht wurde.[43]

Mit den öffentlich entehrenden Strafritualen ist das Thema bei weitem noch nicht erschöpft. Auch nichtöffentliche Sanktionen konnten entehrende Wirkung entfalten, wie am Beispiel der Freiheitsstrafen leicht zu zeigen wäre. Zunehmend wurde in der Frühen Neuzeit vom entehrenden Malefizgefängnis eine ›bürgerliche Custodie‹ unterschieden, um etwa Schuldhäftlinge nicht in unangenehme Nachbarschaft von Verbrechern zu bringen. Auch die Zuchthausstrafe drohte im 18. Jahrhundert, ganz im Gegensatz zur Intention der Urheber, einen Häftling zu infamieren.[44] Schließlich ist daran zu erinnern, daß manchmal schon das Strafverfahren selber, insbesondere die Folter und damit die Antastung durch den Henker, ehrmindernde Effekte haben konnte.

IV.

Mit der Vielfältigkeit der Ausprägungen korrespondierte diejenige ihrer Anwendung: Es gab kaum ein Delikt, für das der Pranger oder vergleichbare Schandinstrumente keine mögliche Sanktionsform darstellten. Gotteslästerung und Meineid gehören ebenso dazu wie andere Varianten sittlicher, moralischer und sexueller Verfehlungen. Mit Vorliebe wurden Fälschungen aller Art durch Ehrenstrafen sanktioniert. So kam es 1435 zu einer strengen Bestrafung des Kölner Gastwirts Christian Kolner. »Der win was dat jair snoede ind hei hedde in gerne soisse gemacht, dat de lude in de liever gedrunken hedde«, heißt es in einer

Chronik. Weil sie den Wein mit süßen Beeren versetzt hatten, legte man ihm und seiner Frau einen Beerenkranz in Form eines Paternosters um den Hals, stellte sie an ein Faß gebunden auf einen Karren unter dem Pranger, führte sie nach der Hochmesse im Dom aus der Severinspforte zur Stadt hinaus und verbannte sie. Nur durch Fürsprache des Grafen von Moers blieben sie am Leben.[45] Betrüger und Warenfälscher wurden oft, z. B. in Wismar, »to den tenen«, d. h. durch die Backe gebrannt, wie jener Mann im 15. Jahrhundert, der sich »gaf enen anderen namen unde borghede darmede van den luden want unde ander gut«.[46]

Falschspieler bestrafte man oft sehr hart. 1426 wurden in Bamberg drei Männern, die mit entsprechenden Utensilien verhaftet worden waren (»hölczlein, die kerben haben, pösen würfeln, einem vergulten gröschlein, falschen steinen«), am Pranger die Augen ausgestochen. Sie schworen Urfehde, also Racheverzicht, aber offenbar wurden das Urteil von ihren Freunden als zu hart empfunden, denn kurz darauf wurde ein Bauer Chuncz Erber und andere Männer verhaftet, weil sie »doman den obgenanten drein ire awgen außstach« gesagt hatten, »er und ander wolten daz gen der stat und dem nachrichter nymmer ungerochen laßen«. Für eine andere Art von Betrug mußte 1441 Erasmus Swertfege von Nördlingen seine Strafe erleiden: Er stand am Pranger und wurde zur Stadt hinausgeprügelt, »umb das er ein monstranzen hett, und darynnen ein slecht synwel holcz in seyden tüchlein verhefft was, und fürgabe wie darynn were Sannd Bartholomes Sannd Sygmunds Sannt Linhards Sannd Barbara, Sannd Kathrein und ander heiligen heiligtum und auch mit zettelein daran geschrieben stunde, des alles nicht was dann das vorgemelt holcz«.[47]

Zur Symbolik der Ehrenstrafe bei derartigen Delikten zählt sicherlich das Bemühen, gerade heimliche und als hinterhältig empfundene Vergehen öffentlich zu machen und den Täter der Verachtung preiszugeben. Das gilt auch und gerade für den Diebstahl. An sich ein todeswürdiges Verbrechen und mit der schimpflichen Galgenstrafe bedroht, wurden leichtere Diebstähle regelmäßig am Pranger abgestraft. Frauen wie Männer waren von derartigen Strafen, meist mit Leibesstrafen verbunden, bedroht. So mußte Anna Vischerin 1416 in Bamberg der Stadt verschwören, »von des gelts wegen, daz sie den lewten auß den pewteln gesniten und gestoln hat… Und dorumb man ir bede oren abgesniten und sie darczu in ir stirn geprant hat«.[48] Mit heimlichen Handlungen waren auch andere von Frauen begangene und mit dem Schandpfahl

sanktionierte Handlungen verknüpft. So hatte Kunigunde Kaimm von Braitenbrunn ihrem Mann Spinnen zu essen gegeben, was zur Scheidung und zur Verurteilung zu Pranger und Landesverweis durch den Offizial führte. In der Mitte des 16. Jahrhunderts wurde auch der Kindesmord im Fränkischen öfter mit Pranger, Brandmarkung und Landesverweis bestraft.[49]
Von Ehrenstrafen waren prinzipiell Frauen und Männer betroffen, doch gibt es Anzeichen für eine Verknüpfung mit geschlechtsspezifischer Devianz. So wurde in Breslau 1578 eine Frau, die in Männerkleidern in der Stadt herumgelaufen war und »so ihr Geschlecht verleugnet hatte«, in das Narrengätterle gestellt.[50] Geschlechtsspezifisch war ursprünglich auch die Strafe des Steinetragens gedacht, die allgemein als eine Sanktion für ›zänkische Frauen‹ galt. In Reval mußte 1477 die Frau des Unterküsters vor Schweinehirten den Schandstein tragen, weil sie die Frau eines Schuhmachers als Hure beschimpft hatte und das nicht beweisen konnte.[51] Weder die Beschränkung auf Frauen noch auf ein bestimmtes Delikt scheint sich durchgehalten zu haben. So wurde in Köln z.B. das Tragen von Steinen und Kerzen als allgemeine Unzuchtsstrafe für Frauen und Männer verhängt. Aber auch in späterer Zeit finden sich Belege dafür, daß eher Frauen als Männer öffentlicher Schande unterworfen wurden, ja sogar für ihre deutliche Benachteiligung. In Gerolzhofen wurde 1658 ein Ratsmitglied, das mit einer verheirateten Frau die Ehe gebrochen hatte, seines Amtes entsetzt, durfte aber wählen, ob er dreimal mit Ruten und Kerzen vor der Kirche Buße tun oder 100 Reichstaler zur Buße geben wollte; seine Mittäterin Margaretha aber mußte die Kirchenbuße an drei Sonntagen verrichten.[52]

Wie häufig wurden Ehrenstrafen angewandt? Cesare Beccaria, der bekannte Kritiker der inhumanen Strafpraktiken des Ancien Régime, war der Meinung, sie dürften nicht zu oft verhängt werden, um ihre Wirkung nicht abzunutzen.[53] Beispiele aus dem Norden Deutschlands zeigen, daß sich die von ihm bekämpfte Justiz oft an dieses Prinzip gehalten hat. ›Reine‹ Ehrenstrafen waren hier rar. In der Reichsstadt Köln wurde das Sitzen auf dem ›Kax‹ im 16. Jahrhundert durchschnittlich vielleicht alle fünf Jahre einmal verhängt. Häufiger kann man in der Rheinmetropole eine Verknüpfung des Prangers mit anderen Körperstrafen beobachten.
Die zweite wichtige Ehrenstrafe, das Tragen von Steinen und Kerzen

wegen sexueller Verfehlungen, war zunächst eine Strafe für sich, verband sich aber im Verlauf des 16. Jahrhunderts immer enger mit dem Stadtverweis. Mit der sozialen ging folglich die räumliche Ausgrenzung einher. Umgekehrt unterstrich der Vollzug von schmerzlichen, aber zusätzlich entehrenden Strafen am Pranger dessen Charakter als Instrument dauerhafter Stigmatisierung. Dieser Trend scheint, obwohl noch nicht näher untersucht, auf andere Regionen und Städte im wesentlichen übertragbar zu sein.[54] Dabei ging allerdings der Bereich der sichtbaren Stigmatisierung im Verlauf der Frühen Neuzeit eher zurück. Auch im späten Mittelalter, der hohen Zeit schwerer Körperstrafen wie Augenausstechen, Hand oder Finger abhacken oder Ohren abschneiden, nahmen diese Strafen quantitativ keinen sehr großen Raum ein. Im 16. und 17. Jahrhundert ging die Zahl dieser schweren Leibesstrafen zurück; die klassische und durchaus massenhaft angewandte Bestrafung für Vergehen aller Art stellte dann das Stäupen am Pranger mit anschließender Verweisung dar.[55]

Auch im Bereich der Niedergerichtsbarkeit gibt es norddeutsche Beispiele für die seltene Anwendung von Ehrenstrafen. So machten die Schandstrafen in der Grafschaft Lippe, wo der Schandpfahl im 17. und 18. Jahrhundert eine der schwersten Sanktionsformen überhaupt darstellte, keine zwei Prozent aus.[56] Für Süddeutschland allerdings scheint sich die Sache anders darzustellen, hier konstatieren die Forscher eine Neigung zur häufigen Ehrstrafenanwendung. Zahlen sind allerdings rar. Im einige tausend Menschen umfassenden Jurisdiktionsbereich des Reichsstifts Salem wurden zwischen dem Februar 1751 und dem Juli 1758 nach den Forschungen Peter Wettmann-Jungbluts von 351 insgesamt angeklagten Personen 115, also rund ein Drittel, einer Ehrenstrafe unterworfen, nämlich 55 der öffentlichen Vorstellung, 36 der ›Geige‹ bzw. dem ›spanischen Mantel‹, und 24 wurden für einige Stunden ins ›Narrenhäusel‹ bzw. den ›Ganter‹ gesteckt.[57] Offensichtlich scheinen also die regionalen Unterschiede der Justizpraxis groß gewesen zu sein; will man die Funktionsweise und Wirkungen der Ehrenstrafen diskutieren, dann müssen diese Unterschiede mit ins Kalkül gezogen werden.

V.

Zu den konstitutiven Merkmalen der Ehrenstrafe gehörte ihr öffentlicher Charakter. Und weil öffentliche Reaktionen nur begrenzt zu beeinflussen und zu lenken sind, mußte der Umsetzung derartiger Strafen immer ein gewisses Risiko anhaften. Die Möglichkeit eines Scheiterns war nicht auszuschließen.[58] So konnte einem Gefangenen die Flucht vom Pranger gelingen: Die Nürnberger Malefizbücher berichten zum Jahr 1508 von einem Nadler, der an den Pranger gestellt wurde. Weil aber versäumt worden war, ihm rechtzeitig das Halseisen anzulegen, sprang er vom Pranger, mischte sich unter das umstehende Volk und flüchtete in das Augustinerkloster. Von hier aus gelang es ihm, eine Umwandlung in eine – wesentlich längere – Turmstrafe in Verhandlungen mit dem Rat zu erreichen.[59]

Auch der hartnäckige Widerstand eines Delinquenten konnte mitunter von Erfolg gekrönt sein, wie das Beispiel Peter Dettmeyers, vulgo der Springer genannt, in Frankfurt 1680 zeigt. Wegen Diebstahls war er zu Brandmarkung, Halseisen und Ausweisung verurteilt worden. Vor der Urteilsvollstreckung kam es zum Eklat. Er hat sich »gantz ungebärdig gestellt und Ihne eher der tausendmahl in stücken hauen oder wo er es verdienet aufhenken zu lassen gebeten«. Die Schöffen beratschlagten sich, »indessen die execution, worauf das häufig versamblete Volck mit verlangen gewartet in etwas verzogen«; sie beschlossen schließlich, ihm die Brandmarkung zu erlassen.[60]

Die Frankfurter Bevölkerung erscheint hier zunächst als Faktor, der die Urteilsvollstreckung beschleunigte und erwartete. Aber die Unsicherheit der öffentlichen Stimmung veranlaßte die Schöffen doch, ihr Urteil zu revidieren, um nicht unwägbare Reaktionen zu provozieren. Das Mitleid mit dem armen Sünder konnte allzuleicht in Mißmut gegenüber der Justiz umschlagen. Schließlich konnte ein couragierter Delinquent das Medium der Öffentlichkeit für sich nutzen und damit den Spieß gleichsam herumdrehen.

Als Claus Rikenberg mit seiner Konkubine 1527 in Rostock auf den Kaak gesetzt wurde, rief er mit lauter Stimme, man wolle an ihm ein unrechtmäßiges Exempel statuieren, es gebe Bürgermeister und Ratsherren, die ihren Dienstmägden Kinder machen und sie dann mit ihren Knechten verheiraten würden. Er drohte dem Rat Rache an.[61] Rikenberg instrumentalisierte die unfreiwillige Öffentlichkeit zu einer Anklage gegen die ›Klassenjustiz‹ der Mächtigen, der Rat stand nun seinerseits am ›Pranger‹.

Akzeptiert man die Tatsache, daß die Öffentlichkeit bei weitem nicht immer so funktionierte, wie die Richter es sich wünschten, dann stellt sich mit Nachdruck die nur scheinbar paradoxe Frage, ob die Ehrenstrafe tatsächlich ›unehrlich‹ machte. Die Rechtsgeschichte verweist in diesem Zusammenhang lediglich auf die Unterscheidung zwischen Schand- und Ehrenstrafe, wobei die erstere keine dauerhafte Ehrminderung zur Folge gehabt, die zweite dagegen einen unauslöschlichen Makel nach sich gezogen hätte.[62] Eine solche starre Unterscheidung berücksichtigt weder angemessen die komplizierte soziale Wirklichkeit noch den historischen Wandel.
Die soziale Realität der Ehrenstrafe kann kaum abstrakt bestimmt werden, sondern lediglich unter Berücksichtigung des sozialen Status der Betroffenen; für einen ›Einheimischen‹ stellten Pranger und Lastersteine eine weitaus fundamentalere Gefahr dar als für einen Fremden (zumal, wenn die Ausweisung damit verbunden war), ein reicher Bürger hatte mehr Prestige und Ehre zu verlieren als ein armer Schlucker. Dramatische Proteste von Verurteilten gegen den Vollzug der Prangerstrafe belegen mit hinreichender Deutlichkeit, wie sehr sie die Vernichtung ihres sozialen Lebens fürchteten.[63] So verkündete der wegen Ehebruchs und Übertretung des Stadtverbotes zu Pranger und Steinetragen verurteilte ehemalige Schreiber in städtischen Diensten Gerhard Schlecht 1591 in Köln pathetisch, er wolle lieber sterben und sich hinrichten lassen als die angekündigte Schmähung zu erleiden.[64]
Allerdings ergaben sich für ortsansässige Menschen häufig zwei Wege, um an der öffentlichen Entehrung vorbeizukommen: die Ablösung mit Geld und die Fürbitte. Natürlich sind nicht vollzogene Ehrenstrafen schwer in den Quellen nachweisbar, aber es gibt doch einige Hinweise. 1652 vermerkte ein bairischer Rentmeister bei einem Aufenthalt im Kloster Gnadenberg, daß man die Gotteslästerer öfter mit Geld als mit öffentlichen Schandstrafen bedacht habe. Durch Quellen, die über die Verhandlungen hinter den Kulissen Aufschluß geben, erfahren wir von den umgewandelten Ehrenstrafen. In den Kölner Ratsprotokollen kann man öfter von Beschlüssen über Kax, Steine- oder Schandmanteltragen lesen, die dann in eine Geldbuße umgeändert wurden. Auch in

Reval konnten 1498 zwei Männer, die einem Priester zwei Hühner gestohlen hatten, die Stäupe mit drei Mark ablösen.[65]

Es liegt auf der Hand, daß derartige Regelungen die Zahlungsfähigen bevorzugten. Das düstere Bild einer Klassenjustiz zeichnet sich ab, bei der nur die Armen ihrer Ehre beraubt wurden, während die Reichen lediglich zur Kasse gebeten wurden. Und wirklich, wäre dieses System konsequent durchgeführt worden, dann hätte sich leicht ein Solidarisierungseffekt des ›kleinen Mannes‹ einstellen können, in dessen Gefolge die Ehrenstrafe zur ungewollten Ehrung umschlagen konnte. Wohl vor dem Hintergrund der Inflation von Ehrenstrafen im Bereich der süddeutschen Niedergerichte hat Karl S. Kramer Anhaltspunkte dafür gesehen, daß ein solcher Umschlag tatsächlich erfolgte.[66]

Gemildert wurden derartige Tendenzen aber durch die Tatsache, daß nicht allein finanzielle Ressourcen den Ausschlag gaben. Wer kein reales Kapital gegen den drohenden Ehrverlust aufbieten konnte, der vermochte vielleicht symbolisches Kapital zu mobilisieren. Straferlasse oder -minderungen aus Gnade gehörten zu den gängigen Verfahrensweisen der spätmittelalterlichen und frühneuzeitlichen Justizpraxis. Oft waren es hohe Gönner, die für die armen Sünder intervenierten. Mit dieser Praxis des ›Gnade vor Recht‹ stellten sie gleichermaßen ihre christliche Barmherzigkeit unter Beweis wie ihre persönliche Mächtigkeit, die über das rechtsförmige Verfahren triumphierte.[67] Vor allem aber waren es die Familie, die Nachbarn oder die Berufskollegen, die erfolgreich für den Delinquenten eintraten, signalisierte ihre Fürbitte doch der Obrigkeit und den Richtern den Grad an sozialer Integration und damit die Möglichkeit zur Wiedereingliederung in die Gesellschaft.

So wurde einer Baderfamilie 1544 in Köln die wegen Kuppelei angedrohte Kaxstrafe auf Verwendung der gesamten Nachbarschaft erlassen; Frau und Tochter des Baders sollten statt dessen nach Trier pilgern.[68] Eine solche Fürbitte geschah nicht aus purer Menschenfreundlichkeit, denn die Drohung der Ehrenminderung eines ihrer Mitglieder bedrohte Familien und Berufsgemeinschaften selber in ihrer Würde. So protestierten in Danzig die Angehörigen einer verhafteten Diebin gegen deren Verurteilung zur Karre, eines besonders zurechtgemachten, mit vier verschiedenfarbigen Pferden bespannten Wagens, auf dem ein Pranger stand. In der Eingabe wurde der Rat angefleht, die Delinquentin möge nicht »ihnen zum Schimpff zur Karre condemnieret werden«.[69] Es waren also keineswegs altruistische Gründe, die die Familie zur Intervention veranlaßten, sondern pure Selbstverteidigung. Die Androhung der Strafe führte über diesen Weg oftmals zu ihrer Nichtanwendung.

Bei Fremden und Menschen minderen Status waren Richter und Obrigkeit sicher weniger von Skrupeln geplagt; sie stellten – wenigstens im Bereich der Hochgerichtsbarkeit – die Masse der mit ehrabschneidenden Sanktionen belegten Personen dar. Allerdings ergibt sich hier wiederum ein neues Problem, insbesondere für die in juristischen Kategorien denkenden Forscher: Wie konnten Ehrenstrafen wirken, wenn die Delinquenten schon vorher keine Ehre besaßen? So fühlen sich Bader-Weiß »eigentümlich berührt« von der Tatsache, daß 1757 in Kempten der Scharfrichter samt Frau und Gesinde auf den Pranger gestellt wurde: »Eine größere Bedeutung konnte dieser Strafart nicht zukommen, weil der Scharfrichter ja ohnedies... anrüchig und unehrlich war.«[70] Hinter diesem Urteil steckt eine Verwechslung der ›Unehre‹ – etwa infolge von Ehrenstrafen – mit dem Phänomen der ›Unehrlichkeit‹ bestimmter Bevölkerungs- und Berufsgruppen bzw. die Vermutung einer säuberlichen Unterteilung in ehrlich – unehrlich, wie sie in der sozialen Realität wohl kaum vorfindbar war.

Neuere Untersuchungen stellen ältere Vorstellungen von der Unehrlichkeit des Henkers überhaupt in Frage, betonen jedenfalls, daß solche unehrlichen Gruppen keineswegs als völlig ehrlos galten und daß für sie Stigmatisierung und öffentliche Infamierung durchaus Wirkungen entfalten konnten.[71] Auch die marginalen Gruppen orientierten sich vielfach an den Werten der etablierten Welt, etwa, wenn ein Bettler von seinen Kumpanen, weil er den hölzernen Schandmantel getragen hatte, als »hueppen schelm« verhöhnt wurde und sich deshalb gewaltsam verteidigen mußte. Vaganten reagierten auf Diebstahlsbeschimpfungen ebenso wütend wie Etablierte, sie hatten in ihrer peer-group schließlich einen guten Namen zu verlieren.[72] Berücksichtigt werden muß ebenso der praktische Nutzen – bzw. Nachteil aus der Sicht der Delinquenten – einer öffentlichen Ausstellung. Neben allgemeinen generalpräventiven Funktionen mag in größeren Gemeinwesen auch ein Sinn darin gelegen haben, mögliche zukünftige Straftaten der betreffenden Personen dadurch zu erschweren, daß sie sich mit erhöhter Aufmerksamkeit konfrontiert sahen.

Daß sich die Außenseiter und Unehrlichen manchmal dennoch nicht den Ehrbegriffen der Etablierten unterordneten, macht das Beispiel von Kneuvel Hensgen aus dem Jahr 1526 deutlich. Kaum hatte er auf dem Kölner Altermarkt den Schandmantel abgelegt, den er wegen blasphemischer Äußerungen getragen hatte, da prahlte er trotz der Ermahnungen der Umstehenden um so lauter, wenn man ihm sechs Albus gebe, nehme er die ›hölzerne Heuke‹ und trage sie noch mal durch die Stadt.[73]

VI.

Unempfindlichkeiten gegen den öffentlichen Ehrverlust finden sich zwar vorwiegend bei Außenseitern, das bedeutet aber nicht, daß bei etablierten Delinquenten die Wirkung der ehrantastenden Strafen eindeutig und unstrittig war. Im Gegenteil: Hier zeigt sich nur um so deutlicher, daß die Strafe in dem Moment ins Zwielicht rückte, in dem über das dem Urteil zugrundeliegende Verhalten bzw. über den ›kriminellen‹ Charakter dieses Verhaltens keine Einigkeit zwischen Richtern und Öffentlichkeit bestand. Die Strafe ›wirkte‹ dann nicht, wenn sie allgemein als ungerecht empfunden wurde, wenn sie also von der Öffentlichkeit nicht mit- bzw. nachvollzogen wurde. Bekannt ist z. B. die Tatsache, daß die Ehrenstrafe des Strohkranzes als schmählicher Ersatz für den Brautkranz bei nicht mehr jungfräulichen Bräuten sich nicht durchsetzen konnte, weil der voreheliche Sexualverkehr bei Vorliegen eines Heiratsversprechens nicht als illegitim und unmoralisch galt.[74]
Im Fall von Balthasar Wissmann in Lemgo aus dem Jahr 1625 entstand sogar ein offener Konflikt zwischen Volk und Obrigkeit wegen der Prangerstrafe.[75] Wissmann war ein seit langer Zeit berüchtigter magischer Praktiker, der von den Menschen der Region als ›Wicker‹ in Anspruch genommen wurde. Er hatte sich mit Kristallsehen, mit dem Wiederfinden gestohlener Güter, mit Liebeszauber und vielleicht auch als Hexenbanner einen Namen gemacht. Die Menschen schätzten seinen ›guten Rat‹, der Rat von Lemgo jedoch hielt nichts von derlei unchristlichem Tun und entlockte ihm das Geständnis, alle seine Kunst sei Schelmerei und Betrug gewesen. Allerdings hätten die Menschen ihn dazu gedrängt, indem sie zu ihm gekommen und seinen Rat gefordert hätten. Obwohl sein Verteidiger seine Schuld für gering hielt, wurde Wissmann, der nicht zum ersten Mal in Haft saß, zur Auspeitschung am Pranger und zu sechs Jahren Stadtverweis verurteilt. Vor der Ur-

teilsvollstreckung allerdings wurden etliche Bürger beim Rat vorstellig und forderten den Angeklagten vom Pranger; auch nach der ausdrücklichen Bekräftigung des Urteils verstummte der Protest nicht. Die Bürger seien mit dem Magistrat nicht einig, es gehe zu schnell zu, hieß es. Das Vergehen sei nicht so schwerwiegend, Wissmann habe Frau und Kinder. Und überhaupt: Wenn der Delinquent Geld hätte, ginge es anders zu. Ob das Urteil schließlich vollstreckt wurde, ist nicht mit letzter Sicherheit zu klären.
Der Tumult vor dem Pranger zeigt deutlich den prekären Charakter der öffentlichen Ehrenstrafe und bündelt wie in einem Brennglas mögliche Argumente gegen die öffentliche Schmähung: die Nichtakzeptanz des Urteils, die Ansässigkeit Wissmanns und sein Status als Familienoberhaupt, die gewöhnliche Ablösung der Prangerstrafe durch Geld, hier mit einem deutlichen Unterton des Korruptionsvorwurfes formuliert. Ob Wissmann schließlich durch den mechanischen Vollzug der Strafe in den Augen seiner Mitbürger zum Außenseiter wurde, obwohl sie sein Vergehen nicht einsahen, muß offen bleiben. Ohnehin müssen wir für die Überlieferung derartiger Informationen dankbar sein, so rar und zufällig sind sie; in Lemgo sind sie aufgrund einer nachträglichen gerichtlichen Untersuchung bekannt.
Wie eigenwillig und keineswegs immer im Sinne der Justizintentionen aber der Code der Ehrensanktion funktionieren konnte, zeigt ein Beispiel wiederum aus Köln.[76] 1569 mußte hier der junge Peter Brockhausen auf dem ›Kax‹ stehen, weil er abenteuerliche Geschichten über eine Affäre zwischen der Tochter des Gewaltrichters und ihm in die Welt gesetzt hatte. Unter anderem behauptete er, sie sei ihm ›in der Kirche auf den Leib gerannt‹ und hätte ihn zur fleischlichen Unzucht angereizt. Wahrscheinlich steckte ein geplatztes Heiratsarrangement hinter Peters öffentlichen Schmähungen. Die Prangerstrafe sollte nun die Ehre der jungen Margaretha wiederherstellen und ihn infamieren. Das scheint jedoch gründlich mißlungen zu sein. Schon während Peter am Altermarkt seine Prangerstrafe verbüßte, wird eine Witwe Agatha verhaftet, weil sie Spottlieder gesungen hat – aber nicht etwa auf Peter, sondern auf die Tochter des Gewaltrichters! Zwei weitere Männer wurden in der folgenden Zeit verhaftet, jeder von ihnen hatte Margaretha mit Liedern oder mit Schmähworten angegriffen. So wurde dem jungen Johann Ringenmecher vorgeworfen, sie als Hure beschimpft zu haben, wegen der der gute Geselle Peter am ›Kax‹ gestanden hatte.

Nicht dieser Peter hatte in den Augen vieler tatsächlich am Pranger gestanden, sondern die junge Gewaltrichtertochter. Intention und Wirkung waren diametral entgegengesetzt.

VII.

Ebenso, wie eine genauere Untersuchung über die Wirkung von Ehrenstrafen die sie umgebenden sozialen Mechanismen in den Blick zu nehmen hätte, müßte sie sehr viel stärker, als das meist geschieht, zeitlich differenzieren. Es spricht vieles dafür, daß die entehrende Wirkung der Ehrenstrafe im Verlauf des späten Mittelalters und der Frühen Neuzeit allmählich zunahm und sich in ihren Konsequenzen verfestigte. Wie wenig selbstverständlich die Existenz eines dauerhaften Makels war, zeigen die ausbleibenden langfristigen Konsequenzen des Hundetragens im Angesicht des Kaisers. Ambivalent zu interpretieren erscheint auch ein bekannter Spruch der Magdeburger Schöffen aus dem 15. Jahrhundert.

Ein Dresdner Bürger, von Beruf Vorsprecher am Gericht und verheiratet, wurde eines unehelichen Verhältnisses mit einer Frau angeklagt und vom Richter im Haus dieser Frau am Feuer sitzend gefangengenommen. Wie der Mann in seiner Anfrage an die Magdeburger Schöffen schilderte, nahmen ihn die Herren gefangen und setzten ihn mitsamt der Frau auf den Pranger: »vnde lissen mich offenberlichen also beschemen«. Die Frau wurde aus der Stadt gewiesen, der Mann durfte bleiben. Nun wollten ihn aber seine Berufskollegen, wie er den Schöffen klagte, nicht mehr in seinem Amt dulden »vnde sprechin ich sey uffenberlich beschemit an dem prenger«, der Henker habe ihn angetastet, »gepalstert«. Weil er jedoch nicht auf handhafter Tat ergriffen, sondern nur durch die Herren »nach yren gutdüncken« gestraft worden sei, fragte er an, ob die Verweigerung seiner Genossen rechtens sei. Das Urteil mußte ihn enttäuschen, die Schöffen entschieden, mit der Prangerstrafe »seyt yr sawar vnde anruchtig gewordin«, das Berufsverbot sei zu Recht erfolgt.[77]

›Sauer und anrüchig‹ machte also das Sitzen und das Stäupen auf dem Pranger nach dem Urteil der Schöffen. Die Anfrage zeigt aber zugleich, wie wenig sich diese Tatsache von selber verstand. Die Hoffnung des Delinquenten bestand darin, daß allein die Tat selber bzw. das Ertapptwerden auf frischer Tat eine dauerhafte Unehrlichkeit begründen könne. Auch wenn dieser Zweckoptimismus sich nicht bestätigte, zeugt er von der Lebendigkeit eines älteren und weniger sanktions- als tatbezogenen Verständnisses von der Unehrlichkeit.

Ebensowenig von einer völlig undurchlässigen Trennwand zwischen Ehre und Unehre zeugt das berühmte Beispiel des Veit Stoß, der mit dem klassischen Stigma der Infamie, dem Brandmal, gezeichnet wurde. Im Verlauf eines Prozesses um den Konkurs einer Tuchhandelsgesellschaft, in die Stoß viel Geld investiert hatte, fälschte er einen Schuldschein. Nach vorübergehender Flucht in das Asyl des Karmeliterklosters und geheimen Beschwichtigungsverhandlungen wurde er im November 1506 auf offener Straße verhaftet und gestand nach kurzem Verhör seine Urkundenfälschung ein. Die eigentlich fällige Todesstrafe bzw. die Blendung wurde gnadenhalber und aufgrund von Fürbitten in eine Brandmarkung umgewandelt. Sicherlich war diese harte Bestrafung eines bekannten Künstlers ein Ausnahmefall. Sein Ruhm und sein sozialer Status sicherten ihm eine Sonderbehandlung: »man het nie keinen so lind geprend«, schreibt der Chronist Heinrich Deichsler.[78] Aber Stoß mußte doch schwören, Nürnberg nicht zu verlassen, und wegen des Ehrverlustes wollte kein Geselle mehr bei ihm arbeiten. Diese Rahmenbedingungen mußten ihn zwangläufig seine Existenz, die von Messebesuchen abhängig war, kosten. So wurde er wortbrüchig und entfloh und – erlangte vom Rat Verzeihung. Noch mehr: Er konnte sogar durch einen kaiserlichen Gnadenerlaß und Rehabilitationsbrief seine Ehre wiederherstellen. Der alternde Bildschnitzer war weiterhin in zahllose Rechtshändel verstrickt, ärgerlich titulierte ihn der Rat als ›unruhigen heillosen Bürger‹ und als ›irrig und geschreyig mann‹, ließ ihn sogar wiederum verhaften – aber von einer weiteren sozialen Stigmatisierung durch seine Umwelt wird nicht mehr berichtet, ebenso waren seine Nachkommen in ihrer Ehre wohl kaum beeinträchtigt.[79]

Im Verlauf der Frühen Neuzeit, in der sich die Ehrvorstellungen der verschiedenen sozialen Gruppen – vor allem unter dem Druck der Zünfte – verfestigten, verzeichneten auch die Ehrenstrafen Hochkonjunktur. Nun verschob sich die Problemlage: Weniger die fehlgeschlagene Entehrung bildete fortan das Leitthema, sondern die ungewollte Infamierung. Hier müssen wir auf die Differenzierung in verschiedene Formen des Schandpfahles und die Unterscheidung zwischen Schand- und Ehrenstrafen zurückkommen. Unbezweifelbar beabsichtigte die

Obrigkeit in der Frühen Neuzeit mit der Unterscheidung verschiedener Stufen von öffentlicher Zurschaustellung auch einen Unterschied in der Wirkung. Aber auch in dieser Hinsicht ließ sich die öffentliche Meinung nicht ohne weiteres lenken. Die leichtere Strafe des Steinetragens, so wird für Mühlhausen berichtet, wurde nicht weniger verächtlich betrachtet als das Halseisen. In Schwäbisch-Hall wurde im 17. Jahrhundert ein sogenannter Lasterstein eingeführt, eine leichtere Variante des Prangers für kleinere Vergehen von Frauen; doch schon bald verwischten sich die Geschlechtergrenzen, und auch die Differenzierung in verschiedene Schweregrade ließ sich nicht in der Praxis durchsetzen.[80] Die Betroffenen fürchteten die Schandstrafe. 1703 äußerte J. Gosche in Hütten bei Schleswig, »er wolte seine beste Kuh lieber mißen, alß daß er am pfahle stehen wolte«; der Krämer Engelbert Mustert sah sich nach einer Bestrafung am Halseisen wegen Injurien gegen den Waisenhausinspektor gezwungen, nach Itzehoe umzuziehen.[81]

Dank der Fallstudie von Michael Frank über die dörfliche Kriminalität in Lippe[82] läßt sich die Kluft zwischen Intention und Wirkung am Beispiel beobachten. Hier koexistierten zwei Varianten des Prangers, einmal der schwarz gestrichene ›Diebes- oder Strafpfahl‹, zum anderen der baugleiche, aber rot gekennzeichnete und mit zwei Handeisen versehene ›Gehorsams- oder Schandpfahl‹. Die Namen waren Programm: Wollte der Diebespfahl gerade die Infamierung herbeiführen, so zielte der Gehorsamspfahl auf Korrektion ohne Ehrverlust. Aber schon das Gogericht (Niedergericht) selber verwischte diesen Unterschied, indem es in der Mehrzahl einfach ohne Spezifizierung »ad palum« verurteilte. Und in den Eingaben der zum Schandpfahl Bestimmten und ihrer Angehörigen ist eindringlich von der übergroßen Schmach dieser Strafe die Rede. Den Barntruper Leineweber Simon Heinrich Schlüter, der am Gehorsamspfahl gestanden hatte, wollten 1755 seine Zunftgenossen nicht länger in ihrer Mitte leiden. Sie mußten erst durch ein harsches Dekret der Lippischen Regierung, in dem befohlen wurde, Schlüter »in vorigem Stande zu laßen«, zur Räson gebracht werden.

Wie sehr der übermäßige ›Erfolg‹ der Sanktionen den Intentionen der Sanktionsinstanzen zuwiderlaufen konnte, zeigt auch der Effekt der Kirchenbußen, die – wie gezeigt – zunehmend mehr in das weltliche System der Strafen eingegliedert wurden. Kein Wunder, daß der Gesichtspunkt von Buße und Wiedereingliederung in die christliche Gemeinde immer mehr zugunsten von Ausgrenzung und dauerhafter Infamierung zu verschwinden drohte. Schon die mit der Kirchenbuße bedrohten Wiedertäufer in Lippstadt erklärten 1538, sie wären zum Widerruf bereit, baten aber, »inen de wederroepung in der kercken mit eynem doitkleide« zu erlassen, was man auch tat. Daraufhin kehrten einige Geflohene zurück. In Münster sollte Heinrich Semmel 1605 wegen Ehebruchs im Rückfall das weiße Laken tragend mit einem brennenden Wachslicht in der Hand drei Sonntage hintereinander dem Weihkessel um den Überwasserkirchhof folgen. Semmel erklärte, er wolle lieber sterben als solche »Pönitenz« zu tun.[83] Die Obrigkeiten konnten in noch so vielen Mandaten versichern, die Kirchenbuße habe mit Strafe und Beschimpfung des Büßers nichts zu tun, sondern diene dessen Bekehrung und der Ehre Gottes – die soziale Wirklichkeit sah offenbar anders aus.[84]

Für die Abschaffung der öffentlichen Kirchenbuße spielte sicherlich die Tatsache der nicht-intendierten und damit die Bußwilligkeit der Betroffenen vielleicht sogar beeinträchtigenden Ehrminderung eine entscheidende Rolle. Namentlich der Kindsmord erscheint in der aufklärerischen Diskussion als Verbrechen, das durch die »Schande, Strafe oder das Brandmahl« der Kirchenbuße mitverursacht wurde.[85] Insofern stellte der Charakter der kirchlichen Buße als öffentliche Ehrenstrafe einen besonders drastischen Beleg für die ›Kriminalisierung der Sünde‹ dar, eine Tendenz, die der eigentlichen Intention der Reformatoren und der ursprünglichen Funktion der Kirchenzucht diametral entgegengesetzt war.[86]

VIII.

Die Funktionsweise entehrender Sanktionen im vormodernen Strafsystem hängt eng zusammen mit der zentralen Rolle der ›Ehre‹ in der alteuropäischen Welt überhaupt. Ihre Bedeutung ist in der historischen Forschung seit jeher betont worden, über ihr Wesen aber bestehen meist nur verschwommene Vorstellungen. »Das Wort Ehre«, so lautete das bis heute nicht überholte Urteil Beccarias, »gehört zu denjenigen, welchen ausführliche und glänzende Abhandlungen gewidmet wurden, ohne daß damit wahrlich auch nur eine genaue und feste Vorstellung verknüpft gewesen wäre.«[87] Daß viele Forscher präzisen Definitionsversuchen ausweichen, ist nicht weiter verwunderlich: In gewisser

Weise gehört der von Beccaria konstatierte Nebel von Unbestimmbarkeit und Verworrenheit, der den Begriff der Ehre umgibt, gerade zu seinem Charakter. Denn diese Ehre gehört keineswegs zur Welt der harten Fakten, der ›Dinge‹. Eher verweist die Semantik der Ehre auf einen sehr flexiblen und kontextabhängigen Code. Im Medium dieses Systems von Kommunikations- und Interaktionsregeln erfolgte die Zuweisung von sozialer Anerkennung und Achtung.

Anders als heutzutage, wo der Mensch als ein Inhaber verschiedener Rollen begriffen und so differenziert nach verschiedenen Leistungs-, Qualifikations- und Moralkriterien beurteilt werden kann, betraf die ›Ehre‹ immer die ›ganze‹ Person. Und anders als heute beteiligen sich in den kleinen, überschaubareren Gemeinschaften des späten Mittelalters und der Frühen Neuzeit, ob im Dorf oder im Stadtviertel, viel eher sämtliche Mitglieder direkt oder indirekt (etwa über das ›Gerücht‹) an diesem Spiel von Anerkennung und Mißbilligung. In derartigen face-to-face-communities konnte man sich gegenseitig nur schwer gleichgültig bleiben. Es galt, jederzeit das eigene ›symbolische Kapital‹ der Ehre zu mehren und zu verteidigen, denn ohne den guten Ruf lebte es sich keineswegs gut und ungeniert, im Gegenteil: Die alltägliche, durchaus auch materielle Unterstützung durch Familie, Nachbarn, Berufskollegen und schließlich mittelbar auch durch die Obrigkeit konnte nur erhalten, wer auf dem Markt der Achtung nicht jeden Kurswert verloren hatte.[88]

Pragmatisch bietet es sich an, zwei Ebenen zu unterscheiden, die miteinander verwoben, aber keineswegs deckungsgleich sind: die Beanspruchung einer höheren Dignität durch bestimmte soziale Gruppen bzw. die Zuweisung eines minder ehrbaren oder gar infamen Status an andere Gruppen einerseits, das Ringen um Mehrung oder Erhalt der individuellen Ehre auf der anderen Seite. Daß der Adel einen besonderen Ehrenvorrang beanspruchen durfte, versteht sich von selbst, aber auch die städtische Honoratiorenschicht setzte sich nach unten hin als ›Ehrbarkeit‹ ab. Geradezu zum Motor frühneuzeitlicher Sensibilität in Sachen Ehre entwickelten sich die Zünfte in ihrem – entscheidend durch ökonomische Motive bestimmten – Drang zum Ausschluß von immer mehr Personen als ›unehrlich‹; diese Tatsache wird, nebenbei bemerkt, dazu beigetragen haben, daß infamierende Strafen in der Stadt einen wesentlich dramatischeren Effekt besaßen als auf dem Land.

Die große Gruppe von unehrlichen Leuten schließlich war in sich keineswegs homogen und reichte von Angehörigen wenig angesehener Handwerksberufe wie Leinewebern oder Badern bis hin zu den Abdeckern als definitiv infamierten Personen.[89] Vor dem Hintergrund dieser höchst ungleich auf die sozialen Schichten und Gruppen verteilten Ehre, an der jede(r) natürlich in einem allgemeinen Sinn partizipierte, vollzog sich nun das Bemühen der einzelnen Personen zur Bewahrung und Mehrung ihrer individuellen Ehre. Sicherlich konnten sie diese Ehre durch solidarisches oder zumindest durch normkonformes Verhalten vermehren, etwa durch Unterstützung ihrer Nachbarn in Krisenzeiten. Typischerweise wurde die Ehre aber im Konfliktfall zum Thema, also dann, wenn sie bedroht wurde. Alle gesellschaftlichen Akteure nahmen in jeweils spezifischer Weise an diesen Ehrdiskursen teil, Bürger und Bauern ebenso wie Vaganten und Henker, Männer ebenso wie Frauen.[90]

Als eine Arena zur Ausfechtung der Kämpfe um Ansehen und Ehre erlangte das Feld der Justiz zunehmend Bedeutung. Der Vorwurf kriminellen, d. h. meist zugleich mit den sozialen Normen nonkonformen Verhaltens bildete eine zentrale Waffe in diesem Kampf, wie sich u. a. am zeitgenössischen Schimpfwortgebrauch ablesen läßt. Die Uniformität eines Kernbestandes an Injurien[91] mindert nicht ihre Bedeutungsträchtigkeit, sondern unterstreicht nur die Tatsache, daß ein weitreichender Konsens bei der Bestimmung unehrenhaften Verhaltens bestand. ›Dieb‹ und bedeutungsverwandte Worte führen bei weitem die einschlägigen Listen injuriöser Ausdrücke an, die sich Männer an den Kopf warfen; auch viele andere beziehen sich auf ›kriminelles‹ Verhalten (Meineidiger, Mörder, Ehebrecher etc.) oder sogar auf den von einzelnen Handlungen abstrahierten ›kriminellen‹ Charakter des Gegners als ›Schelm‹ oder ›Bösewicht‹. Bei den Frauen zielten die Injurien vorwiegend auf eine behauptete sexuelle Devianz; in vielen Varianten beschimpfte man sie bzw. beschimpften sie sich als ›diebische‹, ›ehebrecherische‹ oder gar ›teuflische‹ ›Huren‹.

Der Ehrkampf wurde nicht allein mit solchen Mitteln verbaler Kriminalisierung ausgefochten, auch die Justiz und ihre Sanktionen wurden als Waffe in der Auseinandersetzung benutzt. Eine Diebstahlsbeschuldigung konnte etwa dadurch vorgebracht oder bekräftigt werden, daß man dem Widerpart in Aussicht stellte, er werde bald am höchsten Galgen enden oder andere schimpfliche Strafen erleiden.[92] Besonders boten sich natürlich bereits vollzogene Ehrstrafen als Stoff für Injurien

an. Für eine Obrigkeit, die zwar die Ehre eines Delinquenten mit Schandstrafen mindern, aber nicht vernichten wollte, entstand hier ein Problem. So bestimmte das bairische Landrecht von 1756, niemand dürfe wegen einer ausgestandenen Strafe gescholten werden, ohne daß der Schmähredner selbst einer Injurienbuße gewärtig zu sein habe. Schon 1676 war Hans Herzig zu einer Buße von 30 Kreuzern verurteilt worden, weil er Michael Pittner wegen seines abgehauenen Fingers einen Schelm und Dieb geschimpft hatte. Aber bei der oben geschilderten Eigendynamik der Ehrenstrafen erscheint es zweifelhaft, ob derartige Verordnungen viel Effekt hatten.[93]
Der abgehauene Finger erinnert noch einmal daran, daß viele unehrenhafte Körperstrafen ein dauerhaftes Stigma hinterließen, das zum leichten Anknüpfungspunkt im Ehrdiskurs werden konnte. Oft schlug sich diese beschädigte Identität in Spitznamen nieder, wie sie schon das Augsburger Achtbuch aus dem 14. Jahrhundert festhält. Wir finden hier »Claibilin mit dem Mal«, »Jeckel mit dem Finger«, »Zwirggel mit der einen Hand«, »die naslos Metz von Ulm«, »die einäugig Karrnerin«. Es ist schwer zu beurteilen, inwieweit diese Spitznamen sich auf lakonische Tatsachenfeststellung beschränkten, oder ob hier nicht doch eine Besiegelung der Ausgrenzung stattfand oder gar: schon als vollzogen vorausgesetzt wurde.[94]

IX.

Infamierende Strafen konnten sich ihrem Wesen nach nicht in obrigkeitlicher Anordnung und institutionellem Vollzug erschöpfen, sondern mußten von der sozialen Gemeinschaft mitvollzogen werden. Ohne die Einbettung in den weiten Kontext des Ehrdiskurses der alteuropäischen Gesellschaft sind Existenz und Funktion von Ehrenstrafen undenkbar. Zumeist, so scheint es vorläufig, hat das Zusammenspiel zwischen Richtern und Bevölkerung funktioniert. Die Ehrenstrafen stellen demzufolge ein Beispiel für die prinzipielle Übereinstimmung zwischen ›Obrigkeit‹ und ›Volk‹ dar und sollten uns davor warnen, den von der Volkskulturforschung oft beschworenen Eigensinn des Volkes zu überschätzen.
Gleichwohl: Die Spielregeln des Ehrdiskurses ließen sich zwar von den sozialen Akteuren wie von der Obrigkeit mitunter beeinflussen, von

oben verordnen oder steuern ließ sich die Zuweisung von Unehre nur begrenzt. Die nicht intendierte Infamierung durch die Kirchenbuße oder die dauerhafte Entehrung durch harmloser gedachte Schandstrafen sind Beispiele dafür, daß die durch das Öffnen der Pandorabüchse des ›Ehrverlustes‹ mobilisierten Kräfte nicht einfach einzuhegen waren. Hierbei handelte es sich gleichsam um einen Überschuß an Infamierung; Tendenzen in die umgekehrte Richtung sind weniger einheitlich, aber ebenfalls deutlich sichtbar. Denn eine prinzipielle Einigkeit zwischen Justiz und Bevölkerung über Unrecht und ihre Sanktionierung bedeutet noch lange nicht, daß diese Einigkeit im konkreten Fall gegeben war. Situative Kritik an Strafentscheidungen findet sich in den Quellen häufig, natürlich vor allem dann, wenn man sich selber ungerecht behandelt fühlte wie etwa eine Frau in Plön 1740, die die Richter mit den Worten schmähte, »sie schisse auf das gericht und wolte ihr eigen recht brauchen«.
So typisch wie aussagekräftig in dieser Hinsicht ist der Fall der Brüder Reck, die 1509 in Bludenz Urfehde schwören mußten. Sie waren mit Peter Staymer in einen Ehrenhandel geraten und hatten vor Gericht offenbar keine befriedigende Entscheidung erhalten, weswegen sie Staymer und das Gericht mit den Worten beleidigten, Gott möge die ohnmächtige Herrschaft schänden, hätte sie den Dieb (nämlich Staymer) gehängt, dann hätten sie jetzt ihren Frieden.[95] Damit waren gleichsam zwei Fliegen mit einer Klappe erledigt: Das Gericht wurde als funktionsuntüchtig geschmäht, weil es sich nicht der eigenen, ›gerechten‹ Sache angenommen hatte; Staymer wurde verbal entehrt, indem er als Krimineller und potentielles Objekt einer höchst schmählichen Todesstrafe hingestellt wurde.

Aber nicht nur die individuelle, sondern auch die kollektive Wahrnehmung konnte der Justiz und ihren Urteilen ablehnend gegenüberstehen und somit den Vollzug der Ehrenstrafen fragwürdig machen. Ein Faktor mag hier die – bisher nicht hinreichend untersuchte – Häufigkeit der infamierenden Strafen gewesen sein, die nach dem Urteil einiger Forscher abstumpfende Wirkung hervorrief oder sogar Trotzreaktionen provozierte.
Klarer als Wirkfaktor zu beschreiben ist die zentrale Bedeutung des Verhaltens, das der Sanktion zugrunde lag. Darüber, daß ein Dieb, der sich schon durch sein Verhalten ehrlos verhalten hatte, an den Pranger

zu stellen war, herrschte sicherlich meist kein Dissens. Anders sah es bei sozial allgemein akzeptierten oder zumindest tolerierten Praktiken aus, etwa bei vorehelichem Sexualverkehr im Rahmen der Eheanbahnung, bei einem ›social crime‹ wie der Wilderei oder gar einem Bauernaufstand.[96] Auch im Fall des magiekundigen Baltasar Wissmann in Lemgo hatten ja die Beurteilungen der Obrigkeit und die der Bevölkerung, d. h. der zufriedenen Kunden Wissmanns, diametral gegeneinander gestanden. Und die Geschichte des jungen Peter Brockhausen in Köln hat gezeigt, daß eine vollzogene Prangerstrafe nicht zwangsläufig die Ehre eines Delinquenten antasten mußte.

Eine entscheidende Kluft jedoch trennte die Vaganten von den Anwohnern der Städte, Dörfer und Weiler, die Etablierten von den Außenseitern. Sie bestand nicht darin, daß die einen ›Ehre‹ besaßen und die anderen nicht, obwohl ihr gruppenspezifischer Ehranteil extrem differierte. Entscheidend aber war, daß die Gefahr des Ehrverlustes durch strafrechtliche Sanktionen für die Ansässigen weitaus geringer war. Durch ihre privilegierte Lebenssituation konnten sie sich eher vor unehrenhaftem, sprich: kriminellem Tun hüten. Gerieten sie doch einmal mit dem Gesetz in Konflikt, dann bewahrte sie meist ihr Status vor infamierenden Strafen. Wurden sie dennoch verhängt, konnten sie sich eher durch Geld davon loskaufen. Besaßen sie keine finanziellen Mittel, konnten sie doch symbolisches Kapital in Form der Unterstützung durch Familie oder Zunft mobilisieren, die zu ihren Gunsten intervenierten, nicht zuletzt, um Schmach vom Ansehen der Gruppe fernzuhalten. Wer mehr Ehre besaß, konnte zwar potentiell tiefer fallen, hatte aber auch die Möglichkeit, mittels dieses Ehrvermögens drohende Unehre abzuwenden.

Die Außenseiter und fahrenden Leute hatten kaum etwas Vergleichbares anzubieten. Sie konnten oft nicht wählerisch sein, was die Mittel ihres Lebensunterhaltes betraf; wurden sie deswegen verhaftet und verurteilt, schützte sie kaum jemand vor entehrender Bestrafung. Dabei wurden die Gesetze oft weniger streng exekutiert, als es den eigenen Drohungen und vielen modernen Vorstellungen entspricht. So war z. B. die ›ohrlose Ell‹ 1369 im Zuge der jährlichen Austreibung der sogenannten St.-Gallus-Leute, der als landschädlich geltenden Vaganten, aus Augsburg verbannt worden. Schon 1370 mußte der Rat ihr erneut die Stadt auf sechs Jahre verbieten, ganz entgegen der allgemeinen Drohung übrigens, zurückkehrende Gallusleute an den Pranger zu stellen und sie durch die Zähne oder an die Stirn zu brennen. Als sie einige Wochen später dennoch zurückkehrte, ließ sie der Rat tatsächlich an den Pranger stellen und ihr die Stadt für immer verbieten.[97] Entehrung und Ausgrenzung gingen hier Hand in Hand. Die in der Frühen Neuzeit zunehmende Schar entwurzelter Vaganten war u. a. das Resultat dieses Ausgrenzungsmechanismus.[98]

Aber auch für die Etablierten gehörten die Ehrenstrafen zur Alltagsrealität: Für alle sichtbar wurde hier eine Grenze zwischen Gut und Böse, zwischen ehrlich und unehrlich abgesteckt. Vor der dunklen Folie der öffentlichen Verächtlichmachung wurde der eigene ehrliche Status bekräftigt – und seine Erhaltung durch die implizite Drohung, nicht vom rechten Weg abzukommen, angemahnt. Wer den am Pranger stehenden Delinquenten Hohn, Spott oder Schlimmeres entgegenschleuderte, tat das wohl aus der Genugtuung heraus, selber bisher von einem solchen Makel verschont worden zu sein. Vielleicht klangen die Beschimpfungen aber manchmal deswegen ein wenig schrill, weil sich mit der Genugtuung eine Ahnung von der ständigen Bedrohung der eigenen Ehre vermischte.

Martin Dinges

Michel Foucault, Justizphantasien und die Macht

I.

Das Werk von Michel Foucault wird von den Historikern in den USA, England, Frankreich und Italien mittlerweile stark rezipiert.[1] Ihre deutschsprachigen Kollegen nehmen den französischen Philosophen sehr viel weniger zur Kenntnis.[2] Dies hat neben disziplingeschichtlichen Entwicklungen auch inhaltliche Gründe:[3] Das »Verschwinden des Subjekts«, die Ablehnung hermeneutischer Verfahren und die Weigerung, der Geschichte einen übergeordneten Sinn zu unterstellen, ein »diffuser Machtbegriff« und ein »schwer nachvollziehbarer Stil« sind einige der verbreiteten Vorwürfe. Statt die Debatte um Foucault auf diesem Abstraktionsniveau weiterzuführen, scheint es mir sinnvoller, sich mit den Thesen Foucaults – wie im Ausland – konkret auseinanderzusetzen.[4] Dort erkennt man den heuristischen Nutzen der Foucaultschen Kategorien an und formuliert gleichzeitig den notwendigen »Einspruch der Historiker« (Peukert) – aufgrund ihrer Methoden, ihrer theoretischen Erbschaft und ihrer umfassenderen Kenntnis der Quellen. Dieser Umgang mit dem Werk Foucaults dürfte auch hier am ehesten dazu beitragen, es für die Geschichtswissenschaft fruchtbar zu machen.[5]

Foucault hat zu Recht darauf hingewiesen, wie wichtig die Kenntnis der Diskurse, also der gängigen, die Vorstellung bestimmenden Denkweisen ist.[6] Mit der Auswahl dessen, was wichtig und wahr ist, leiten Diskurse das Handeln an. Seine Diskursanalyse legte Reformphantasien, Disziplinierungsabsichten und Machtstrategien von Ärzten, Juristen und Politikern frei und veränderte damit erheblich das Bild von medizinischer und juristischer Aufklärung.[7] In seinem Buch »Überwachen und Strafen« zeigte er, wie sich Zielvorstellungen über die staatlichen Sanktionsmechanismen zwischen Ancien Régime und nachrevolutionärer Moderne von einer blutigen Strafökonomie zum subtileren Gefängnis hin wandelten. Viele interpretierten dies als einen historischen Prozeß der Durchsetzung allumfassender Disziplinierungsmechanismen, der die Moderne als einen Weg in ein unentrinnbares Gefängnis erscheinen lasse.[8] Foucaults Sichtweise ist deshalb kritisiert worden.

Ich möchte im folgenden zeigen, daß Foucaults Ansatz – unbeschadet der Triftigkeit mancher Detailkritik – empirisch und methodisch Anknüpfungspunkte bietet, eine solch einseitige Perspektive zu überwinden. Als Gegenstand bietet sich ein den Foucaultschen Studien benachbartes Thema an, der Umgang der Bevölkerung mit der Justiz im Paris des 18. Jahrhunderts. Dabei könnte man das Klageverhalten und andere Nutzungen der Justiz, Kooperationsbereitschaft, Distanz und Ängste der Bevölkerung vor Polizei, Gerichten und Gefängnissen untersuchen. Ich bevorzuge hier einen anderen weitgehend unerforschten Aspekt: die Vorstellungen der Bevölkerung über die Justiz und sich daraus ergebende besondere Aneignungen dieser obrigkeitlichen Institution durch das »Volk«.

Da Vorstellungen über »Realitäten« in Gesellschaften von erheblicher Bedeutung sind, verdienen sie die Aufmerksamkeit der Historiker. Im Ausland sind dazu Untersuchungen entstanden, die z. B. an der Geschichte der Jenseitsvorstellungen Schwellen auf dem Weg zur Entwicklung der Idee individueller Verantwortlichkeit in der Welt aufzeigten.[9] Aus der Erforschung solcher Vorstellungswelten ergab sich auch ein wesentlich erweitertes Bild des Funktionierens von Gesellschaften, etwa durch die rituelle Herstellung gesellschaftlicher Kohärenz.[10] Die deutsche Geschichtsschreibung scheint diese Themen eher den Literatur- oder Kunstwissenschaften und der Volkskunde zu überlassen, was zu einer Unterschätzung des Stellenwertes der Phantasie in der Geschichte führt.[11]

Vor diesem Hintergrund ist es wenig erstaunlich, daß der Bereich der Alltagsideen über die Justiz bisher weitgehend vernachlässigt wurde. Was wissen wir schon über das alltägliche Bild der Justiz in den Köpfen der frühneuzeitlichen Zeitgenossen? Selbst die neuesten sozialhistorisch inspirierten Arbeiten haben zwar die Wunschvorstellungen der Prozeßbeteiligten, z. B. zum Thema Partnerschaft oder gerechte Preise, im Blick gehabt.[12] Zu den Vorstellungen über die Justiz selbst gibt es aber nur wenige Hinweise in einigen Untersuchungen von Kunst- und

Rechtshistorikern zu bildlichen Darstellungen, die allerdings vorwiegend die Gerechtigkeit insgesamt thematisieren.[13] Die rechtliche Volkskunde und die Rechtsarchäologie bieten trotz der von ihnen auch untersuchten Märchen und Legendenstoffe nur wenig zum Thema Imagination.[14] Predigten und Schwänke belegen neben der Wirksamkeit kirchlich geprägter Justizbilder hauptsächlich eine weit verbreitete Justizkritik an bestechlichen und rechtsbeugenden Richtern und Anwälten.[15] Der Literaturwissenschaftler Lüsebrink zeigte anhand französischer populärer Druckerzeugnisse die vielschichtigen Funktionen der weitverbreiteten Berichte über Verurteilungen etc., nicht zuletzt die implizite aufklärerische Kritik an Justizpraktiken.[16] Braungart weist am Bänkelsang u. a. dessen Beitrag zur Stabilisierung eines Weltbildes mit sofort eintretender göttlicher Gerechtigkeit nach.[17] Diese von der Forschung freigelegten Diskurse über die Justiz liefern zwar Stoff für mögliche Alltagsvorstellungen. Dessen Verbreitung müßte aber besser erforscht werden, denn bei Druckerzeugnissen befindet man sich immer noch in einer gewissen Distanz zum Alltagshandeln.

In der Aufwertung des Diskurses trifft sich Foucault also mit Ansätzen in den Nachbardisziplinen, die Geschichte der Phantasie zu erforschen. Foucault verengte allerdings in seinen Büchern »Überwachen und Strafen« und in »Die Geburt der Klinik« sein Interesse am gesellschaftlichen Diskurs insgesamt auf den sehr viel begrenzteren wissenschaftlichen Diskurs. Ich werde deshalb hier bewußt den Diskurs der Bevölkerung herausgreifen. Erst durch gleichgewichtige Einbeziehung auch der diskursiven Praktiken am unteren Ende der Machtverteilung wird ein umfassendes sozialgeschichtliches Verständnis der frühneuzeitlichen Justiz möglich. Polizei- und Gerichtsakten bieten einen direkteren Zugang zu Justizvorstellungen im Alltag als die bisher in den Nachbardisziplinen und von Foucault genutzten gedruckten Quellen.

Im folgenden soll Foucault als Anregung für die historische Forschung genutzt und gleichzeitig der Einspruch des Historikers geltend gemacht werden. Ich werde zunächst einige hier relevante Aspekte des Foucaultschen Werkes diskutieren (II). Dann werden anhand von Polizei- und Gerichtsquellen die Justizphantasien als Diskurs beschrieben (III), der in einem bestimmten Verhältnis zur Praxis der Justiznutzungen steht (IV). Justizphantasien verweisen dabei auf Aspekte des diskursiven Feldes Justiz, die bisher in der Forschung wenig beachtet wurden, aber das Bild von diesem Feld entscheidend erweitern (V).

II.

Inwieweit kann Foucault überhaupt zur Beschäftigung mit Justizphantasien des »Volkes«, die man als Macht von unten interpretieren könnte, anregen? Hat nicht in seinem Konzept der Disziplinargesellschaft, aus der niemand ausbrechen kann, die »Macht« schon immer alles entschieden?

»Die hierarchisierte, stetige und funktionelle Überwachung gehört gewiß nicht zu den großen technischen Erfindungen des 18. Jahrhunderts – vielmehr beruht ihre schleichende Ausweitung auf den neuen Machtmechanismen, die sie enthält. Mit ihr wird die Disziplinargewalt ein ›integriertes‹ System, das von innen her mit der Ökonomie und den Zwecken der jeweiligen Institution verbunden ist und das sich so zu einer vielfältigen, autonomen und anonymen Gewalt entwickelt. Denn die Überwachung beruht zwar auf Individuen, doch wirkt sie wie ein Beziehungsnetz von oben nach unten und bis zu einem gewissen Grade auch von unten nach oben und nach den Seiten. Dieses Netz ›hält‹ das Ganze und durchsetzt es mit Machtwirkungen, die sich gegenseitig stützen: pausenlos überwachte Überwacher. In der hierarchisierten Überwachung der Disziplinen ist die Macht keine Sache, die man innehat, kein Eigentum, das man überträgt; sondern eine Maschinerie, die funktioniert. Zwar gibt ihr der pyramidenartige Aufbau einen ›Chef‹; aber es ist der gesamte Apparat, der ›Macht‹ produziert und die Individuen in seinem beständigen und stetigen Feld verteilt.«[18]

Mit diesem Text läßt sich gut zeigen, daß Foucault im Unterschied zu G. Oestreich Disziplinierungsprozesse nicht als Vorgänge beschrieben hat, die nur von oben betrieben werden. Foucault nennt sehr wohl die Macht von unten. Er überwindet damit die alte Herrschaftssoziologie, denn er geht nicht mehr von historischen Subjekten, Kaisern oder Kapitalisten aus, die Herrschaft nach ihren Bedürfnissen gestalten. Vielmehr ist die Rede von Macht, die niemand mehr für sich in Anspruch nehmen könne, von einer funktionierenden Maschinerie, die sich alle Personen und Institutionen, Handlungen und Wissensbestände unterordne. Auch die Allgegenwart (Ubiquität) und Diffusität der Macht ist erkennbar. Macht hat bei Foucault kein Zentrum mehr.

Statt dessen werden Machtwirkungen überall erzeugt, auch von unten nach oben und auf unterer Ebene gegenseitig. Es gibt also auch horizontale soziale Kontrolle. Aber diese Machteffekte entstehen nur in

Verbindung mit der jeweiligen Institution, die es erlaubt, solche Wirkungen zu erzeugen. Und zur Chronologie: Das 18. Jahrhundert habe nichts erfunden, sondern nur Verdichtungsprozesse erlebt, weil immer mehr Institutionen wie Grundschulen und Gefängnisse, Asyle und Armeen, Jesuitenkollegs und Generalhospitäler, Manufakturen und planmäßig angelegte Siedlungen ihre Machtwirkungen ausstrahlten: Es geht also weniger um präzise Entstehungszeitpunkte als um Phänomene der Verbreitung und Durchsetzung bestimmter sozialer Praktiken.

Macht versteht Foucault dabei nicht im Sinne von Herrschaft oder Unterdrückung. Sie ist vielmehr mit dem Wissen um den Menschen verbunden, das in diesen Institutionen entsteht und ausdifferenzierte Möglichkeiten der Selbstbeobachtung und der Leistungssteigerung bietet. Macht schafft erst die neuen Diskurse über die Gerechtigkeit. Macht ist ein produktives Prinzip, das dem einzelnen höchste Leistung bei gleichzeitiger Unterwerfung unter die Logik der Disziplin ermöglicht. Das Individuum ist dann nicht mehr eine letzte Instanz, sondern das Ergebnis der Machteffekte, fleischgewordener Treffpunkt all der diskursiven und nicht diskursiven Praktiken, die es umgeben.

Unstreitig stellt diese Vorstellung von der Macht in der Disziplinargesellschaft eine ganze Fülle liebgewordener Konzepte in Frage: die Freiheit des Individuums, die Möglichkeit des Fortschritts und der Gerechtigkeit, die humanistische Vorstellung von der Verbesserbarkeit des Subjekts durch Aufklärung und gute Institutionen.[19] Jenseits dieser hier ausgeklammerten Probleme ist es für den Historiker interessanter, ob die Foucaultschen Kategorien einen heuristischen Nutzen haben. Viele bestreiten das. So könnte man »Überwachen und Strafen« als alte Institutionengeschichte abtun. Da habe einer das Gefängnis und seine Techniken beschrieben und von da zu schnell auf die Struktur der ganzen Gesellschaft geschlossen.[20] Oder von der Gesellschaft auf die Institutionen, was unklar bleibe. Menschen seien aber nicht Anhängsel von Institutionen. Immerhin bliebe dann die Frage nach den langfristigen Wirkungen der Erfahrungen von immer mehr Menschen in immer mehr disziplinierenden Institutionen offen.[21] Statt einseitiger Auflösung der Dialektik der Aufklärung sei zwischen Disziplinierungs-, Kultivierungs- und Moralisierungsdiskurs zu unterscheiden.[22] Es wird auch eingewendet, das ganze Gerede vom Diskurs über Strafen und Gefängnisse sei im Grunde genommen »soziologisierende Ideengeschichte«.[23] Im Unterschied zur Ideengeschichte reiht Foucault aber nicht Höhenkammtexte aneinander. Es geht ihm nicht um das Eindringen in den verborgenen Sinn der Texte oder der Geschichte, sondern um die normativen und präskriptiven Wirkungen des Diskurses, die dieser gerade unterschwellig und nebenbei produziert.

Foucaults Nutzen für die Historie zu bestreiten, ist zunächst also ein recht einfaches Unterfangen, beim zweiten Hinsehen erkennt man aber schnell, daß dieser Autor zu viele interessante Fragen aufwirft, zu viele Probleme benennt, derer man sich nicht einfach entledigen kann.

Wir sollten deshalb zum Ausgangstext zurückkehren und ihn mit einem weiteren Blick auf Foucaults Werk konfrontieren. Es handelt sich um das Buch über die »Lettres de cachet«, die königlichen Siegelbriefe, mit denen der Herrscher an der normalen, langsamer arbeitenden Justiz vorbei schnell Personen ohne Gerichtsverfahren verurteilen und in eine geschlossene Anstalt sperren lassen konnte.[24] Die bisherige Forschung sah in den Siegelbriefen ein besonders drastisches Werkzeug absolutistischer Willkür. Foucault nutzte diesen Quellenbestand zur empirischen Füllung seiner These von den Machtwirkungen. Die Vergabe der Siegelbriefe band die Subjekte des Königs durch ein imaginäres Band an diesen und seine patriarchalisch oder absolutistisch handhabbare Herrschaft. Nicht Willkür, sondern ein recht effektives außergerichtliches Verfahren wurde erkennbar, in dem die örtlichen Polizeikommissare eine Art Leumundszeugnis nach einer summarischen Untersuchung in der Nachbarschaft der beschuldigten Person erstellten. Der ihnen vorgesetzte Polizeiminister legte dem König die Untersuchungsergebnisse zur Entscheidung vor.

Das als Ausnahme gedachte Verfahren wurde bald von der Bevölkerung so stark »angenommen«, daß der König nicht mehr allein bestimmte, ob jemand in eine geschlossene Anstalt gebracht wurde. Durch massenweise Anträge sollten Personen, die die Familie störten, »beseitigt« werden. Die Bevölkerung hatte sich das »Willkürinstrument« angeeignet, um mit ihm Macht auf unterer Ebene gegenseitig auszuüben: gegen ausschweifende Ehemänner, undisziplinierbare Söhne oder zu langlebige Erbtanten. Es wurde also gegenseitige soziale Kontrolle in einer Weise möglich, die bis dahin weder mit den Mitteln der herkömmlichen Justiz noch durch Selbstjustiz oder Ehrenhändel denkbar war. »Unten« wünschte man sich mehr Disziplin durch »Lettres de cachet« als »oben«. Hinzu kamen Mißbräuche der Polizeiverwaltung.[25] Diese nutzte das

Verfahren, um Täter, die ihr durch eigene Schlamperei entgangen waren, doch noch dingfest zu machen.

Wichtig an dem Hinweis auf die spezifischen Machtwirkungen innerhalb der Verwaltung ist die Überwindung eines zu einfachen Modells von Herrschaft, in dem nur oben und unten gegenübergestellt werden. Foucaults Beschreibung der erheblichen Spannungen innerhalb des Machtfeldes, das durch die Vergabe der »Lettres de cachet« gebildet wird, bestätigt, daß seine Vorstellung der Disziplinierung wenig zu tun hat mit einem Konzept der Disziplinierung von oben nach unten. Vielmehr unterstreichen die Spannungen zunächst seine These, daß Macht kein Zentrum hat, sondern überall wirkt.[26] Sie sei eine jeweils neu hergestellte Beziehung zwischen Kräften innerhalb einer Gesellschaft, die auf unterschiedlichen Feldern wirken. Macht erzeugte Effekte, die weder die Mächtigen noch die Abhängigen in der Hand haben. Macht wirke also nicht von außen auf soziale Beziehungen ein, sondern strukturiere sie intern. Sie ist nicht das abstrakt andere – etwa das »Entfremdete« herrschaftsfrei gedachter Subjekte oder Diskurse (Habermas) –, sondern immer schon in den sozialen Beziehungen vorhanden.

Gleichzeitig mit der Einführung der Vergabe von »Lettres de cachet« entsteht ein Wissen um diese Praxis und ihre Machteffekte: Das eine ist ohne das andere gar nicht denkbar. Foucault deutet Macht also als produktive Kategorie, die in ihrem Feld soziale Beziehungen mitgestaltet. Es geht ihm um die Überwindung eines juridischen Machtbegriffs, der am Konzept der Verbotsnorm festhält.[27] Macht schafft neue gesellschaftliche Möglichkeiten durch neue Wissensbestände. Beispiele sind neben dem Gefängnis mit seiner differenzierten Beobachtung der Entwicklung des Gefangenen das medizinische Wissen um den Körper, das der geschulte ärztliche Blick in der Klinik seit dem beginnenden 19. Jahrhundert gewinnt. Diese Wissensbestände sind immer gleichzeitig eine Erweiterung von Wissen und von Machtmöglichkeiten. Macht wird also nicht als ein begrenzendes und ausschließendes, sondern als ein ermöglichendes und integrierendes Phänomen konzeptualisiert.

Dagegen könnte man einwenden, das sei reduktionistisch und zeige die empirische Leere dieses übergreifenden Machtbegriffs an, wenn so gerade die interessanten Verwerfungen in einem Disziplinierungszusammenhang nicht untersucht würden. Foucault verwendet aber gleichzeitig einen zweiten, empirischen Machtbegriff, den er am historischen Material prüft.[28]

»Die einzigartige Praxis der Lettres de cachet zeigt so die Möglichkeiten auf, wie ein Machtmechanismus konkret funktionieren kann; natürlich nicht als Demonstration einer anonymen, repressiven und geheimnisvollen ›Macht‹; vielmehr als ein komplexes Beziehungsgeflecht zwischen einer Vielzahl von Partnern: eine Kontroll- und Strafinstanz, die über ihre Instrumente, Regeln und ihre eigene Technik verfügt, sich je nach den Zielen derer, die sie benutzen oder ihr zum Opfer fallen, verschiedener Taktiken bedienen kann, deren Auswirkungen sich verändern, deren Protagonisten den Ort wechseln; Verbesserungen werden vorgenommen; Gegensätze verstärken sich, bestimmte Positionen werden gefestigt, andere dagegen nach und nach untergraben.«[29]

Macht ist also ständig in Veränderung begriffen durch Handlungen und Positionswechsel der am Machtspiel beteiligten Akteure. Den empirischen Charakter von Foucaults Machtbegriff zeigt das folgende Zitat noch deutlicher:

»Die Geschichte sozialer Institutionen verläuft niemals so linear, wie die Texte und Reden selbst es uns glauben machen wollen. In dem Maße, wie man mit den Gerichtsarchiven vertraut wird, drängt sich die Vermutung auf, daß es auch hier kein Vorher und Nachher mit starren Grenzen gegeben hat. Der Antrag auf Festsetzung trägt seine Unausgewogenheit, die Möglichkeit des Mißbrauchs, der Ungenauigkeit und untragbarer Ungerechtigkeiten schon in sich. Die finstere Aggressivität der Familiengeheimnisse und habgieriger Zeugenaussagen ist zu sehr überfrachtet mit Leidenschaften, Demütigungen und Haß, als daß die ›Güte des Königs‹ immer wie eine heilende Salbe wirken könnte.«[30]

Foucault betont hier die systematische Differenz von (normativem) Text und Realität; er unterstreicht den gleitenden Übergang der Machtbeziehungen von normativem Feld zu normativem Feld. Er weist auf die Möglichkeit der Aneignung und inbesondere des Mißbrauchs von Macht sowie auf die Veränderbarkeit der Norm in sozialen Interaktionen hin, und schließlich werden die Grenzen der Steuerung des Feldes durch den König (die Obrigkeit) deutlich gemacht.

Der hier am Beispiel dargelegte Machtbegriff von Foucault ist so differenziert, daß er die historische Forschung anregen kann. Die »transzendentale« Komponente des Machtbegriffs, der die umfassende, diffuse, alle an der Machtbeziehung Beteiligten bindende Wirkung der Macht behauptet, sensibilisiert für die Machtwirkungen aller Diskurse und sozialen Beziehungen und ermöglicht ein neues Verständnis von Macht als einer produktiven Kategorie.[31] Damit ist impliziert, daß Macht/Wissen erst die sozialen Beziehungen ermöglicht. Foucault reduziert Macht gleichzeitig auf das, was sich in diesen Beziehungen jeweils aktuell vollzieht. Außerhalb dieser gibt es keine Macht.

Die empirische Komponente des Foucaultschen Machtbegriffs akzentuiert ein Verständnis von Macht als einem relationalen Phänomen. Damit umschließt sie die für die Beschreibung jeder Machtrelation konstitutive Beziehung zwischen den mindestens zwei Personen oder Institutionen A und B, wobei A gegen Widerstände B dazu bringt, etwas zu tun, was A will. Gleichzeitig unterstreicht sie aber die relative Variabilität von Machtpositionen. Durch die systematische Setzung eines engen Zusammenhangs von Macht und Wissen wird heuristisch auch für die empirische Ebene die parallele Untersuchung von Diskursen und Dispositiven angeregt, also einer Entkopplung von Ideen- und Sozialgeschichte entgegengewirkt. Gleichzeitig wird die Differenz zwischen Diskurs und »Realität« systematisch impliziert.

III.

Im folgenden soll das diskursive Feld Justiz im Sinne Foucaults in groben Strichen dargestellt werden.[32] Die Aufgabe der Justiz ist die justizförmige Regelung gesellschaftlicher Konflikte durch Gerichte, Polizei und andere Institutionen wie Gefängnisse. Dazu stehen politische und gesellschaftliche Legitimität, Personal, Finanzmittel und ein Normensystem zur Verfügung. Diskurse werden in Gerichtsverhandlungen und Gesetzgebungsvorgängen, bei polizeilichen Ermahnungen und in Berichten über die Justiz gepflogen. Nichtdiskursive Praktiken bestehen in Form von Polizeiuniformen und Gerichts- und Gefängnisarchitektur, in Sitzordnungen beim Prozeß und auf Polizeistationen und in Strafpraktiken wie der Brandmarkung oder Hinrichtung.

Mit dem Feld verknüpft ist auch die Bevölkerung, die zunächst eigene Formen der Konfliktregulierung, eigene finanzielle, personelle und symbolische Ressourcen hat. Damit sind eigene Diskurse über Recht und Gerechtigkeit, Konfliktlösung und Interessendurchsetzung verbunden. Gelegentlich läßt sich das »Volk« auf die justizförmigen Lösungen ein. Dabei werden unterschiedliche soziale Felder gewissermaßen zusammengeschlossen. Die Bevölkerung tritt in Kontakt mit den

Institutionen und wirkt auf die gesellschaftliche und politische Legitimität der Justiz ein. Die Justiz ihrerseits beeinflußt durch Polizeimaßnahmen und Urteile, Festnahmen, Bestrafungen und Freisprüche, also durch ihre diskursiven und nichtdiskursiven Praktiken, die Bevölkerung.

Das Feld wird durch eine Reihe von Normen strukturiert, die es gleichzeitig konstituieren: Gerechtigkeitsvorstellungen, Gesetze, Verfahrensnormen, Umgangsformen. Darüber gibt es mehr oder minder explizite Diskurse der verschiedenen an dem Feld Beteiligten: von Gesetzgebern und Juristen, Politikern und Richtern, Polizisten und Beamten, Angeklagten und Gefangenen, Bürgern und Gaunern. Man könnte also eine Fülle von verschiedenen Machtbeziehungen innerhalb des diskursiven Feldes Justiz untersuchen, die ganz unterschiedliche Relationen und Spannungen, Verschiebungen der Diskurse und der Macht an den Tag bringen könnten. Gemeinsam ist ihnen allen, daß sie erst im Kontext der Justiz entstehen und sich hauptsächlich auf diese beziehen.

Im folgenden sollen nun aber nur die bisher zu wenig beachteten Diskurse und Praktiken der Bevölkerung und ihre Wirkungen auf das Feld näher dargestellt werden. Verwendet wurden Archivalien der Pariser Polizeikomissare des 18. Jahrhunderts, bei denen jeder Bürger eine Klage einreichen konnte.[33] Im einzelnen wurden 80 Klagen genauer ausgewertet; dazu kommen in 60 Fällen noch Zeugenverhöre und manchmal auch Verhöre der Beklagten. Ich stütze mich ausschließlich auf Behauptungen aus Beleidigungsklagen.[34] Die dabei beobachteten Phänomene geben allgemeinere Praktiken gut wieder. Die Kläger und Beklagten kommen nämlich aus allen Gesellschaftsschichten mit einem gewissen Schwerpunkt in der Mittel- und der gehobenen Unterschicht. Ihre Justizphantasien weichen nicht von den Äußerungen in Klagen wegen anderer Delikte ab.

In den Phantasien der Pariser Bevölkerung taucht die Justiz zunächst bei Beschreibungen von Personen auf, die dadurch näher gekennzeichnet werden, daß sie Kontakt mit der Justiz hatten: So wertet z. B. die recht konkrete Anspielung, daß »die Eltern des anderen gehängt« worden seien, einen Gegner ab.[35] Jemand, dessen Eltern am Galgen endeten, kann schwerlich ein ehrbarer Zeitgenosse sein. Der Makel wird gewissermaßen vererbt. Noch geschickter ist der in seinem Kern weniger leicht überprüfbare, bewußt unklare Hinweis, der Wein eines

Händlers sei »durch die Hand des Scharfrichters nachgedunkelt«.[36] Hier könnten Andeutungen auf Blut, das – möglicherweise bei Streitereien – geflossen ist, gemeint sein. Auch ist vielleicht ein Kontakt mit der Blutgerichtsbarkeit gemeint. Jedenfalls werden hier gezielt solche unpräzisen Vorstellungen mobilisiert, die auf Ängste verweisen. Beide Beispiele zeigen spezifische Machtwirkungen der Justiz auf andere soziale Beziehungen, die von den Betroffenen in ihren Alltagsvorstellungen diskursiv mobilisiert werden.

Weniger allgemein sind Drohungen mit der Justiz. Häufig kündigt jemand an, er werde »den Polizeikommissar« oder »die Wache holen«, was sich bis zu der phantastischen Vorstellung steigern kann, man werde »die gesamte Polizei auf ihn hetzen«.[37] Damit steigert sich die Ankündigung bereits von einer im Alltag nicht unüblichen Handlung zu einer ganz weitgehenden Machtphantasie. Prognosen über den Ausgang der polizeilichen und gerichtlichen Verfolgung werden oft gleich mitgeliefert. So heißt es in einer Auseinandersetzung zwischen verfeindeten Tierzüchtern, von denen einer eine Ehe verhindern will, »der [Bräutigam einer Dame] werde sicher nur noch aus dem Gefängnis herauskommen, wo er sich [ja] befinde, um gehängt und gerädert zu werden«.[38] Ähnlich erklärt eine Bourgeoise de Paris einem Weinhändler: »Man hat schon bessere als dich gehängt« und verstärkt den Hinweis dann noch mit der Bemerkung, sie »werde ihn erhängen oder mindestens auf die Galeeren schicken lassen«.[39] Hier wird im Tonfall bereits eine Verschärfung erkennbar: Die Dame geht von der Prognose des Handelns der Justiz zur Ankündigung von eigenen Handgreiflichkeiten über. Ähnlich drohen denn auch häufiger andere Zeitgenossen, sie würden die Gegnerin nach Bicêtre, in das bekannte Frauengefängnis, oder allgemeiner ins »hôpital«, also ins Arbeitshaus, bringen.[40] Hier wird auf eine Denunziation bei der Polizei – vorzugsweise wegen Prostitution – angespielt. Die Handlungsmöglichkeiten der Drohenden ergeben sich ausschließlich aus der Existenz von Justizinstitutionen und den in ihnen üblichen Verfahren. Die ermöglichende, produktive Rolle dieses Machtkomplexes wird daran gut sichtbar.

Schließlich kommt es dann auch zur Realisierung von solchen Phantasien. Beispielsweise setzte ein Mann, der offenbar mit seiner Angetrauten unzufrieden war, ihr Vermögen verschleuderte und sich mit seiner Geliebten vergnügte, für seine Einschüchterungsstrategie fal-

sche Kommissare ein. Er verkleidete »einige Männer mit den ›Robes de Palais‹ [den Richterroben der Kommissare; M. D.]« und ließ sie zu sich ins Haus kommen. Einer der Zeugen erklärt dazu, daß »die [Männer] sich als Kommissare bezeichneten und die Klägerin bedrohten«.[41]
Noch weiter ging ein gewisser Vermieter François, der nicht nur »falsche Kommissare« einsetzte, sondern seine Beziehungen zu einem Schutzmann ausnutzte, um seine Gegnerin in aller Öffentlichkeit in eine Falle laufen zu lassen: Sein Polizeifreund sprach die Dame auf offener Straße an und warf ihr Diebstahlsabsichten vor. In diesem Moment tauchte François auf und behauptete, die Frau habe ihm »ein Taschentuch gestohlen und 20 Meter weiter zwei Hühner entwendet«. Die Tiere hatte er geschickt gerade hinter ihr fallen lassen. Die Frau wurde nun festgenommen und ins Gefängnis abgeführt. François erklärte dort weiter, sie sei gebrandmarkt, also eine gefährliche Verbrecherin. Bei der entsprechend entehrenden Prozedur zur Überprüfung dieses Vorwurfs wurde der Frau das Hemd heruntergezogen. Dabei stellte sich die ganze Geschichte allerdings als erfunden heraus.[42]
Diese letzten Beispiele zeigen gut, wie leicht die Phantasien in Handlungen übergehen konnten. Dabei eignen sich die Akteure auch die nichtdiskursiven Praktiken – hier die Kontrolle der Brandmarkung und die Gefängnisusancen – innerhalb des Machtfeldes an.
Als Gegengewicht gegen solche Drohungen und Einschüchterungen müssen die häufigen Hinweise betrachtet werden, in denen die Zeitgenossen erklären, sie hätten keine Angst vor der Justiz.[43] So kontert ein Maurermeister die Drohung mit der Wache durch die Bemerkung, die Polizei »ist mir ganz egal, und ich fürchte sie nicht«.[44] Noch geschickter ließ sich die eigene Stärke zeigen, indem man behauptete, gute Beziehungen zur Justiz zu haben. So meinte ein Zeitgenosse, »ich habe keine Angst vor den Richtern, weil ich ›protections‹ habe«.[45]

Was läßt sich nun aus diesem Material entnehmen? Als erstes drängt sich die Feststellung auf, daß Anspielungen auf Kontakte zur Justiz, Drohungen mit der Justiz und die Behauptung von Furchtlosigkeit gegenüber der Justiz recht häufig vorkommen. Insgesamt scheint die Justiz also in der alltäglichen Vorstellungswelt der Pariser Bürger einen nicht unerheblichen Platz einzunehmen. Sie scheinen den Justizapparat als eine selbstverständliche Erscheinung zu betrachten, die man in die aktuellen eigenen Konfliktstrategien einbauen kann. Das staatliche in-

stitutionelle Angebot wird also von der Bevölkerung zumindest für ihre Vorstellungswelt – wie man heute sagt – »angenommen«.
Es wird zweitens sogar recht aktiv angeeignet. Einerseits wird der behauptete Kontakt mit der Blutgerichtsbarkeit benutzt, um andere zu desavouieren. Da scheint das Bild der richtenden übermächtigen Institution auf. Ebenso markiert eine zukünftige Verurteilung als Verbrecher durch die Justiz negativ. Gleiches gilt auch für Kinder von früher verurteilten Eltern.
Andererseits brüstet man sich mit einer lässigen Überlegenheit gegenüber Polizei und Strafverfolgungsbehörden. Man tut so, als würde einen keine Drohung schrecken, während man andererseits erklärt, den ganzen Apparat einzusetzen. Das mögen nun spiegelbildliche Entsprechungen sein, die sich gegenseitig nach dem Motto hochschaukeln: Je mehr hohle Drohungen desto mehr Überlegenheitsankündigungen. Wir könnten dann die Erörterung an dieser Stelle durch einen Hinweis auf die Dynamik von Drohritualen mit psychologischen Erklärungen beenden. Eine gewisse Angst vor den Justizinstitutionen würde dann allenfalls durch solche Phantasien überspielt. Es würde sich bei den Beispielen um nicht ganz ernst zu nehmende Machtphantasien handeln, denn die Vorstellung, man brauche den anderen nur anzuklagen, und das Gericht werde ihn dann geradezu automatisch ins Gefängnis bringen, ist nicht sehr realistisch.[46] Die Justiz ist weniger verfügbar, als es in diesen Justizvorstellungen scheint. Müßten wir dann lediglich annehmen, daß die Pariser Bürger ein bißchen »spinnen«, was in der Geschichtsschreibung allerdings immer der schlechteste Weg zur Lösung eines Problems ist?[47] Oder sollte beim Umgang mit historischen Subjekten nicht zumindest hypothetisch deren praktische Vernunft unterstellt werden? Auf jeden Fall bliebe auch bei unterstellter »Spinnerei« zu klären, was die Erfolgsbedingungen für solche Drohrituale waren.
Darüber hinaus spricht in unserem Material aber noch mehr gegen den psychologischen Reduktionismus: Es bleibt ja nicht bei den Drohungen, sondern unzählige Klagen, die »falschen Kommissare« und der Einsatz von befreundetem Polizeipersonal zur Festnahme auf der Straße zeigen die Umsetzung der Phantasien in die Praxis. Die phantastischen Drohungen mit der Justiz stehen also nicht allein, sondern sie sind Teil eines Handlungskontinuums in der Bevölkerung: Die einen drohen, andere inszenieren die polizeilichen Handlungen gewissermaßen als »Theater«, teilweise sogar mit »echtem« Personal. Es besteht

drittens also ein recht enger Zusammenhang zwischen Phantasien und phantasievollem Handeln, den man als »soziale Tatsache« festhalten sollte.

Das Entscheidende an diesen Phantasien scheint mir nun folgendes zu sein: Es geht in ihnen nicht in erster Linie um die Ankündigung einer möglichen Verhaltensweise, wie z. B. die Polizei zu holen. Vielmehr wird in diesen Phantasien die Justiz als eine relativ verfügbare Institution gedacht, die man nach eigenem Geschmack für individuelle Ziele einsetzen kann. Dieser Einsatz der Justiz wird letzlich in einer gewissen Spannung zu den real vorhandenen Chancen, die Justiz für die eigenen Zwecke in Anspruch zu nehmen, konzipiert. Damit ist aber einer der diffusen Machteffekte dieses Feldes bezeichnet, der nur entstehen kann, wenn es eine Justiz gibt. Der Drohdiskurs bleibt nicht ohne Wirkungen auf das Justizsystem, handele es sich auch nur um Störungen des normalen Ablaufs oder den Beleg, daß die Angst vor der Justiz so groß ist, daß es sich lohnt, damit zu drohen. Die Justizphantasien stehen außerdem in einem gewissen Widerspruch zur ausgleichenden Funktion der Justiz, denn sie legen die Vorstellung frei, man könne die Justiz als verlängerten Arm eigener Strategien benutzen. Vor dem Hintergrund dieser vorläufigen Definition soll im folgenden der sonstige Umgang der Bevölkerung mit der Justiz untersucht werden. Aus der Analyse des Spannungsverhältnisses zu anderen real möglichen Justiznutzungen und zur Friedensfunktion der Justiz werden wir ein klareres Bild vom Charakter der Justizphantasien gewinnen können.

IV.

Als Justiznutzung bezeichne ich im folgenden ganz allgemein den Umgang mit der Justiz. Der Begriff Nutzung setzt jeweils einen Nutzer und ein Objekt voraus. Nun gibt die Struktur eines kulturellen Objektes sowohl die Möglichkeiten wie die Beschränkungen seiner Nutzbarkeit vor. Im Gerichtssaal sollten in der Regel nur Rechtsfälle verhandelt werden. Dementsprechend lassen sich aus den Vorgaben des Objektes jeweils seinen Regeln konforme und nicht konforme, also eigentlich nicht seinem »Programm« entsprechende Nutzungen denken. Aus der Zielsetzung des Nutzers kann es sich aber ergeben, daß er unkonventionelle Nutzungen bevorzugt. Für einen Passanten z. B. kann der Gerichtshof wegen seines Schattens oder seiner Toiletten interessant werden. Diese Aneignungen sind dann zwar nicht unbedingt vorgesehen, aber sie verändern auch die Funktion des Genutzten nicht. So würde eine eher traditionelle Sicht, die von der Durchsetzung bestimmter ausschließlicher Normen her denkt, die Justiz konzipieren. Es gibt in ihr akzeptierte und ausgeschlossene Nutzungen.

Demgegenüber könnte es heuristisch fruchtbar sein, mit Foucault die Justiz als ein Machtfeld zu sehen, das durch seine Existenz die verschiedensten Verhaltensweisen erst ermöglicht und sich umgekehrt durch die sozialen Praktiken jeweils konstituiert. So könnte es nämlich zutreffen, daß sich die Justizphantasien als eine Aneignung herausstellen, die tendenziell die Bedeutung der Justiz über die Grenze ihrer juridischen Selbstdefinition hinaus verschiebt. Die nun folgende Untersuchung der Justiznutzungen dient also zunächst dazu, einige konforme Varianten genauer einzugrenzen.

Im Paris des 18. Jahrhunderts scheint es recht selbstverständlich gewesen zu sein, sich an die Polizei zu wenden. So enthalten die Tagebücher der 40 bis 50 Kommissare täglich oft mehrere Einträge über Personen, die zu ihnen kamen und sich übereinander beschwerten oder bei einem Streit von Mitbürgern der Polizei überstellt worden waren. In der Regel wird dann vom Schreiber notiert, daß der Kommissar die Betroffenen ermahnt habe, sich in Zukunft vorzusehen. Danach werden sie wieder weggeschickt.[48] Außerdem gab es eine Vielzahl direkter Kontakte ohne schriftlichen Niederschlag.

Auch wendeten sich überforderte Eltern an den Kommissar im Stadtteil, um einen unbotmäßigen Sohn »zusammenstauchen« zu lassen.[49] Verärgerte Handwerksmeister suchten eine Stärkung ihrer geschwächten Autorität gegen allzu freche Lehrlinge oder Gesellen, um sie zu regelmäßiger Arbeit zu veranlassen.[50] Überforderte Ehefrauen wandten sich an ihn in der Hoffnung, den saufenden und aushäusigen Gatten wieder zur Raison zu bringen.[51] Schließlich holte man den Vertreter der Staatsmacht sogar, um eine geplante Hochzeit durchzuführen.[52] In diesem Fall hatte sich bereits die Hochzeitsgesellschaft in der Wohnung des Bräutigams eingefunden, konnte aber nicht zur Kirche losgehen, weil ein Teil der Familie – wohl aus erbrechtlichen Bedenken – versuchte, die Eheschließung durch Beleidigungen und Anwendung körperlicher Gewalt zu verhindern. So mußte man schließlich geradezu

»Polizeischutz« erbitten. Man holte den Kommissar, der dann das Paar zur Kirche begleitete.

Diese Beispiele zeigen hinreichend, wie verbreitet es war, den Kommissar um die Mithilfe bei der Lösung ziemlich privater Probleme zu bitten. Es gab also tatsächlich recht naheliegende Möglichkeiten, sich die polizeiliche Gewalt für die Lösung eigener Konflikte zunutze zu machen. Wir können hier an das eingangs zur Praxis der »Lettres de cachet« Gesagte erinnern. Es gelang der Bevölkerung als Klientel von Polizei und Justiz, Verfahrensangebote für sich so auszunutzen, daß der obrigkeitlich intendierte Zweck der Institution schleichend verändert wurde. Das »Volk« beeinflußte so ständig die Machtverhältnisse im Feld der Justiz.

Es ist nun denkbar, daß diese Einspeisung von gesellschaftlichen Konflikten in justizförmige Bearbeitungsformen auch zu Veränderungen auf seiten derer führte, die sich beim Kommissar beklagten. Der verbreiteten rechtshistorischen Literatur liegt bekanntlich das evolutionistische Schema zugrunde, daß die Selbsthilfe durch den Prozeß bei Gericht historisch abgelöst worden sei.[53] Ähnlich könnte man sich vorstellen, daß Konflikte, wenn sie einmal in das Rechtssystem eingebracht sind, nicht mehr außerhalb seiner Institutionen behandelt werden. Die friedensstiftende Funktion der Justiz wäre dann erfolgreich zum Zuge gekommen. Ich möchte deshalb im folgenden der Frage nachgehen, welchen Stellenwert eine zur Niederschrift beim Kommissar eingereichte Klage für die Lösung von Konflikten hat. Deshalb wähle ich absichtlich die schriftliche Klage als einen bereits weiter formalisierten, also »fortgeschritteneren« Typ von Rechtsnutzung gegenüber nur mündlichen Beschwerden. Mit der Verschriftlichung erreicht die Konfliktbearbeitung im Rechtssystem einen Verfestigungsgrad, der eine gewisse Höherstufung der Auseinandersetzung durch Einschaltung einer externen Institution zur Schlichtung bedeutet.

Aufschlußreich scheint mir dabei zunächst der Zeitpunkt einer Klageerhebung in einem Konfliktablauf. Die Auswertung der untersuchten Klagen ergibt für die 35 Fälle, in denen sich das ermitteln ließ, zum Teil erhebliche Vorlaufzeiten bis zum Zeitpunkt der ersten Klage. Die Konflikte dauerten in knapp der Hälfte aller Fälle bereits zwischen einem Monat und sechs Monaten, in knapp einem Drittel sogar länger als ein halbes Jahr, darunter in jedem zehnten Fall bereits mehr als zwei Jahre. Die durchschnittliche Konfliktdauer beträgt zehn Monate. Dies zeigt, daß es gegenüber der – durch eine schriftliche Klage formalisierten – Einschaltung der Justiz eine gewisse Zurückhaltung gab, und die Bevölkerung oft lange Zeit selbst versuchte, den Konflikt zu lösen. Drohungen mit der Justiz könnten unter diesem Gesichtspunkt also die Funktion haben, eine Höherstufung eines Konfliktes in einer längeren Auseinandersetzung anzukündigen. Sie wären dann eine Art Warnschuß. Mit ihm wird bedeutet, daß man nun gewillt ist, die Konfliktregelung unter Gleichgestellten zugunsten der Einschaltung des mächtigeren Staatsapparates zu verlassen. Gleichzeitig zeigt diese lange Vorlaufzeit und die Entwicklung der Justizphantasien, wie in sozialen Beziehungen Konflikte aus einem Feld in ein anderes überwechseln und dabei die jeweils spezifischen Machteffekte die Art der Auseinandersetzung neu konstituieren. Auch hier wird wieder die Produktivitität von Macht nachvollziehbar.

Die festgestellte lange Dauer von Konflikten vor dem Beginn einer Klage verweist aber auch auf die geringeren Möglichkeiten in vorindustriellen Gesellschaften, einem Konfliktgegner auszuweichen. Statt dessen mußte man langwierige Konflikte wegen der starken Vermischung familiarer, ökonomischer und lokaler Bezüge oft über Jahre hindurch weiter ertragen.[54] Die Familie war bekanntlich noch mit vielen Funktionen belastet, die sie heute nicht mehr erfüllen muß, Arbeitsverhältnisse enthielten mehr Erwartungen an die ganze Person als moderne Lohnverhältnisse, und die Nachbarschaft wirkte auch in der Großstadt stärker als Instanz sozialer Kontrolle. Die Kopplung dieser Elemente erhöhte erheblich die Konfliktkomplexität. Eine der wichtigsten Justizphantasien, die Drohung mit der Justiz, wäre dann möglicherweise als eine Art Scheinlösung für solche Konflikte zu deuten: Man konnte sie real zwar nicht beenden, imaginierte aber den starken Arm der Justiz als eine schnelle Befreiung vom Dauerdruck.[55]

Wie wirkte nun aber eine Klageerhebung? Sie unterbrach die Konflikte interessanterweise nicht. Vielmehr begannen etliche Konflikte mit Zivilklagen, etwa wegen nicht bezahlter Schulden. Das führte dann nicht selten zu beleidigenden Reaktionen der Beklagten, die es für eine »Unverschämtheit hielten, vor Gericht geladen zu werden«.[56] Auch wartete man häufig das Ergebnis dieser Klagen gar nicht ab, sondern begann bei der nächsten sich bietenden Gelegenheit einen anderen Konflikt.[57] Die Klage unterbricht nicht die anderen Formen der Konfliktaustragung. Vielmehr erscheint die Klageerhebung im Alltagshandeln der Pariser

Bevölkerung als eine unter mehreren Optionen, Konflikte zu lösen. Die Lösungswege werden dabei nach Nützlichkeitserwägungen mit einer gewissen Tendenz zur Funktionalisierung der Gerichte ausgewählt.[58] Ob Zivilklage, Ehrenhandel oder Beleidigungsklage, die Akteure wählten sich die Mittel zur »sozialen Kontrolle« der anderen, die sie für angemessen hielten.

Sie wissen übrigens auch um diese Handlungsweise bei ihren Mitbürgern. Ihnen werfen sie nämlich manchmal vor, daß sie etwas nur getan hätten, um ihnen eine Klage anzuhängen. Die Klage ist also ein »Schachzug« unter anderen, um den Gegner zu schädigen. Dies wird durch die Schuldvermutung gegen den Angeklagten sehr erleichtert. Und dementsprechend sollte es auch nicht verwundern, wenn sich manche Streitparteien gegenseitig geradezu mit Serienklagen überziehen; Beleidigungen und Klagen wechseln dann einander ab.[59]

Die beschriebenen Justiznutzungen führen zu einem widersprüchlichen Befund, der auf Spannungen verweist: Einerseits besteht Zurückhaltung gegenüber der justizförmigen Konfliktaustragung, die man lange hinausschiebt. Andererseits wird sie ziemlich ungeniert als ein Mittel neben andern gewählt. Es zeigt sich eine gewisse Ambivalenz zwischen der aktiven Nutzung und dem Versuch, Abstand zu halten. Diese Spannung spaltet praktisch jeden Akteur: Er spürt die Machtmöglichkeiten einer Klage oder einer »Lettre de cachet« und hält sich doch gewisse Zeit vor ihr zurück. Jeder weiß aber auch, daß es dem andern genauso geht. Möglicherweise dienen die Justizphantasien also auch dazu, solche Spannungen zu bewältigen. Mit ihnen würde dann verbal ausagiert, was man tatsächlich noch nicht tut. Oder man inszeniert etwas gerade unterhalb der Justizschwelle wie bei der Einschüchterung mit den »falschen Kommissaren«. In jedem Fall zeigen sich aber wieder die Machtwirkungen der Justiz als Bedingung für mögliche Handlungen sozialer Akteure.[60]

V.

Anhand der Justiznutzungen ließ sich zeigen, wie selbstverständlich die Bevölkerung einmal erhobene Klagen in ihre alltäglichen Konfliktstrategien einbaute. Nützlichkeitserwägungen leiteten sie dabei. Wäre es dann nicht auch denkbar, daß die Justizphantasien eine der Formen sind, Recht und Gerechtigkeit in einer gegebenen Gesellschaft umzudefinieren und damit die von den Juristen geplanten Grenzen zwischen systemkonformer und nonkonformer Nutzung zu überschreiten, indem man versucht, das ganze Machtfeld zu verschieben? Die Klageerhebung ist eine Aktionsform der Bevölkerung, an der Definition von Gerechtigkeit teilzunehmen. Analog könnten auch die hier behandelten Phantasien auf einen solchen Anspruch hinweisen, den Diskurs über Gerechtigkeit mitzubestimmen.

Wir hatten oben in der vorläufigen Definition festgehalten, daß die Phantasien in einer gewissen Spannung zur Friedensfunktion der Justiz stehen. Sieht man sich genauer die imaginierten Handlungen an, dann erweist sich diese Spannung als erheblich: So stellt sich ein Oberbuchhalter (von Militärkrankenhäusern) vor, nicht der zuständige Staatsfunktionär, sondern er selbst werde als Kommandeur aus eigener Macht seinem Gegner die gesamte Polizei hinterherhetzen.[61] Er setzt sich im Geiste also an die Stelle des Lieutenant de Police – der übrigens die Einsatzbereitschaft seiner Polizeitruppe weniger optimistisch einschätzte.[62]

Eine ähnliche Neubesetzung von gesellschaftlichen Entscheidungspositionen deuten auch die Personen an, die Prognosen über Gerichtsurteile aussprachen: Die Behauptung, der andere käme »allenfalls noch aus dem Gefängnis, um gehängt oder gerädert zu werden«, funktioniert nach dem gleichen Mechanismus: Der Tierzüchter wähnt sich als Richter und den Gegner damit schon als gerichtet.

Gerade an diesem Beispiel wird aber deutlich, wie weit die Justizphantasie über unrealisierbare Drohungen hinausgeht. Die Verschiebung im Bild des Richters von einem in der verfassungsrechtlichen Theorie als unparteiisch gedachten Funktionsträger zu einem automatischen Vollstrecker der Klägerinteressen ist fundamental. Sie stützt sich nämlich gleichzeitig auf die (relative) gesellschaftliche Glaubwürdigkeit des Amtes und auf die allgemeine Praxis, die Justiz für eigene Interessen zu funktionalisieren. Damit verknüpft sie geschickt zwei geläufige Wissenshorizonte, die unmittelbar eingängig sind. Gerade deshalb kann sie sozial wirkungsvoll werden.

Die grundlegende Infragestellung sämtlicher Justiz bleibt aber in ihr enthalten, genauso wie auch die Polizei von einem gesellschaftlichen Ordnungsfaktor zu einem Instrument zur Durchsetzung von Partikularinteressen umgedeutet wird. Damit wird aber möglicherweise der Wunsch nach einer Umverteilung gesellschaftlicher Macht angedeutet: Nicht die Justiz, der Gesetzgeber oder die Polizei sollen durch Interessenabwägung bestimmen, was Gerechtigkeit ist und wie sie hergestellt wird, sondern der Phantasierende selbst. An der Szene mit den falschen Kommissaren und mit dem kooperationswilligen Freund bei der Polizei haben wir gesehen, wie weit solche Vorstellungen realisierbar sind. Sie zeigen, daß es bei den Justizphantasien um wesentlich mehr geht als um ein etwas abwegiges »Rechtsgefühl«.

Ich möchte deshalb zur Diskussion stellen, ob sich solche Phantasien nicht auch als Tendenz zur Anarchie deuten lassen, die allerdings sehr bruchstückhaft thematisiert wird. »Anarchie« soll hier nicht den positiven Traum von einer herrschaftsfreien Gesellschaft bezeichnen[63], sondern wird – in der Tradition von Bodin und auch entsprechend der Politisierung des Konzepts nach der Französischen Revolution – als Gegenbegriff zu Ordnung und Gesetzlichkeit gebraucht. Zwar stützen sich die Phantasierenden in Gedanken auf den machtvollen Staatsapparat. Dessen Mißbrauch für eigene Zwecke würde aber gerade jede an Gesetze gebundene politische Ordnung zerstören.

Sollten nach allem, was die Forschung bisher über die Wünsche nach der Umkehrung der Welt im Karneval gezeigt hat, nicht ähnliche Phänomene auch im Bereich der Justizphantasien zu beobachten sein? Nach aller bekannten zeitgenössischen Kritik an der Parteilichkeit und Bestechlichkeit der Justiz im Ancien Régime wäre es doch nicht erstaunlich, wenn eine Veränderung nicht nur in der Aufklärungsliteratur und in populären Druckschriften, sondern auch in den Alltagsphantasien eingeklagt würde! Wenn sich in der Auseinandersetzung um Brotpreise Vorstellungen von einer gerechteren Verteilung der Nahrung zu akzeptablen Preisen feststellen lassen, warum soll dann in den Justizphantasien nicht auch ein gewisses utopisches Potential stecken?[64]

Mit diesen Überlegungen würde allerdings selbst das sozialgeschichtliche Rechtsverständnis der angloamerikanischen Historiographie noch radikalisiert. Sie stellte fest, daß gesellschaftliche Normen Gegenstand eines Aushandlungsprozesses sind. Die Praxis des »bargaining« setzt allerdings Partner voraus, die sich an gemeinsam festgelegte Spielregeln halten und diese gegebenenfalls weiterentwickeln. Dabei ist ein gewisses Machtgefälle zwischen Obrigkeit und Bevölkerung durchaus einkalkuliert.

Die Untersuchung der Justizphantasien legt nun die Hypothese nahe, daß in den Gesellschaften des Ancien Régime durchaus ein Potential vorhanden war, das insgesamt die friedensstiftende Funktion der Justiz in Frage stellte. An ihrer Stelle vermutete man einerseits Bestechlichkeit und Rechtsmißbrauch der Herrschenden, andererseits wünschte sich so mancher einen mächtigen Apparat zur Durchsetzung der eigenen Interessen.

Im Gewand von Drohungen mit der Justiz verbarg sich somit die alte Selbsthilfe, ja auch die Möglichkeit von Rache. Im Unterschied zu den Vorstellungen von Gerechtigkeit in der »moral economy« von Thompson geht es bei diesen radikalsten Justizphantasien aber nicht um eine verallgemeinerbare konstruktive Gesellschaftsvorstellung. Vielmehr wird implizit der gesellschaftliche Friede durch die machtgestützte Durchsetzung eigener Interessen und die Unterstellung von Korruptheit und Mißbrauchbarkeit der Justiz in Frage gestellt. Mag es sich dabei auch um einen naiven Umgang mit der Macht der Justiz handeln, eine gewisse Tendenz zur Anarchie drückt sich wohl in ihm aus.

VI.

In Justizphantasien wird die Justiz als eine relativ verfügbare Institution gedacht, die man nach eigenem Geschmack für individuelle Ziele einsetzen kann. Dieser Einsatz der Justiz wird letztlich in einer Spannung zu den real vorhandenen Chancen und in einem gewissen Widerspruch zur institutionell geplanten, ausgleichenden Funktion der Justiz als Fortführung eigener Strategien konzipiert.

Justizphantasien sind relativ weit verbreitet. Sie zeigen, daß die Justiz in der Vorstellungswelt der Bevölkerung eine große Rolle spielt. Die Bürger eignen sich Polizei und Justiz in den Phantasien aktiv an. Gewisse phantastische Verhaltensweisen zeigen außerdem eine Tendenz zur Realisierung solcher Phantasien in der Praxis. Während also einerseits der enge Zusammenhang zwischen Phantasien und Handeln festzuhalten ist, sind andererseits durchaus unterschiedliche Grade der Realisierbarkeit dieser Vorstellungen gegeben. Justizphantasien können also in einem ersten Schritt als eine unter anderen Nutzungen des obrigkeitlichen institutionellen Angebots Justiz gedeutet werden. Sie treten hier insbesondere im Spannungsfeld zwischen gruppeninternen Konfliktlösungen und der Anrufung der Justiz z. B. als Warnung vor der Höherstufung eines Konflikts auf. Darüber hinaus verweisen sie auf länger dauernde, schwer lösbare Konfliktlagen. Sie verdeutlichen dabei den Wunsch, kurzfristig real nicht überwindbare Spannungen schnell durch die mächtigere Justiz lösen zu lassen. Insgesamt stützen sich die Justizphantasien auf die in einer gegebenen Gesellschaft weit verbreitete intensive Nutzung der Polizei und Gerichte. Sie zeigen insofern auch eine große Vertrautheit einer Bevölkerung mit ihren Justizinstitutionen. Manches spricht dafür, daß sie darüber hinaus aber auch ein gewisses anarchisches Potential in einer Gesellschaft sichtbar machen. In ihm werden Gerichtsbarkeit und Polizei noch nicht oder nicht mehr als neutrale oder obrigkeitliche Institutionen akzeptiert. Vielmehr wünscht man sich eine Umkehrung gesellschaftlicher Verhältnisse, in denen die eigenen Interessen mit dem mächtigen Justizapparat bruchlos durchgesetzt werden sollen.

Justizphantasien erweisen sich also insgesamt als interessanter Zugang zu der vielschichtigen Wirklichkeit von Gesellschaften mit ausdifferenzierten Rechtssystemen. Sie zeigen, wie selbst innerhalb des hoch verregelten Funktionssystems Justiz Vorstellungen weiterbestehen, die ständig dessen Grundlagen in Frage stellen. Solche populären Diskurse, die die entsprechenden Praktiken anleiten, sind ein Hinweis auf die potentielle Instabilität von Justizsystemen. Diese erweist sich auch an der Funktionalisierbarkeit von Rechtssystemen durch Teile der Bevölkerung und interessierte Juristen, die sich empirisch z. B. an den Hexenprozessen gut belegen läßt.[65] Insofern wird die für Machtverschiebungen offene Struktur der Justiz erkennbar.

Darüber hinaus sind die Justizphantasien als Diskurs der Bevölkerung wichtig, der neben den Disziplinierungsdiskursen von Rechtsreformern beachtet werden muß. Erst Praktiken und Diskurse beider Seiten und aller an der Justiz Beteiligten ergeben einen historiographisch zuverlässigen Eindruck von der Realität eines Justizsystems zu einem gegebenen historischen Zeitpunkt. Hier besteht der »Einspruch des Historikers« im wesentlichen darin, die Untersuchung der von Foucault ungenügend berücksichtigten Diskurse und Praktiken zur Abrundung des Gesamtbildes vorzulegen. Justizphantasien sind dafür ein gutes Beispiel. Alle diese Diskurse werden aber nur durch die Existenz des sozialen Feldes Justiz und im Bezug auf dieses ermöglicht. Das Foucaultsche Konzept der Disziplinargesellschaft meint genau diese Rückbindung aller Subjekte an die Produktivität von Normen, die in bestimmten sozialen Feldern gelten. Erst durch sie werden die Formen des Wissens, Sprechens und Handelns ermöglicht. Subjektivität ist dann das Erzeugen von Effekten in solchen Feldern, die erst den Raum für die Entwicklung von Subjektivität durch die in ihnen möglichen Formen des Handelns und Sprechens geben.[66] Die Produktivität dieser Normen ist es, eine »Sprache« bereitzustellen, in der jede individuelle Äußerung gleichzeitig die Regeln des Feldes ausdrückt und als einmaliger Akt eine Abweichung ist.

Im Sinne einer genaueren historischen Situierung von Justizphantasien bleibt zu klären, unter welchen Bedingungen diese entstehen, aufblühen oder sich gegebenenfalls erledigen. Eine wichtige Voraussetzung ist sicher ein am Ort vorhandenes und relativ wirkungsvolles Justizsystem. Deshalb dürften sich Phasenverschiebungen ergeben zwischen Stadt und Land. Möglicherweise erleichtert eine noch geringe Ausdifferenzierung dieser Justiz – also noch wenig professionelles Personal und wenige institutionenspezifische Rituale von imposanten Gerichtsgebäuden bis zu Sitzordnungen im Gerichtssaal – mit ihrem Schwanken zwischen Androhung scharfer Sanktionen und selektivem Sanktionsverzicht die Entstehung von Justizphantasien, denn solche Verhältnisse suggerieren leichtere Zugriffschancen.[67] Trotzdem muß die Justiz gleichzeitig als relativ mächtig empfunden werden.

Schließlich scheint das Offizialprinzip mit seinen besonderen Chancen für den Denunzianten ein fruchtbarer Boden für Justizphantasien zu sein. Dementsprechend hätte man mit ihrem Entstehen bereits im 13. Jahrhundert im Kontext von Inquisitionsverfahren zu rechnen. Die häufigen Drohungen mit der Justiz bzw. der Gestapo während der NS-Zeit legen die Hypothese nahe, daß nicht rechtsstaatliche Verhältnisse Justizphantasien begünstigen. Da heute noch ähnliche Verhaltensweisen zu beobachten sind, müßte überprüft werden, ob sich vielleicht ihre Wirksamkeit verändert hat.

Jedenfalls legen die Justizphantasien Skepsis gegenüber der »Modernisierungstheorie« nahe. Nicht eine wie auch immer »ungleichzeitige«, »partiell retardierte« Entwicklung auf ein diffuses Ziel, die »Modernität« oder Verrechtlichung hin, läßt sich beobachten. Statt dessen könnte man mit Foucault zur Untersuchung variabler historischer Machtlagen übergehen und gleichzeitig die historische Forschung von den Resten abgesunkener Transzendentalphilosophie in Bielefelder Gewandung befreien. Gesellschaften bewahren nämlich recht unterschiedliche Mischungsverhältnisse von Selbsthilfe, Rache und Justiznutzungen, die in einem ständigen Spannungsverhältnis zueinander stehen.[68] Die Untersuchung von Justizphantasien ist einer der Wege, sich dem widersprüchlichen Prozeß der Gewöhnung an justizförmige Konfliktlösungen anzunähern.

Vielleicht müssen wir uns statt der Vorstellung von zielgerichteten Entwicklungen bis auf weiteres eher mit der Formel eines britischen Sozialhistorikers abfinden, der von der Koexistenz dreier Justizbilder in den frühneuzeitlichen Gesellschaften des christlich geprägten Abendlandes ausging: Von der Justiz als Caritas, also Hilfe für den Schwächeren, von der Justiz als Herstellung von Gerechtigkeit zwischen Gleichstarken und von der Justiz als rächender Strafgewalt.[69] Justizphantasien enthalten unterschiedlich sichtbare Anteile dieser Bilder: Sie fordern die Realisierung von Gerechtigkeit durch den starken Arm der Justiz, wobei sich meist ein Schwächerer mit Hilfe der Justiz stark phantasiert.

Anhang

Anmerkungen

Peter Schuster
Hinaus oder ins Frauenhaus

1 Die Forschungen zu diesem Aufsatz entstanden im Rahmen eines von der Deutschen Forschungsgemeinschaft finanzierten Forschungsprojektes zur Geschichte sozialer Randgruppen, das von 1988–1991 unter der Leitung von Neithard Bulst an der Universität Bielefeld durchgeführt wurde. Ihm und seinen Mitarbeitern bin ich zu Dank verpflichtet.
2 Bayer. HSTA, RL Regensburg, Nr. 4091/2, f. 30v.
3 P. SCHUSTER, Das Frauenhaus. Städtische Bordelle in Deutschland 1350–1600 (1992), bes. 35ff.
4 AUGUSTINUS, De ordine, in: J. P. MIGNE, Patrologia latina 32 (1841), 1000.
5 Nürnberger Frauenhausordnung 1470, in: J. BAADER, Nürnberger Polizeiverordnungen aus dem 13. bis 15. Jh. (1861), 121; A. MAYS/K. CHRIST, Einwohnerverzeichnis der Stadt Heidelberg vom Jahre 1588 (1890), 220.
6 I. BLOCH, Die Prostitution, Bd. 1 (1912), 806.
7 W. REYNITZSCH, Über Truhten und Trunkensteine, Bade- und Bardenlieder, Feste, Schmäuse und Gerichte der Teutschen (1802), 29.
8 StadtA Nördlingen, Urkunden, Urfehden U 3944. In seinem Eid, StadtA Nördlingen, Urkunden U 4887, war ihm all das, was er hier ausführt, verboten worden.
9 Monumenta Boica 35/2 (1869), 311.
10 BERTHOLD VON REGENSBURG. Vollständige Ausgabe seiner Predigten mit Anmerkungen von F. PFEIFFER I (Ndr. 1965), 327.
11 L. ROPER, The holy household. Women and morals in Reformation Augsburg (1989), 102.
12 Frankfurter Kleiderordnung von 1488, nach G. L. KRIEGK, Deutsches Bürgertum im Mittelalter (1870), 323f.
13 Zit. nach: L. KOTELMANN, Gesundheitspflege im Mittelalter (1890), 122.
14 H. HOFFMANN (Hg.), Würzburger Polizeisätze. Gebote und Verordnungen des Mittelalters (1955), 202f.
15 Die Verweise auf Kleiderordnungen in diesem Text und weitere Beispiele finden sich mit weitergehenden Literaturangaben in: SCHUSTER, Frauenhaus, 147ff.
16 G. WUSTMANN, Frauenhäuser und freie Frauen in Leipzig im Mittelalter, in: Archiv für Kunstgeschichte (AKG) 5 (1907), 477.
17 J. ROSSIAUD, Dame Venus. Prostitution im Mittelalter (1989), 186f.

18 StadtA Augsburg, Urg. 1, II. / 12. 10. 1496.
19 StaatsA Nürnberg, Rst. Nürnberg, Ratschlagbuch 44, f. 54v–56v.
20 ROSSIAUD, Dame Venus, 187.
21 ROPER, Holy Household, 124.
22 StadtA Augsburg, Urg., 22. 8. 1533.
23 StadtA Augsburg, Strafbuch 1533–39, f. 8r.
24 L. ROPER, Prostitution in sixteenth century Augsburg, in: Dokumentation des 4. Historikerinnentreffens 1983, TU Berlin, 210.
25 StadtA Bamberg, B 4, 3, f. 6v.
26 J. ROSSIAUD, Dame Venus, 98.
27 Ebenda, 148.
28 Urkundenbuch der Stadt Magdeburg II (1894), 772f.
29 StadtA Esslingen, F 72–6.
30 StadtA Nördlingen, Urkunden 4889.
31 StadtA Würzburg, Ratsprotokolle 9, f. 35v.
32 StadtA Nördlingen, Akte Frauenhaus, Urgicht B. Seckler; StadtA Konstanz, B I 7, f. 236v.
33 StadtA München, Zimelien 11, f. 18rf.
34 Hier muß ausdrücklich zwischen außer- und vorehelichem Geschlechtsverkehr unterschieden werden. Vorehelicher Geschlechtsverkehr zweier Partner, die Eheabsichten hegten, war durchaus gesellschaftlich legitimiert. Daher beriefen sich viele Frauen, die der Hurerei bezichtigt wurden, darauf, daß sie erst nach einem Eheversprechen des Mannes zum Geschlechtsverkehr bereit gewesen waren.
35 StadtA Augsburg, Baumeisterbücher 37, f. 55v und 57r.
36 Ebenda, f. 30, 62v, 86, 96.
37 StadtA Erfurt, 1–1 / XXI-7-23, f. 183.
38 StadtA Ulm, A 3693, No. 16.
39 StaatsA Nürnberg, Rst. Nürnberg, B-Laden SIL 180 Nr. 9. Zum Themenkomplex Kindsmord vgl. O. ULBRICHT, Kindsmord und Aufklärung in Deutschland (1990), und R. VAN DÜLMEN, Frauen vor Gericht. Kindsmord in der Frühen Neuzeit (1991). Besonders bei van Dülmen wird die Angst vor der Schande als ein wichtiges Motiv für den sogenannten Kindsmord herausgestellt.

Lyndal Roper
Ödipus und der Teufel

1 Ich danke Wolfgang Behringer, Guy Boanas, Hella Ehlers, Liz Fidlon, Etienne François, Ruth Harris, Alison Light, Ludmilla Jordanova, Mike Roper, Michael Schröter, Gerd Schwerhoff und Barbara Taylor für Unterstützung, Ideen und Kritik.
2 Er zahlte den niedrigsten Steuerbetrag, die »Habenichts«-Rate, welche für diejenigen vorgesehen war, die weder zu besteuernden Besitz noch ein Einkommen hatten; zudem wohnte er zur Miete und besaß keine eigene Unterkunft. Das Steuerbuch bezeichnet ihn als »Nachtarbeiter«. Er lebte mit seinem Haushalt in der Jakobervorstadt, dem ärmsten Viertel der Stadt, das vorwiegend handwerklich geprägt war – nebenbei die Gegend, aus der Bernd Roeck zufolge die meisten Hexen stammten (Hexen ›im ganzen Haus‹. Zur Sozialgeschichte von Hexen und

Magie in der frühneuzeitlichen Stadt, Vortrag, Groupe de Travail International d'Histoire Urbaine de la Maison des Sciences de l'Homme, Paris, 12.–14.3.1992). Hans Bartholome hatte etwa dreieinhalb bis vier Jahre in einem Haus gewohnt, war aber sechs Monate vor dem Fall innerhalb des Viertels umgezogen. Siehe Stadtarchiv Augsburg (im folgenden StadtAA), Steuerbücher 1667, fo. 31c; 1668, fo. 31b, 1669, fo. 31a; 1670, fo. 44d; sowie Zeugenaussagen, 26.6.1670, StadtAA, Urgichtensammlung, Regina Bartholome, 1670 (im folgenden Urg.). Gottlieb Spitzel, Geistlicher der örtlichen St. Jakobs-Kirche und fasziniert von Hexerei und Besessenheit, lebte bis zum Umzug der Bartolomes in demselben kleinen Steuerbezirk. Er war verwickelt in den zeitgleichen Fall der mutmaßlich besessenen Regina Schiller, die zu exorzieren ihm nicht gelang (Gottlieb Spitzel, Die Gebrochne Macht der Finsternüss / der Zerstörte Teuflische Bunds- vnd Buhl-Freundschafft mit den Menschen..., Augsburg 1687; Staats- und Stadtbibliothek Augsburg, 20 Cods. Augs. 288 Regina Schiller; D. BLAUFUSS, Reichsstadt und Pietismus. Philipp Jacob Spener und Gottlieb Spitzel aus Augsburg (1977). Zur Sozialgeschichte Augsburgs im 17. Jahrhundert siehe: B. ROECK, Eine Stadt in Krieg und Frieden. Studien zur Geschichte der Reichsstadt Augsburg zwischen Kalenderstreit und Parität, 2 Bde., (1989); sowie E. FRANÇOIS, Die unsichtbare Grenze. Protestanten und Katholiken in Augsburg 1648–1806 (1991).

3 StadtAA, Urg. 1670 Regina Bartholome, Gesuch vom 12.8.1670.

4 StadtAA, Urg. 1670 Regina Bartholome, 23.6.1670.

5 Vgl. aber als unerläßliche Studie über die Hexenverfolgung in dieser Region W. BEHRINGER, Hexenverfolgung in Bayern. Volksmagie, Glaubenseifer und Staatsräson in der Frühen Neuzeit (1987).

6 N. Z. DAVIS, Bindung und Freiheit. Die Grenzen des Selbst im Frankreich des sechzehnten Jahrhunderts, in: DIES., Frauen und Gesellschaft am Beginn der Neuzeit. Studien über Familie, Religion und die Wandlungsfähigkeit des sozialen Körpers (1986), 7–18.

7 Einige hervorragende Untersuchungen des Konzepts der Ehre in der frühen Neuzeit sind: L. FERRANTE, Honor Regained: Women in the Casa del Soccorso di San Paolo in Sixteenth Century Bologna, sowie S. CAVALLO/S. CERUTTI, Female Honor and the Social Control of Reproduction in Piedmont between 1600 and 1800, beide in: E. MUIR/G. RUGGIERO (Hg.), Sex and Gender in Historical Perspective (1990); M. DINGES, Die Ehre als Thema der Stadtgeschichte. Eine Semantik am Übergang vom Ancien Régime zur Moderne, in: Zeitschrift für historische Forschung 16 (1989), 409–440; S. BURGHARTZ, Disziplinierung oder Konfliktregelung? Zur Funktion städtischer Gerichte im Spätmittelalter: Das Zürcher Ratsgericht, in: Zeitschrift für historische Forschung 16 (1989), 385–408; DIES., Weibliche Ehre, in: H. WUNDER/K. HAUSEN (Hg.), Frauengeschichte – Geschlechtergeschichte (1992), 173–183.

8 D. SABEAN, Das zweischneidige Schwert. Herrschaft und Widerspruch im Württemberg der Frühen Neuzeit (1987), insbes. 199ff.

9 S. GREENBLATT, Psychoanalyse und die Kultur der Renaissance, in: DERS., Schmutzige Riten. Betrachtungen zwischen Weltbildern (1991); vgl. auch CH. TAYLOR, Sources of the Self. The Making of Modern Identity (1989).

10 Eine hervorragende biographische Studie, die von der Psychoanalyse guten Gebrauch macht, ist das Buch von E. MARVICK, Louis XIII: The Making of a King (1986); zur Anwendung der Psychoanalyse auf die politische Symbolik

einer Gesellschaft siehe L. HUNT, The Family Romance of the French Revolution (1992), sowie die Pionierarbeit von S. ALEXANDER, Women, Class and Sexual Differences in the 1830s and 1840s. Some Reflections on the Writing of a Feminist History, in: History Workshop Journal 17 (1984), 125–149; außerdem DIES., Feminist History and Psychoanalysis, in: History Workshop Journal 32 (1991), 128–133; weitere Beispiele für die Anwendung der Psychoanalyse: G. COCKS/T. CROSBY, Psycho/History. Readings in the Method of Psychology, Psychoanalysis and History (1987); PSYCHOANALYTISCHES SEMINAR ZÜRICH, Die Gesellschaft auf der Couch. Psychoanalyse als sozialwissenschaftliche Methode (1989); eine subtile Meditation zu Freuds eigenem Aufsatz über den besessenen Maler Christoph Haitzmann stellt M. DE CERTEAU, Was Freud aus Geschichte macht: »Eine Teufelsneurose im siebzehnten Jahrhundert«, in: DERS., Das Schreiben der Geschichte (1991) dar; Freuds Aufsatz in: S. FREUD, Gesammelte Werke (1940–1968), Bd. 13, 315–353; zum Gebrauch psychoanalytischer Ideen bei der Erforschung des Hexenwahns siehe J. DEMOS, Entertaining Satan. Witchcraft and the culture of early New England (1982); eine interessante, wenn auch in historischer Hinsicht nicht befriedigende Anwendung Kleinscher Ideen bei der Untersuchung des Hexenwahns bei E. HEINEMANN, Hexen und Hexenangst. Eine psychoanalytische Studie über den Hexenwahn der Frühen Neuzeit (1989); zu einer Theorie des Selbst siehe CH. BOLLAS, Forces of Destiny. Psychoanalysis and Human Idiom (1989).

11 Vgl. zum Beispiel den »bösen Blick« und andere magische Techniken: E. LABOUVIE, Verbotene Künste. Volksmagie und ländlicher Aberglaube in den Dorfgemeinden des Saarraumes (16.–19. Jahrhundert) (1992); DIES., Zauberei und Hexenwerk. Ländlicher Hexenglaube in der frühen Neuzeit (1991); R. MARTIN, Witchcraft and the Inquisition in Venice, 1550–1600 (1989).

12 Siehe R. L. KAGAN, Lucrecia's Dreams. Politics and Prophecy in Sixteenth-Century Spain (1990).

13 Vgl. im Unterschied hierzu beispielsweise DEMOS, Entertaining Satan, der in bezug auf Erziehungsmethoden psychoanalytische Ideen auf die Gesellschaft Neu-Englands als Ganzes anwendet.

14 StadtAA, Urg. 1670 Regina Bartholome, 23. 6. 1670; sie widerrief die Behauptungen am 27. 6. 1670. Das erste Verhör im Zusammenhang mit den nächsten Anschuldigungen fand einen Monat später, am 29. 7. 1670, statt.

15 Jakob Schwenreiter heiratete die Witwe Maria Weikhart aus Augsburg; siehe StadtAA, Hochzeitsprotokolle 1667–1673, S. 271–272, 26. 5. 1670; in den Hochzeitsprotokollen bezeichnete sich Schwenreiter selbst als (allgemein höher angesehenen) »Karrer«, obwohl Zeugenaussagen in der Urgichtensammlung seinen Beruf als »Tagwerker« angeben. Interessanterweise gehörte Bartholome nicht zu den drei von der städtischen Heiratsgesetzgebung vorgesehenen Bürgen dafür, daß das Paar die Stadt verlassen werde, wenn ihm der »Beisitz«, also das Bleiberecht, nicht gewährt würde. Da Schwenreiter nicht aus Augsburg stammte, mußte er eine Augsburger Frau heiraten, um Bleiberecht zu erlangen. Vielleicht hat dies Regina Bartholome in ihrer Hoffnung bestärkt, er könne sie als Braut in Betracht ziehen.

16 Dies ereignete sich am 22. 7. 1670.

17 Hervorragende Untersuchungen der Phantasien im Kontext von Hexerei sind die Aufsätze von R. VAN DÜLMEN, Imaginationen des Teuflischen. Nächtliche Zusammenkünfte, Hexentänze, Teufelssabbate, sowie von E. LABOUVIE, He-

xenspuk und Hexenabwehr. Volksmagie und volkstümlicher Hexenglaube, beide in: R. VAN DÜLMEN (Hg.), Hexenwelten. Magie und Imagination vom 16.–20. Jahrhundert (1987); R. ROWLAND, ›Fantasticall and Devilishe Persons‹: European Witch-beliefs in Comparative Perspective, in: B. ANKARLOO/ G. HENNINGSEN (Hg.), Early Modern European Witchcraft. Centres and Peripheries (1989); und CH. LARNER, Enemies of God. The Witchhunt in Scotland (1981), 134–156.

18 C. GINZBURG, Hexensabbat. Entzifferung einer nächtlichen Geschichte (1990).

19 Ginzburg erörtert die Grenzen der Anwendung psychoanalytischer Methoden bei der Untersuchung der Hexerei und läßt seine eigene spätere Beschäftigung mit mythischen Strukturen anklingen in: Freud, the Wolf-Man, and the Werewolves, in: DERS., Myths, Emblems, Clues (1990). Er befaßt sich auch mit den Möglichkeiten einer analytischen Erforschung der Archetypen im Denken über den Hexenwahn.

20 In Augsburg hatte dieses Verfahren ein außerordentlich hohes Maß an bürokratischer Effizienz erreicht. So wurden beispielsweise schon am 1.8.1670 Zeugenaussagen protokolliert, die sich auf Reginas erstes Geständnis vom 29.7.1670 bezogen; am 2.9.1670 wurden in Pfersee Nachforschungen in Zusammenhang mit ihren Aussagen vom 28.8.1670 angestellt; am 11.9.1670 dann bezüglich ihres Geständnisses vom 9.9.1670. In den letzten Jahren des 17. Jahrhunderts wurden die Fragen bei den Verhören vollständig durchnumeriert, um schnelle Rückbezüge zu ermöglichen; selbst Zeugenaussagen wurden aufs sorgfältigste systematisiert, indem sie sich präzise auf numerierte Punkte in den Aussagen der Beschuldigten und auf vormalige Angaben stützten. Dieser hochgradig organisierten Vorgehensweise und Kontrolle der Informationen steht eine lockerere und dynamischere Verfahrensweise in früheren Prozessen gegenüber. Dies verweist meiner Meinung nach nicht auf größere Routine in Hexenprozessen und Geständnissen, sondern bedeutet einen Versuch, die grellen Details in den Aussagen der Hexen »festmachen« zu können, um mittels einer bürokratischen Technologie zur »Wahrheit« zu gelangen.

21 Eine ausgesprochen feinfühlige Rekonstruktion des sozialen Lebens und der Imaginationen der Opfer des Salzburger Zauberjackl-Prozesses bietet N. SCHINDLER, Die Entstehung der Unbarmherzigkeit. Zur Kultur und Lebensweise der Salzburger Bettler am Ende des 17. Jahrhunderts, in: DERS., Widerspenstige Leute. Studien zur Volkskultur in der frühen Neuzeit (1992), 258–314. Schindler weist hin auf die Bedeutung der Rache- und kompensatorischen Machtphantasien: Der »geistesschwache« Elias Finck aus Radstadt gab an, der Zauberjackl habe ihm »Lesen, Schreiben und Schießen« beigebracht, also das, was er gerne gekonnt hätte (301).

22 StadtAA, Urg. 1670 Regina Bartholome, 23.6.1670, Verhör (1) vom 29.7.1670. Der Liebestrank enthielt »Haarbandperlen«, die in den Trank geworfen wurden – eine interessante Verbindung, da Perlen auch als Tränen verstanden werden können, weswegen sich Liebende keine schenken und Bräute keine tragen (BÄCHTOLD STÄUBLI, Handwörterbuch des deutschen Aberglaubens, Bd. 6, 1498; das Haarband dagegen kann als Liebesbeweis dienen: vgl. J. u. W. GRIMM, Deutsches Wörterbuch, Bd. 4, Teil 2, 24, Quelle: Johannes Rist). Zum Liebestrank siehe D. LEDERER, The Elixier of Love: Madness and Sexuality in Early Modern Germany, in Vorbereitung.

23 StadtAA, Urg. 1670 Regina Bartholome, (7) 20.9.1670.

24 An dieser Stelle wendet sich das Verhör zu einer Selbstbezichtigung: »sein leib habs auch einmal schlagen wollen«, wenn Gott es nicht verhindert hätte; »Weilen« – wie sie in ihren wütenden Beschuldigungen fortfuhr – »Er sie im Zwelfften Jahr verführt, vnd Jhr die Jungfrauschafft genommen, Er seie ein dieb vnd bleib ein dieb, werde schon nach seinem lohn empfahen...« (StadtAA, Urg. 1670 Regina Bartholome, (7) 20.9.1670).

25 Wie GINZBURG, Freud, the Wolf-Man, and the Werewolves, 150, zeigt, ist diese Parallele auch Freud selbst nicht entgangen. Ginzburg zitiert Freuds Briefe an Wilhelm Fließ vom 17. und 24.1.1897: »Warum sind die Geständnisse auf der Folter so ähnlich den Mitteilungen meiner Patienten in der psychischen Behandlung?« (s. FREUD, Briefe an Wilhelm Fließ 1887–1904, hg. von J. M. Masson, Bearb. d. dt. Fassung von M. Schröter (1986), 237); Freud schließt nach einigen faszinierenden Assoziationen zu den phantastischen Elementen des Hexenwahns mit leichtem Unbehagen: »Ich träume also von einer urältesten Teufelsreligion, deren Ritus sich im geheimen fortsetzt, und begreife die strenge Therapie der Hexenrichter. Die Beziehungen wimmeln.« (240) Vgl. auch C. GINZBURG, Der Inquisitor als Anthropologe, in: R. HABERMAS/N. MINKMAR (Hg.), Das Schwein des Häuptlings. Sechs Aufsätze zur Historischen Anthropologie (1992), wo Ginzburg Überlegungen zu einer ähnlich schmerzlichen Parallele anstellt.

26 J. MACDOUGALL, Theater der Seele. Illusion und Wahrheit auf der Bühne der Psychoanalyse (1988).

27 Zum Fall der Mutter vgl. StadtAA, Urg. 2.7.1665 Georg Baur und 6.7.1665 Barbara Niess; Michael Reidler, ehemaliger Stockmeister, gab die Affäre mit Regina in seiner Zeugenaussage vom 12.9.1670 zu.

28 Vgl. zu Folter, Befragungsverfahren und Zusammenarbeit zwischen Hexe und Befrager C. GINZBURG, Witchcraft and Popular Piety, in: DERS., Myths, Emblems, Clues. Ginzburg will jedoch daran festhalten, daß die Hexe nicht »vollständig dem Willen des Verhörenden unterliegt« (15f.) und daß es möglich sei, ursprüngliche volkstümliche Ansichten aus dem Geständnis herauszuziehen. Ich würde gerne die Dynamik des emotionalen Zusammenwirkens zwischen den beiden betonen, da die Phantasie sich im Verlauf des Prozesses selbst entwickelt.

29 Aus diesem Grund scheinen mir Versuche, das Phänomen der Hexenphantasie physiologisch – als Folge der Einwirkung von zerriebenen Pilzen etc. – zu »erklären«, wenig hilfreich; sie begründen nicht, warum die Phantasien genau so entstanden, wie sie entstanden, warum sie bestimmte Elemente enthielten oder warum sie für die Obrigkeit von Bedeutung waren. Vgl. jedoch G. R. QUAIFE, Godly Zeal and Furious Rage. The Witch in Early Modern Europe (1987); P. CAMPORESI, Das Brot der Träume. Hunger und Halluzinationen im vorindustriellen Europa (1990).

30 Vgl. J. KRISTEVA, Desire in Language. A Semiotic Approach to Literature and Art (1980), 238: »Der Diskurs der Analyse zeigt, daß das *Verlangen*, Mutter zu sein, ohne Zweifel das Verlangen ist, ein Kind des eigenen Vaters zur Welt zu bringen, der in der Folge oft mit dem Baby selbst gleichgesetzt und so an seinen Ort als *abgewerteter Mann* zurückversetzt wird, um seine Funktion zu erfüllen, die darin besteht, das Verlangen nach Fortpflanzung zu wecken und zu rechtfertigen.« Dies hilft uns, wie ich meine, voll zu ermessen, was Reginas psy-

chisches Abkommen mit dem Teufel bedeutete: nämlich den Verlust ihrer Potenz.

31 Die achte und letzte Befragung zeichnete somit die Umrisse der Geständnisse nach, die Regina schon abgelegt hatte, strukturierte und bereinigte sie, um als Material für ihre Verurteilung zu dienen. Diese Darstellung, die öffentlich bei Reginas Hinrichtung verlesen wurde, findet sich aufgezeichnet im Strafbuch des Rats: StadtAA, Strafbuch des Rats, 353ff., 25.10.1670.

32 Eine Sammlung neuerer analytischer Beiträge zur Rolle des Vaters – ein mangelhaft erforschtes Thema – liefert A. SAMUELS (Hg.), The Father. Contemporary Jungian Perspectives (1985); vgl. auch BOLLAS, Forces of Destiny; J. MACDOUGALL, Theater des Körpers (1991).

33 StadtAA, Urg. 1670 Regina Bartholome, (3) 14.8.1670.

34 Ebenda, (4) 23.8.1670.

35 Ebenda, (2) 9.8.1670.

36 Ebenda, (1) 29.7.1670.

37 Ebenda, (8) 23.10.1670.; in der Befragung vom 9.8.1670 hatte es schon geheißen: »Ach ihres Armen Vatters, soll sie nicht Mehr zu ihm kommen!«

38 StadtAA, Urg. 1670 Regina Bartholome, (1) 29.7.1670.

39 Ebenda, (4) 23.8.1670.

40 Ebenda, (3) 14.8.1670.

41 Ebenda, (3) 14.8.1670.

42 Ebenda, (2) 9.8.1670.

43 Vgl. M. MACDONALD, Mystical Bedlam. Madness, Anxiety and Healing in Seventeenth Century England (1981), 132ff.; DERS., Sleepless Souls. Suicide in Early Modern England (1990), 16–76; H. SCHÄR, Seelennöte der Untertanen: Selbstmord, Melancholie und Religion im alten Zürich 1500–1800 (1985).

44 Vgl. M. KLEIN, Love, Guilt and Reparation and other works, 1921–45 (Neuauflage 1988); DIES., Envy and Gratitude and other works, 1949–63 (Neuauflage 1988); DIES. Narrative of a Child Analysis (Neuauflage 1989); DIES., The Psychoanalysis of Children (1989).

45 Interessanterweise änderte er auch die Farbe seiner Erscheinung von Weiß in Schwarz, als ob sie seine moralische Wandlung reflektierte.

46 StadtAA, Urg. 1670 Regina Bartholome, 9.9.1670.

47 Ebenda, 11.9.1670.

48 StadtAA, Strafbuch des Rats 1654–1699, S. 682, 13.10.1696: Anna Bohm, hieß es, sei nicht »integra mentis«, obwohl sie allerlei »bosheit« gestand; S. 714–715, 14.7.1699: Anna Scheifelhut wurde attestiert, sie litte unter »melancholica«; ihre Neigung zum Fluchen und zur Blasphemie wurde ihrer Einsamkeit zugeschrieben. Ihren Verwandten wurde geraten, sie nicht allein zu lassen. Es scheint sich hier um praktische Beispiele zu handeln, die illustrieren, daß die Überlegung von Skeptikern wie Johannes Weyer oder Reginald Scot, Hexenphantasien seien möglicherweise das Ergebnis von Melancholie bei alten Frauen, neben dem Glauben existieren konnten, daß es tatsächlich wirkliche Hexen gebe. Vgl. MACDONALD, Mystical Bedlam, 155, über Melancholie und diabolische Wahnvorstellungen.

49 Zum sich ausbildenden medizinischen Verständnis der Melancholie und seiner Verbindung zu ihrer theologischen Interpretation siehe H. C. E. MIDELFORT, Sin, Melancholy, Obsession. Insanity and Culture in 16th Century Germany, in: S. L. KAPLAN (Hg.), Understanding Popular Culture (1984). Eine Theorie

schließt aber die andere nicht aus, und in diesem Fall entschieden die Ärzte, die Regina untersuchten, daß sie gesund sei. Zu Religion und Melancholie siehe E. SAURER, Religiöse Praxis und Sinnesverwirrung. Kommentare zur religiösen Melancholiediskussion, in: R. VAN DÜLMEN (Hg.), Dynamik der Tradition. Studien zur historischen Kulturforschung IV (1992); zur Vorliebe des 16. Jahrhunderts für Melancholie und die Beziehung zum Adel siehe MACDONALD, Mystical Bedlam, 133 ff. und 150–160.

50 Strafbuch des Rats 1654–1699, S. 354, 25. 10. 1670.

51 Ich bin, indem ich mich bei der Darlegung des Falles auf die Vatermotivik konzentriert habe, den Leitthemen der Befragung gefolgt. Regina rief aber auch Maria, die Mutter Gottes, an und beschuldigte den Rat, ihre eigene Mutter ungerecht bestraft zu haben. Offensichtlich nimmt Regina in ihrer Beziehung zu Frauen nicht dieselbe Aufspaltung vor wie bei Männern, obwohl dies in ihrer Anrufung Marias impliziert sein könnte. Die Aufspaltung wurzelt höchstwahrscheinlich in der Mutterbeziehung und den Frustrationen, die den Säugling dazu bringen, die schlechte, unbefriedigende Brust von der guten zu unterscheiden.

52 StadtAA, Urg. 1670 Regina Bartholome, (1) 29. 7. 1670.

53 Ebenda, (5) 28. 8. 1670.

54 Ebenda, (6) 9. 9. 1670, Frage 8.

55 Ebenda, (8) 23. 10. 1670.

56 Zu den Trostknechten in Augsburg vgl. StadtAA, Reichsstadt Akten 1082, Stadtbedienstete. Baumeisteramt. Eisenmeister (Eisenväter), Eisenknechte, Trostknechte 1540–1710. Das Amt existierte noch 1802. Der Lohn betrug im späten 17. Jahrhundert 10 fl. im Quartal: StadtAA, Baumeisterbücher, 1669, fol. 104 a, Johannes Miller und Ciriacus Nestelin.

57 StadtAA, Urg. 1670 Regina Bartholome, (6) 9. 9. 1670.

58 Vgl. L. ROPER, Blood and Codpieces, in: DIES., Oedipus and the Devil. Essays in Witchcraft, Sexuality and Religion in Early Modern Europe (1994).

59 Interessanterweise enthalten die Aufzeichnungen des Rates eine zeichnerische Skizze von Reginas Hinrichtung: StadtAA, Ratsbuch 1667–1670, S. 838.

60 Dieses Geständnis vom 9. 9. 1670 wurde in der abschließenden Befragung noch einmal bestätigt und in das Urteil aufgenommen.

61 Vgl. ein in Vorbereitung befindliches Kapitel von S. CLARK über Hexerei und Frauenfeindlichkeit in seiner Studie über den intellektuellen Kontext der Hexerei-Debatte; R. BRIGGS, Women as Victims? Witches, Judges and the Community, in: French History 5 (1991), 438–450.

62 Vgl. zum Beispiel Staatsbibliothek München, Handschriftenabteilung, Res. 40 Crim. 124, Samuel Valentin, End-Urtheil und Verruf... Aller derjenigen Manns- vnd Weibs-Persohnen so von Einem Hoch-Edlen und Hochweisen Rath, des HR. Reichs Freyen Stadtt Augspurg von Anno 1649 bis Anno 1759 vom Leben zum Tod condemniret..., Augsburg, S. 11, SBM Cgm 2026, fol. 63 r; StadtAA, Malefizbuch Johann Bausch (Caminkehrer) 1755, S. 222; StadtAA Chroniken 27, 25. 10. 1670; diese Chronik erwähnt auch, daß Reginas Mutter als Hexe galt.

63 StadtAA, Urg. 1670 Regina Bartholome, (8) 23. 10. 1670.

64 Zwar war sich der Rat anscheinend darüber einig, daß Regina die Todesstrafe verdiente; jedoch wurde darüber abgestimmt, ob der Leichnam verbrannt oder ihm ein Begräbnis bei den Galgen gewährt werden sollte. Es gibt außerdem

Hinweise auf eine Debatte darüber, ob Regina als Hexe zu bezeichnen sei oder nicht. StadtAA, Urg. 1670 Regina Bartholome, Zettel, 9. und 25. 10. 1670.

Otto Ulbricht
Kindsmörderinnen vor Gericht

1 GOETHES Werke, Bd. 1, textkritisch durchgesehen u. kommentiert von E. Trunz, (1978[11]), 85.
2 Vgl. R. SCHULTE, Das Dorf im Verhör, Brandstifter, Kindsmörderinnen und Wilderer vor den Schranken des bürgerlichen Gerichts Oberbayerns 1848–1910 (1989); G. SCHWERHOFF, Köln im Kreuzverhör. Kriminalität, Herrschaft und Gesellschaft in einer frühneuzeitlichen Stadt (1991); R. VAN DÜLMEN, Frauen vor Gericht. Kindsmord in der Frühen Neuzeit (1991); S. GÖTTSCH, Zur Konstruktion schichtenspezifischer Wirklichkeit. Strategien und Taktiken ländlicher Unterschichten vor Gericht, in: B. BÖNISCH-BREDNICH u. a. (Hg.), Erinnern und Vergessen. Vorträge des 27. Deutschen Volkskundekongresses 1989 (1991), 443–452; J. PETERS, Frauen vor Gericht in einer märkischen Gutsherrschaft (2. Hälfte des 17. Jahrhunderts), erscheint in: O. ULBRICHT / U. DANKER (Hg.), Weibliche Kriminalität in der Frühen Neuzeit.
3 Das trifft nicht recht zu für R. SCHULTES Werk, die aber mit Prozeßakten arbeitet, und für die Arbeit von E. FISCHER-HOMBERGER, Medizin vor Gericht. Zur Sozialgeschichte der Gerichtsmedizin (1988).
4 Vgl. die Arbeiten von M. SCHWARZ, Wechselnde Beurteilung von Straftaten in Kultur und Recht, Bd. 1: Die Kindestötung (1935), und W. WÄCHTERSHÄUSER, Das Verbrechen des Kindesmordes im Zeitalter der Aufklärung (1973); in täterorientierten Arbeiten zum Kindsmord im heutigen Jahrhundert rücken zwar die Frauen in den Vordergrund, doch geht es nicht um ihr Verhalten im Gerichtssaal, sondern um die Persönlichkeit der Täterin oder um die »kriminalbiologische« Situation, in der sie sich befand. Vgl. J. GERCHOW, Die ärztlich-forensische Beurteilung von Kindsmörderinnen (1957); G. FAUST, Die Kindestötung. Eine kriminalbiologische Betrachtung aus der Sicht der Persönlichkeit und Konfliktlage der Täterin (1967); vgl. auch J. STREB, Über die Kindestötung (1968).
5 N. Z. DAVIS, Der Kopf in der Schlinge. Gnadengesuche und ihre Erzähler (1988).
6 Vgl. SCHWERHOFF, Köln, 104–107; Beachtung fand der Inquisit auch schon in einer frühen Arbeit von A. FARGE, Délinquance et criminalité: Le vol d'aliments à Paris au XVIIIe siècle (1974), bes. 44–46. Von germanistischer Seite sind die Reaktionsmöglichkeiten vor Gericht, allerdings in der Gegenwart, schon früher aufgelistet worden. Vgl. L. HOFFMANN, Zur Pragmatik von Erzählformen vor Gericht, in: K. EHRLICH (Hg.), Erzählen im Alltag (1980), 31.
7 Zu den Titeln von SCHULTE und VAN DÜLMEN vgl. Anm. 2. Außerdem O. ULBRICHT, Infanticide in Eighteenth-century Germany, in: R. J. EVANS (Hg.), The German Underworld (1988), 108–140; DERS., Kindsmord und Aufklärung in Deutschland (1990); DERS., Landesverweisung für Kindsmord – milde Strafen in harter Zeit? – Ein Segeberger Fall aus dem Jahre 1684, in: Mare Balticum.

Beiträge zur Geschichte des Ostseeraums in Mittelalter und Neuzeit. Fs. zum 65. Geburtstag von E. Hoffmann, hg. von W. PARAVICINI (1992), 261–278. In der Studie von H. CYRUS, Das »vorsätzlich verheimlichen von Schwangerschaft und Niederkunft« oder von Frauen, die ihre Geschlechtsehre bewahren wollten, in: Criminalia. Bremer Strafjustiz 1810–1850 (1988), 91–131, verschwindet die Inquisiton ganz hinter dem Verteidiger.

8 G. WILBERTZ, Scharfrichter und Abdecker im Hochstift Osnabrück. Untersuchungen zur Sozialgeschichte zweier »unehrlicher« Berufe im nordwestdeutschen Raum vom 16. bis zum 19. Jahrhundert (1979), 82; nach ihren Forschungen wurde der weitaus größte Teil der Gefolterten wieder freigelassen; vgl. DIES., Das Notizbuch des Scharfrichters Johann Christoph Zippel in Stade (1766–82), in: Stader Jahrbuch 1975, 62f.; vgl. auch SCHWERHOFF, Köln, 114f.

9 Vgl. ULBRICHT, Landesverweisung, 262f. Diese Bestrafung des Kindsmordes ist möglicherweise eingebettet in einen größeren Trend. Vgl. TH. KRAUSE, Die Strafrechtspflege im Kurfürstentum und Königreich Hannover. Vom Ende des 17. Jahrhunderts bis zum ersten Drittel des 19. Jahrhunderts (1991), 116, 119. Nach dem Abfassen dieses Beitrags erschien: C. ZIMMERMANN, »Behöriger Orten angezeigt«. Kindsmörderinnen in der ländlichen Gesellschaft Württembergs 1581–1792, in: Med. GG10. 1991, 67–102.

10 GA (= Gutsarchiv) Rundhof B VI 4, Gerichtsprotokoll, Rundhof, 29. 3. 1731.

11 SCHWERHOFF, Köln, 107.

12 S. GÖTTSCH (vgl. Anm. 2) hat in schleswig-holsteinischen Leibeigenschaftsprozessen eine Taktik des angeblichen Nichtwissens auch offensichtlicher Vorgänge als Antwort auf die Ungleichheit entdeckt.

13 Zuletzt W. LUDWIG-MAYERHOFER/D. RZEPKA, Noch einmal: Geschlechtsspezifische Kriminalisierung im Jugendstrafrecht?, in: Kölner Zeitschrift für Soziologie und Sozialpsychologie 43 (1991), 542–557.

14 C. DAUPHIN u. a., Culture et Pouvoir des Femmes: Essai d'Historiographie, in: Annales E.S.C. 41 (1986), 283.

15 Vgl. ULBRICHT, Kindsmord und Aufklärung, 17–19; WÄCHTERSHÄUSER, Verbrechen, 60–66.

16 Detailliertere Darstellung bei ULBRICHT, Kindsmord und Aufklärung, 346–354.

17 DERS., Infanticide, 112f.; DERS., Kindsmord und Aufklärung, 25–75.

18 Welches Bild machten sich die Frauen von den Untersuchenden, wenn ihnen drei oder vier Fragen gestellt wurden, auf die sie bereits geantwortet hatten, nur weil der Fiskal den Fragenkatalog zu kleinschrittig entworfen hatte?

19 Vgl. R. PLÖGER, Die Mitwirkungspflicht des Beschuldigten im deutschen Strafverfahren von den Anfängen im germanischen Recht bis zum Ende des gemeinen Inquisitionsprozesses (1982), 231. Frdl. Hinweis von Prof. Dr. JÜRGEN REGGE, Greifswald.

20 LAS (= Landesarchiv Schleswig) Abt. 65.2, Nr. 315, Inq.prot. (= Inquisitionsprotokoll), Kolmar, 12. 4. 1749.

21 PLÖGER, Mitwirkungspflicht, 233. Das Verhör begann morgens um 10 Uhr. Als man es nach einer Pause um 14.30 wieder aufnahm, hatte man gerade 36 Fragen behandelt.

22 LAS, Abt. 65.2, Nr. 315, Inq.prot., Kolmar, 12. und 14. 4. 1749.

23 Vgl. K. ROETZER, Die Delikte der Abtreibung, der Kindstötung sowie Kindsaussetzung und ihre Bestrafung in der Reichsstadt Nürnberg (1957), 133f.

24 SCHULTE, Dorf, 30.
25 Vgl. auch R. MOHRMANN, Zwischen den Zeilen und gegen den Strich – Alltagskultur im Spiegel archivalischer Quellen, in: Der Archivar 44 (1991), 237f.
26 VAN DÜLMEN, Frauen, 55.
27 Vgl. B. RANG, Zur Geschichte des dualistischen Denkens über Mann und Frau. Kritische Anmerkungen zu den Thesen von Karin Hausen zur Herausbildung der Geschlechtscharaktere im 18. und 19. Jahrhundert, in: Frauenmacht in der Geschichte, hrsg. von J. DALHOFF u. a. (1986), 199f.
28 SCHULTE, Dorf, 128–130; der mögliche Unterschied zwischen einem simplen Nichtwahrhaben-Wollen, einer bewußten Täuschungsabsicht und einer Neurose wird nicht thematisiert; DIES., Dorf, 156–159.
29 Vgl. I. EISENBACH-STANGL, Weiblicher Körper und männliche Vernunft. Abweichung und Kontrolle von Frauen, in: Kriminalsoziologische Bibliografie 6 (1979), 31 f.
30 LAS, Abt. 65.2, Nr. 315, Inq.prot., Kolmar, 12.4.1749.
31 LAS, Abt. 102,1, Nr. 190, Kriminalgerichtsprot., 4.12.1726.
32 So ist z. B. bekannt, daß die Mutter von Anna Pagelsen ihr 1774 den Rat gab, mit dem Leugnen gegenüber dem Dienstherrn aufzuhören, »es käme ja doch vor den Tag«. LAS, Abt. 65.2, Nr. 316 II, Inq.prot., 20.8.1774. Vgl. auch ein Zitat von M. BERNET, Der Beizug von gerichtlichen Sachverständigen im alten Zürich (1967), 112, wo die Mutter die Aussage anstelle der Tochter macht.
33 LAS, Abt. 65.2, Nr. 317 I, Stellungsnahme der Regierung, Glückstadt, 15.10.1787.
34 Maricke Christians wurde 1756 in dieser Situation von einem Grobschmied nahegelegt zu fliehen, was sie auch tat; LAS, Abt. 65.2, Nr. 316. Heincke Sievers muß sich in dieser Zeit mit dem »verkappten Kerl« unterhalten haben, sonst hätte sie ihre Flucht mit diesem nicht planen können; ebd., Abt. 170, Nr. 474, Prot., 13.9.1734.
35 R. VAN DÜLMEN, Theater des Schreckens (1988[3]), 21.
36 LAS, Abt. 268, Nr. 1515, Schreiben des Henr. Lobeck, Hamb(erge), 9.6.1684.
37 LAS, Abt. 47.5, Nr. 81, Urteil d. Kieler Juristischen Fakultät (= im folgenden: Jur.Fak.) (Entwurf), Kiel, Juli 1739.
38 In der kleinen Stadt Segeberg wurden 1684 nicht nur Vater und Tochter nacheinander befragt, ohne daß der Kontakt zwischen ihnen unterbrochen wurde, sondern sie wurden später auch zusammen in ihrer eigenen Wohnstube angekettet. Vgl. LAS, Abt. 144, Nr. 17.
39 So sagt z. B. eine Frau in dem Prozeß gegen Anna Dorothea Niebuhr 1741 aus, daß sie, »nach dem sie [die Täterin] bereits in Hafft gewesen, die Aufsicht auf ihr gehabt und bey ihr in einem Bette geschlafen«, und berichtet dann, was die Kindsmörderin zu ihr gesagt hat. LAS, Abt. 268, Nr. 1553, Prot. d. Zeugenverhörs, Genin, 16.5.1741.
40 Anna Jarcks wurde »in ihrer Hafft zum Beten und Lesen ermahnet«, wohl vom Pastor, wie man annehmen darf, worauf sie »spöttisch geantwortet [hat], was das bedeuten solle«. Stadtarchiv Rendsburg, Kriminalia, X.7. 282, Inq.prot., Rendsburg, 22.12.1762.
41 GA Rundhof, B VI 4, Inq.prot., Rundhof, 6.4.1730.
42 Vgl. auch BERNET, Beizug, 99.
43 Die Peinliche Gerichtsordnung Kaiser Karls V. (Carolina), hg. u. erläutert von

G. RADBRUCH, 4. verb. und ergänzte Aufl. hg. von A. KAUFMANN (1978), Art. 131 II.

44 LAS, Abt. 65.2, Nr. 317, Pro Memoria, Altona, 14. 2. 1799.

45 Ebenda, Abt. 47.5, Nr. 39, Resp. (= Responsum) d. Kieler Jur.Fak. (Entw.), Kiel, März 1754.

46 GA Rundhof, B VI 4, Erwiderung des Verteidigers auf die Triplik des Fiskals, Rundhof, 14. 12. 1730.

47 Vgl. LAS, Abt. 65.2, Nr. 317 II (Catharina Sands); ebenda, Nr. 316 (Margaretha Carstens); als Beispiel für die harte Arbeit sei Margaretha Schröders genannt, die 1747 behauptete, ihre Totgeburt sei durch die »Aufhebung eines umgeworfenen Wagens und so vielfache Aufladung von Heu und Korn verursachet«. LAS, Abt. 47.5, Nr. 81, Resp. d. Kieler Jur. Fak. (Entw.), Kiel, Mai 1747.

48 Vgl. LAS, Abt. 65.2, Nr. 317 II, Stellungnahme d. Holst. (= Holsteinischen) Oberkriminalgerichts, Glückstadt, 12. 11. 1792; ebd., Nr. 316 I, Prot. d. summarischen Verhörs, Westerhever, 25. 4. 1760; ebenda, Abt. 47.5, Nr. 81, Resp. d. Kieler Jur.Fak. (Entw.), Kiel, Mai 1747.

49 Insbesondere galt das für Frauen, die aus anderen Regionen in die Herzogtümer gekommen waren und die sich dadurch zusätzlich verdächtig gemacht hatten. Sie erklärten damit, warum sie nicht in die Heimat zurückgekehrt waren.

50 »Ob es ihr nicht wissend sey, daß ein Frauenzimmer bey der Geburt eines Kindes allezeit Hilfe haben müsse«, wurde Margaretha Carstens 1760 gefragt. Die Antwort lautete: »Inquisitin gestehet, daß sie solche gar wohl gewußt.« LAS, Abt. 65.2, Nr. 316 I, Inq.prot., Garding, 25. 8. 1760.

51 Vgl. H. WUNDER, »Er ist die Sonne, sie ist der Mond.« Frauen in der Frühen Neuzeit (1992), 139; EVA LABOUVIE, Selbstverwaltete Geburt, in: Geschichte und Gesellschaft 18 (1992), 495.

52 LAS, Abt. 65.2, Nr. 316 I, Inq.prot., Garding, 25. 8. 1760.

53 Ebenda, Nr. 315, Inq.prot., Kolmar, 12. 4. 1749.

54 Ebenda, Abt. 65.2, Nr. 317 III, ad acta criminalia wegen der Inquisitin Sophia Margaretha Schweistrup zu Bredsted, o. D. (1796).

55 Vgl. SCHWERHOFF, Köln, 415.

56 LAS, Abt. 65.2, Nr. 317 I, Stellungnahme der Regierung, Glückstadt, 15. 10. 1787.

57 Ebenda, Abt. 268, Nr. 1515, Inq.prot., Hansfelde, 20. 3. 1684.

58 RA (= Reichsarchiv) Kopenhagen, C 9, Vorstellungen d. Deutschen Kanzlei, Kopenhagen, 8. 12. 1786.

59 Vgl. ULBRICHT, Kindsmord und Aufklärung, 238.

60 LAS, Abt. 65.1, Nr. 87, Resp. d. Rostocker Jur.Fak., Rostock, 3. 4. 1723.

61 Ebenda, Abt. 400.5, Nr. 758, Resp. d. Kieler Jur.Fak. (Entw.), Kiel, November 1748.

62 Ebenda, Abt. 102.1, Nr. 190, Kriminalgerichtsprot., o. O., 3. 8. 1728.

63 Dazu ein Beispiel: Margaretha Möllers wurde gefragt, »ob nicht aus der getrennten Nabelschnur Blut gefloßen? Rp: Ihr dünckte [!], daß etwas Blut gekommen wäre... Ob viel oder wenig Blut heraus gefloßen? Rp.: Ein klein wenig.« GA Breitenburg, Abt. V.B.1, Nr. 57, Inq.prot., Breitenburg, 26. 1. 1761.

64 Vgl. B. FORSTER, Kindestötung (§ 217 StGB), in: Praxis der Rechtsmedizin für Mediziner und Juristen, hg. von B. FORSTER (1986), 217.

65 Vgl. für Köln im 16. Jahrhundert SCHWERHOFF, Köln, 415 f.

66 Vgl. F. MCLYNN, Crime and Punishment in Eighteenth-Century England (1989), 114.
67 Vgl. ULBRICHT, Kindsmord und Aufklärung, 19.
68 J. H. KIRCHHOF, Abhandlung von den Advokaten und ihren Pflichten besonders in peinlichen Fällen nebst einigen Schutzschriften der wichtigsten Vorfälle, Th. 1 (1765), 440.
69 VAN DÜLMEN, Frauen, 20.
70 Auf die Sturzgeburt und die Ohnmacht, die übrigens eine Folge der ersteren sein kann, soll hier nicht weiter eingegangen werden. Ohnmachten sind »selten und häufig lediglich Schutzbehauptungen«. FORSTER, Kindestötung, 217.
71 Vgl. BERNET, Beizug, 100f; ULBRICHT, Kindsmord und Aufklärung, 236–238; DERS., Landesverweisung, 266–268.
72 Vgl. SJ. FABER, Infanticide, especially in eighteenth-century Amsterdam, with some references to van der Kessel, in: Essays in Honour of Ben Beinhart, Bd. 1 (1978), 261.
73 Vgl. ULBRICHT, Landesverweisung, 263.
74 Vgl. R. GEHRMANN, Leezen 1720–1870. Ein historisch-demographischer Beitrag zur Sozialgeschichte des ländlichen Schleswig-Holstein (1984), 126–130, 316; bei den illegitimen Geburten war die Totgeburtenrate 2,4%. Bei Ehefrauen liegt die Rate höher, da sich unter ihnen auch ältere Frauen befinden und solche, die bereits mehrere Geburten hinter sich hatten; bei den ledigen Müttern dagegen handelte es sich meist um ihre erste Geburt; außerdem waren sie, wie oben erwähnt, jünger. Vgl. auch die ganz ähnlichen Totgeburtsraten bei K.-J. LORENZEN-SCHMIDT, Ländliche Familienstrukturen in der nordwestlichen Küstenregion 1750–1870 (1987), 148–150.
75 Bei den von historischer Seite des öfteren vorgetragenen Zweifeln an der Lungenprobe wird nicht nur das Gebot der Quellenkritik nicht beachtet, sondern es mangelt auch an ausreichenden medizinischen bzw. medizinhistorischen Kenntnissen. Das kann hier nicht näher ausgeführt werden. Noch heute sind übrigens die Schwimmproben »von eminenter Wichtigkeit« bei der Ermittlung von Kindsmorden, vgl. FORSTER, Kindestötung, 209.
76 LAS, Abt. 65.2, Nr. 317 II, Inq.prot., Burg, 12.10.1791. Die Aussage wurde von den untersuchenden Ärzten bestätigt.
77 Ebenda, Nr. 316 III, Vorstellung der Deutschen Kanzlei, Kopenhagen, 1.8.1794.
78 Vgl. ULBRICHT, Kindsmord und Aufklärung, 61.
79 LAS, Abt. 65.2, Nr. 317 II, Bericht u. Bedenken d. Holst. Oberkriminalgerichts, Glückstadt, 12.11.1792.
80 Vgl. SCHWERHOFF, Köln, 105f.
81 Dabei wurde der Tod des Kindes durch ein Verschieben der weichen Teile der Hirnschale herbeigeführt.
82 Es setzt übrigens die Lungenprobe außer Kraft.
83 Das führte z.T. zu skurrilen Schilderungen der Lage der Hände bei der Entbindung: »Bey der Geburth hätte sie dazu keine Hand gebrauchet, sondern beyde Hände solang über dem Kopf zusammengeschlagen gehabt, bis sie aus der Noth gewesen wäre.« LAS, Abt. 65.2, Nr. 316 I, Nochmahliges summarisches Verhör, Garding, 5.5.1760.
84 W. VON SCHIRACH, Kriminalrechtsfälle (1813), 144.
85 Ebenda, 144f.

86 LAS, Abt. 65.2, Nr. 316 I, Relatio ex actis, Glückstadt, 27.5.1773.
87 Ebenda, Abt. 65.2, Nr. 316 II, Bitte des Kriminalgerichts um Milderung der Strafe (mit Verhörszitat), Burg auf Fehmarn, 7.6.1786; eine solche Darstellung als Stadtgespräch bei PIA HOLENSTEIN / NORBERT SCHINDLER, Geschwätzgeschichte(n). Ein kulturhistorisches Plädoyer für die Rehabilitierung der unkontrollierten Rede, in: R. VAN DÜLMEN (Hg.), Dynamik der Tradition (1992), 74.
88 K. GOEDEKE, Gottfried August Bürger in Göttingen und Gellnhausen (1873), 86, 89f.
89 Vgl. GEHRMANN, Leezen, 178.
90 Vgl. ULBRICHT, Kindsmord und Aufklärung, 86.
91 Vgl. ebenda, 88.
92 Vgl. aber die Aussage von R. VAN DÜLMEN, der meint, »daß Frauen strenger bzw. schneller bestraft wurden als Männer«, was »nicht nur beim Kindsmord offenkundig« sei. R. VAN DÜLMEN, Kultur und Alltag in der Frühen Neuzeit, Bd. II (1992), 266.
93 GA Rundhof, B VI 4, Triplik d. Anklägers, Rundhof, 14.12.1730.
94 Vgl. ULBRICHT, Kindsmord, 262.
95 Das waren sie für die Verteidiger schon länger, vgl. ULBRICHT, Infanticide, 112.
96 LAS, Abt. 65.2, Nr. 317 I, Betreffend d. sumerische Untersuchung..., o. O., 21.4.1795
97 Ebenda, Nr. 317 III, Stellungnahme d. Holst. Oberkriminalgerichts zur Begnadigung von vier Kindsmörderinnen, Glückstadt, 27.12.1802.
98 KIRCHHOF, Abhandlung, 458.
99 J. F. PLITT, Repertorium für das peinliche Recht (1786), 262.
100 LAS, Abt. 65.2, Nr. 317 I, Betreffend d. summarische Untersuchung..., o. O., 21.4.1795.
101 Vgl. G. J. F. MEISTER, Bemerkung. Ueber die Strafe des Kindermordes, in Fällen, da die That in einer Art Betäubung begangen ist, in: DERS., Practische Bemerkungen aus dem Criminal- und Civilrechte (1795), 134–136.
102 LAS, Abt. 65.2, Nr. 316 I, Rechtl. Exceptions- u. Defensions-Schrift, Apenrade, 9.9.1767.
103 Ebenda, Nr. 317 II, Rechtl. Erkenntnis d. Kieler Jur.Fak., Kiel, 28.6.1789.
104 Vgl. ULBRICHT, Kindsmord und Aufklärung, 359–364.
105 Nur in seltenen Fällen liegen sowohl die Anordnung der »peinlichen Frage« wie auch ein Nachweis ihrer tatsächlichen Anwendung und das Urteil vor. DIETER HOOF, »Hier ist keine Gnade weiter, bei Gott ist Gnade.« Kindsmordvorgänge in Hannover im 18. Jahrhundert., in: Hannoverische Geschichtsblätter N.F. 37 (1983), 45–84, hat stadthannoversche Torturprotokolle gefunden und ausgewertet.
106 Der Begriff der Ehre sollte um diesen Aspekt erweitert werden. Vgl. die Überlegungen von Gerd Schwerhoff zur Füllung des Begriffs: G. SCHWERHOFF, Devianz in der alteuropäischen Gesellschaft. Umrisse einer historischen Kriminalitätsforschung, in: ZHF 19 (1992), 408f.
107 LAS, Abt. 65.2, Nr. 316 I, Betreffend d. Gesuch der Margarethe Carstens, o. O., o. D. (1761).
108 LAS, Abt. 47.5, Nr. 28, Resp. d. Kieler Jur.Fak. im Fall Poppe Carstens

(Entw.), Kiel, o. D. (1690); Nr. 30, Resp. im Fall Anne Torrels (Entw.), Kiel, o. D.

109 RA Kopenhagen, HSS VIII, C. J. H. Westphalen, Tom. II. Resp. d. Kieler Jur.Fak., Kiel 22. 11. 1708.

110 Eine Prozeßdauer von 10–14 Monaten ist am häufigsten; doch sind längere Prozesse auch nicht gerade selten.

111 LAS, Abt. 65.2, Nr. 316 I, Nochmahlige Defensions-Schrifft, Tönning, 1. 8. 1761.

112 Ebenda, Abt. 47.5, Nr. 38, Urteil d. Kieler Jur.Fak. (Entw.), Kiel, 30. 3. 1712.

113 Vgl. oben, Anm. 10; Schwerhoff, Köln, 114, 115.

114 LAS, AG. 112, Nr. 806, Torturprot., Pinneberg, 5. Juni 1760.

Walter Rummel
Verletzung von Körper, Ehre und Eigentum

1 N. ELIAS, Über den Prozeß der Zivilisation. Soziogenetische und psychogenetische Untersuchungen ([1]1939; 1980).

2 Sehr eindrucksvoll illustrieren dies die Ereignisse, die 1593–1594 im kurtrierischen Amtsort Cochem an der Mittelmosel stattfanden. Vgl. W. RUMMEL, Soziale Dynamik und herrschaftliche Problematik der kurtrierischen Hexenverfolgung. Das Beispiel der Stadt Cochem (1593–1595), in: Geschichte und Gesellschaft 16 (1990), 26–55.

3 Vgl. R. MUCHEMBLED, La Violence en Village. Sociabilité et comportements populaires en Artois du XVe au XVIIe siècle (1989).

4 Vgl. dazu M. DINGES, Die Ehre als Thema der Stadtgeschichte. Eine Semantik im Übergang vom Ancien Régime zur Moderne, in: Zeitschrift für historische Forschung 16 (1989), 409–440.

5 LHAK (= Landeshauptarchiv Koblenz), Bestand 33, Nr. 10886, Beilage nach fol. 59v.

6 Vgl. W. RUMMEL, Bauern, Herren und Hexen. Studien zur Sozialgeschichte sponheimischer und kurtrierischer Hexenprozesse (1991).

7 LHAK, Bestand 33, Nr. 10886, nach f. 59v.

8 LHAK, Bestand 33, Nr. 10883, f. 21v-22; Nr. 8135, fasc. III, unp.; Nr. 10886, f. 67.

9 Vgl. dazu die in den Jahren 1911–1933 aus dem Nachlaß von Friedrich Back in den Monatsheften für rheinische Kirchengeschichte veröffentlichten Beschreibungen der Visitationen in der Hinteren Grafschaft Sponheim.

10 LHAK, Bestand 33, Nr. 10883, f. 22.

11 LHAK, Bestand 33, Nr. 10886, f. 28v.

12 Vgl. RUMMEL, Bauern, 226.

13 Ebenda, 232.

14 LHAK, Bestand 33, Nr. 8868, f. 28.

15 Beispiele dafür im Protokoll des Kastellauner Stadtgerichts: LHAK, Bestand 33, Nr. 8128.

16 LHAK, Bestand 33, Nr. 5092. Beltheim gehörte zu einem gleichnamigen Gerichtsbezirk, dem sog. »Dreiherrischen«, in dem die Hintere Grafschaft Sponheim, das Kurfürstentum Trier und die Herren von Winneburg-Beilstein die Herrschaft gemeinsam ausübten. Die sponheimische Landesherrschaft wurde

ihrerseits von zwei Herren gemeinsam ausgeübt, damals von dem Pfalzgrafen zu Zweibrücken und dem Markgrafen von Baden.

17 Ebenda, 3–7.
18 Ebenda, 6.
19 Dieses und das Folgende ebenda, 19–25.
20 Ebenda, 4; das Folgende 19.
21 LHAK, Bestand 33, Nr. 6371 und Nr. 5092, 7.
22 Ebenda, 24.
23 Ebenda, 37.
24 Ebenda, 169–193.
25 Ebenda, 133.
26 Ebenda, 135 u. 216.
27 Ebenda, 218f.
28 Ebenda, 218 u. 251f.
29 Ebenda, 37.
30 Vgl. RUMMEL, Bauern, 259ff.
31 LHAK, Bestand 33, Nr. 5092, 159.
32 Ebenda, 92. Das Folgende auf den S. 92f. und 87.
33 Dieses und das Folgende ebenda, 93–97.
34 Ebenda.
35 Ebenda, 97.
36 Vgl. Beltheimer Gemeindeordnung: LHAK, Bestand 33, Nr. 8660.
37 LHAK, Bestand 33, Nr. 5092, 94.
38 Ebenda, 247, 259 u. 261.
39 Ebenda, 141.
40 Ebenda, 111f.
41 Ebenda, 137f.
42 Ebenda, 159ff.
43 Ebenda, 247.
44 Ebenda, 257f.
45 Ebenda, 258 u. 260.
46 Ebenda, 263–273.
47 Ebenda, 275 u. 279.
48 Dieses und das Weitere ebenda, 289f.
49 Ebenda, 297–299.
50 Ebenda, 305.
51 LHAK, Bestand 33, Nr. 8128 (20. 1. 1612).
52 Vgl. RUMMEL, Bauern, 133ff.
53 LHAK, Bestand 655/14, Nr. 163, unp.; ebenda, Nr. 183, f. 15–25v u. f. 38-v.
54 RUMMEL, Bauern, 26ff.; E. LABOUVIE, Zauberei und Hexenwerk. Ländlicher Hexenglaube in der frühen Neuzeit (1991), 82ff.
55 LHAK, Bestand 655/14, Nr. 163, unp.
56 Ebenda.
57 LHAK, Bestand 33, Nr. 8607, f. 15.
58 Vgl. RUMMEL, Bauern, 303f.
59 LHAK, Bestand 33, Nr. 10887, f. 18-v.
60 LHAK, Bestand 33, Nr. 8127, unp.

Andreas Blauert
Kriminaljustiz und Sittenreform als Krisenmanagement?

Der vorliegende Beitrag entstand im Rahmen des durch ein Forschungsstipendium der Deutschen Forschungsgemeinschaft (DFG) geförderten Forschungsvorhabens: Verbrechen und Strafen in einem Territorium des Alten Reichs: Das Hochstift Speyer in der Frühen Neuzeit.

1 Der Begriff »Eisernes Jahrhundert« geht zurück auf H. KAMEN, The Iron Century. Social change in Europe 1550–1650 (1971).

2 GLA (= Generallandesarchiv) Karlsruhe, Abt. 67/424.

3 Ebenda, Abt. 67/318; 67/423; 67/424.

4 M. FORSTER, Die Katholische Reform in den Dörfern des Hochstifts Speyer, in: Zeitschrift für die Geschichte des Oberrheins 138 (1990), 259–281, hier 266f.

5 Ebenda, 273f.

6 W. BEHRINGER, Hexenverfolgung in Bayern. Volksmagie, Glaubenseifer und Staatsräson in der frühen Neuzeit (1987), bes. 96–121 u. 419–430; H. LEHMANN, Frömmigkeitsgeschichtliche Auswirkungen der ›Kleinen Eiszeit‹, in: W. SCHIEDER (Hg.), Volksreligiosität in der modernen Sozialgeschichte (1986), 31–50.

7 BEHRINGER, Hexenverfolgung, 236–241 (fränk. Hochstifte); G. SCHORMANN, Der Krieg gegen die Hexen. Das Ausrottungsprogramm des Kurfürsten von Köln (1991), 67.

8 GLA Karlsruhe, Abt. 61/11.494–11.498 u. 61/11.504; zu den Speyerer Hexenprozessen kurz L. STAMER, Kirchengeschichte der Pfalz. Bd. 3.1: Das Zeitalter der Reform 1556–1685 (1955), 136–138.

9 GLA Karlsruhe, Abt. 229/79.190; s. auch FORSTER, Reform, 263.

10 E. LABOUVIE, Zauberei und Hexenwerk. Ländlicher Hexenglaube in der frühen Neuzeit (1991); W. RUMMEL, Bauern, Herren und Hexen. Studien zur Sozialgeschichte sponheimischer und kurtrierischer Hexenprozesse 1574–1664 (1991).

11 Der Text der entsprechenden Verordnungen in J. J. SCOTTI, Sammlung der Gesetze und Verordnungen, welche in dem vormaligen Churfürstentum Trier... Teil 1 (1832), 554–564 u. 612–615.

12 H. POHL, Hexenglaube und Hexenverfolgung im Kurfürstentum Mainz. Ein Beitrag zur Hexenfrage im 16. und beginnenden 17. Jahrhundert (1988), 27.

13 Vgl. die Angaben in Anm. 6.

14 F. X. REMLING, Geschichte der Bischöfe zu Speyer, 2 Bde. (1852–54, ND 1975); POHL, Hexenglaube, 32; auf die Nennung weiterer Literatur muß aus Platzgründen verzichtet werden.

15 P. KAMBER, La chasse aux sorciers et sorcières dans le Pays de Vaud. Aspects quantitatifs 1581–1620, in: Revue historique vaudoise 90 (1982), 21–33.

16 J. DELUMEAU, Angst im Abendland. Die Geschichte kollektiver Ängste im Europa des 14. bis 18. Jahrhunderts (1989), 146.

17 H. SCHILLING, Geschichte der Sünde oder Geschichte des Verbrechens? Überlegungen zur Gesellschaftsgeschichte der frühneuzeitlichen Kirchenzucht, in: Annali dell'Istituto italo-germanico in Trento 12 (1986), 169–192; DERS., Sün-

denzucht und frühneuzeitliche Sozialdisziplinierung. Die calvinistische, presbyteriale Kirchenzucht in Emden vom 16. bis 19. Jahrhundert, in: G. SCHMIDT (Hg.), Stände und Gesellschaft im Alten Reich (1989), 265–302.

18 GLA Karlsruhe, Abt. 61 / 11.488–11.507.

19 Ebenda, Abt. 61 / 11.762; ich bereite eine Studie zu diesem Kriminalprotokoll vor.

20 G. SCHWERHOFF, Devianz in der alteuropäischen Gesellschaft. Umrisse einer historischen Kriminalitätsforschung, in: Zeitschrift für historische Forschung 19 (1992), 385–414; auf die Nennung weiterer Literatur muß aus Platzgründen verzichtet werden.

21 STAMER, Kirchengeschichte, 135 f.

22 W. EBEL, Die Rostocker Urfehden. Untersuchungen zur Geschichte des deutschen Strafrechts (1938), 18.

23 GLA Karlsruhe, Abt. 67 / 424.

24 FORSTER, Reform, 265.

25 So H. AMMERICH, Formen und Wege der katholischen Reform in den Diözesen Speyer und Straßburg, in: V. PRESS u. a. (Hg.), Barock am Oberrhein (1985), 292–327.

26 GLA Karlsruhe, Abt. 61 / 11.495–11.498; FORSTER, Reform, 262, zählt 67 Ehebrüche ›und andere sexuelle Vergehen‹ in den Jahren 1573–1623; Collectio processuum synodalium et constitutionum ecclesiasticarum diocesis spirensis... (1786), 385–391 (Eheverordnung von 1582); zum zeitgleichen Vorgehen gegen Ehebruchsvergehen in einem benachbarten lutherischen, später reformierten Territorium siehe F. KONERSMANN, Disziplinierung und Verchristlichung von Sexualität und Ehe in Pfalz-Zweibrücken im 16. und 17. Jahrhundert, in: Blätter für pfälzische Kirchengeschichte und religiöse Volkskunde 58 (1991), 11–41.

27 G. SCHORMANN, Hexenprozesse in Deutschland (1981), 93.

28 Konzepte einer ›Erfahrungsgeschichte‹ diskutieren K. H. JARAUSCH, Towards a social history of experience: Postmodern predicaments in theory and interdisciplinarity, in: Central European history 22 (1989), 427–443, und W. SCHULZE, Ego-Dokumente: Annäherungen an den Menschen in der Geschichte?, in: BEA LUNDT u. a. (Hg.), Von Aufbruch und Utopie... (1992), 417–450.

29 DELUMEAU, Angst, 38.

30 R. SCHENDA, Die deutschen Prodigiensammlungen des 16. und 17. Jahrhunderts, in: Archiv für Geschichte des Buchwesens 4 (1963), 637–710, hier 638 f.; S. S. TSCHOPP, Heilsgeschichtliche Deutungsmuster in der Publizistik des Dreißigjährigen Krieges. Pro- und antischwedische Propaganda in Deutschland 1628 bis 1635 (1991), 1–12 zur aktuellen Forschungssituation.

31 Siehe nur P. HOHENEMSER, Flugschriftensammlung Gustav Freytag (1925, ND 1966), oder W. HARMS, Deutsche illustrierte Flugblätter des 16. und 17. Jahrhunderts, bislang 4 Bde. (1985–89).

32 Stadt- und Universitätsbibliothek Frankfurt a. M., Flugschriftensammlung Gustav Freytag. Vollständige Wiedergabe der 6265 Flugschriften aus dem 15. bis 17. Jahrhundert sowie des Katalogs von P. HOHENEMSER auf Mikrofiche (1980), Nr. 493.

33 Ebenda, Nr. 486 (Ausgabe 1612; Zit. nach der Ausgabe 1618, 32).

34 Dazu ausführlicher SCHENDA, Prodigiensammlungen; H. LEHMANN, Die Kometenflugschriften des 17. Jahrhunderts als historische Quelle, in: W. BRÜCK-

NER u. a. (Hg.), Literatur und Volk im 17. Jahrhundert. Probleme populärer Kultur in Deutschland, 2 Bde. (1985), hier Bd. 2, 683–700; H. EHMER, Zeichen und Wunder. Die theologische Deutung von Naturereignissen im nachreformatorischen Württemberg, in: Blätter für württembergische Kirchengeschichte 88 (1988), 178–200.

35 DELUMEAU, Angst, 38–42.

36 HARMS, Flugblätter, Bd. 1, 394f. (die Ziffern im Text verweisen auf die bildliche Darstellung des ›Schwerts der Gerechtigkeit‹, der ›Waage der Gerechtigkeit‹ usw. in der Flugblattillustration).

37 Ein Überblick über die einschlägigen Konzepte bei H. R. SCHMIDT, Die Christianisierung des Sozialverhaltens als permanente Reformation. Aus der Praxis reformierter Sittengerichte in der Schweiz während der frühen Neuzeit, in: Zeitschrift für historische Forschung, Beiheft 9, (1989), 113–163.

38 Immer noch wegweisend A. BORST, Das Erdbeben von 1348, in: DERS., Barbaren, Ketzer und Artisten. Welten des Mittelalters (1989), 528–563.

39 R. VIERHAUS, Zum Problem historischer Krisen, in: K.-G. FABER/C. MEIER (Hg.), Historische Prozesse (1978), 313–329, hier 318.

40 H. BOOCKMANN, Stauferzeit und spätes Mittelalter. Deutschland 1125–1517 (1987), 246.

41 J. BURCKHARDT, Weltgeschichtliche Betrachtungen, hg. von A. OERI und E. DÜRR (1929), 122–159.

42 U. BECK, Risikogesellschaft. Auf dem Weg in eine andere Moderne (1986).

Karen Lambrecht
»Jagdhunde des Teufels«

1 J. SCHICKFUS, New vermehrte Schlesische Chronica (1625), 4. Buch, 102.

2 Stellvertretend für viele Belege sei hier nur genannt J. DÖPLER, Theatrum Poenarum, suppliciorum et executionem criminalium, oder Schauplatz derer Leibes- und Lebensstraffen (1693), Bd. 1, Teil 2, 214. Ausführliche Literaturbelege in meiner Dissertation: »Die Ausrottung der Teufelssekte« – Frühneuzeitliche Hexenverfolgung in den schlesischen Territorien (erscheint voraussichtlich 1994).

3 Das farbige Flugblatt »Newe Zeyttung. Nie erhörtte/ abscheuchliche/ und unnatürliche Thatten/ und mißhandlungen/ in dem Fürstenthumb Schlesien/ von etlichen Todtengräbern begangen/ wie sie auch/ wegen ihrer Mißhandlungen/ in diesem 1606. Jar den 20. des Monats Septembris/ hingerichtet worden. Getruckt zu Augspurg/ bey Georg Kreß/ Brieff und Kunstmaler/ in Jacober vorstatt.« Zu Georg Kreß vgl. J. R. PAAS, Georg Kress. A Briefmaler in Augsburg in the late sixteenth and early seventeenth centuries, in: Gutenberg-Jahrbuch 65 (1990), 177–204.

4 Im Untertitel: »Beneben sechs Predigten aus H. Schrifft und denckwürdigen Historien/ nach Hinrichtung des Mörderischen Todtengräberischen Gesindleins und ihrer Gehülffen gethan: Auch bey abthuung anderer Malefiz Personen zu erwegen. Sampt den Charisterijs oder Dancksfests Sermon zu ende der benommenen/ zerbrochenen und ins Fewer geworffenen Pestruthen. Auff begehren vieler Frommen Hertzen in Druck gegeben. Zu Ehren Gottes und seinem Recht und Gnade. Zur Rettung der lieben Wahrheit. Zum Gedechtnis den

Nachkommenen. Und zur Warnung und besserung jedermänniglichen.« Die ersten 110 Seiten dieses 249seitigen, schon kaum noch als Flugschrift zu bezeichnenden Berichtes sind durch die Flugschriftensammlung Gustav Freytags zugänglich gemacht worden, vgl. P. HOHENEMSER, Die Flugschriftensammlung Gustav Freytag (1925, ND 1966), Nr. 481.

5 Mit dessen Widerlegung Heinnitz sich »die Zeit und das Papier verdorben« hätte, vgl. S. B. KLOSE, Fragment eines schlesischen Hexenprotokolls, in: Neue literarische Unterhaltungen (1775), 451–481, hier 464.

6 Sein Lebenslauf ist durch die auf ihn gehaltene Leichenpredigt bekannt, vgl. G. KIRSTENIUS, Von dreyerley Priester Kleydung (1636).

7 Deren Hinrichtung wird nicht erwähnt. Heinnitz berichtet, daß 19 Personen hingerichtet wurden. Durch Addition ergibt sich somit, daß die beiden Jungen hingerichtet worden sein müssen.

8 Das materialreiche Handwörterbuch des Deutschen Aberglaubens, hg. von H. BÄCHTHOLD-STÄUBLI, weist lediglich in dem Artikel »Pest« auf diesen Zusammenhang hin, vgl. Bd. 6 (1934/1935), Sp. 1503.

9 Die Tabelle basiert auf einer Zusammenstellung der mir bekannten Fälle. Die Belege finden sich größtenteils in den folgenden Anmerkungen.

10 N. SCHINDLER, Die Entstehung der Unbarmherzigkeit. Zur Kultur und Lebensweise der Salzburger Bettler am Ende des 17. Jahrhunderts, in: DERS., Widerspenstige Leute (1992), 258–314, hier 308.

11 F. BYLOFF, Volkskundliches aus Strafprozessen der österreichischen Alpenländer mit besonderer Berücksichtigung der Zauberei- und Hexenprozesse 1455–1850 (1929), 14.

12 N. POL, Jahrbücher der Stadt Breslau, hg. von J. G. KUNISCH, Bd. V (1824), 37.

13 H. ROCH, Neue Lausnitz- Böhm- und Schlesische Chronica (1687), 227.

14 »Uhrsachen, Wie, welcher Gestalt, und woher die Infection in Nieder-Schlesien kommen. Sammt dem Bericht, der Execution deß Todtengräbers zu Guraw.« (1656). HOHENEMSER, Flugschriftensammlung, Nr. 516.

15 »Ausführliche Relation Von deß Todten-Gräbers zu Franckenstein, Heinrich Krahles, verübten unmenschlichen grausam Mörderischen und bösen Thaten, und wie er durch Urthel und Recht am 23. Januarii dieses 1673sten Jahres sammt seinem Weib und jüngsten Tochter deßwegen verdienten Lohn empfangen, und peinlich abgestraffet worden.« (1673). HOHENEMSER, Flugschriftensammlung, Nr. 522.

16 G. RADBRUCH (Hg.): Die Peinliche Gerichtsordnung Kaiser Karls V. von 1532 (Carolina) (1975^6), vgl. auch Art. 137.

17 DÖPLER, Theatrum Poenarum, 1, 2, 576f.

18 P. FRAUENSTÄDT, Strafrechtliche Breslauer Schöffensprüche aus den Jahren 1600 bis 1603, in: Zeitschrift für die gesamte Strafrechtswissenschaft 26 (1906), 50–91, hier 89ff.

19 Dieser Fall ist gut belegt, vgl. u. a. Archiwum Państwowe we Wrocławiu, Hr. Klodzkie 383; F. VOLKMER, Der Wünschelburger Todtengräber i. J. 1680, in: Vierteljahresschrift für Geschichte und Heimatkunde der Grafschaft Glatz 2 (1882/83), 78–79.

20 Vgl. R. VAN DÜLMEN, Theater des Schreckens (1985), 106f.

21 H. V. HENTIG, Die Strafe. Bd. I: Frühformen und kulturgeschichtliche Zusammenhänge (1954), 350.

22 DÖPLER, Theatrum Poenarum, 1, 2, 214.
23 1612 wurde in Breslau Martin Kürschner mit glühenden Zangen gerissen, entmannt, gevierteilt, ausgeweidet und gehenkt, weil er das Herz eines Mannes und die Brüste einer Jungfrau gekocht und gegessen haben soll, vgl. POL, Jahrbücher V, 113 u. 115.
24 R. P.-C. HSIA, The Myth of Ritual Murder. Jews and Magic in Reformation Germany (1988), passim.
25 POL, Jahrbücher V, 37.
26 A. MEICHE, Sagenbuch des Königreiches Sachsen (1903), 501.
27 Laut der Carolina, Art. 134, konnte ein Arzt in diesem Fall je nach Sachlage ebenso wie »eyn fürsetzlicher mörder« bestraft werden.
28 W. JUNGANDREAS, Die Herstellung von Pestkugeln, in: Mitteilungen der schlesischen Gesellschaft für Volkskunde 23 (1922), 49–51 (nach einer Handschrift, die sich im Besitz des Autors befunden haben soll). Hieraus auch die folgenden Zitate.
29 Auch aus kleingestoßenen Kröten, Schlangen und Molchen wurde das »Gift« hergestellt, vgl. MEICHE, Sagenbuch, 511.
30 »Todten-Gräber-Ordnung zu St. Maria Magdalena / St. Christophori, und auff dem Neuen-Begräbnüß.« (1673). Germanisches Nationalmuseum Nürnberg, Archiv: R. fol. 148, Stück 14.
31 Scharfrichter bereicherten sich beispielsweise auch durch den Verkauf von Leichenteilen, denen magische Wirkung zugesprochen wurde, vgl. R. J. EVANS, Öffentlichkeit und Autorität. Zur Geschichte der Hinrichtungen vom Allgemeinen Landrecht bis zum Dritten Reich, in: H. REIF (Hg.), Räuber, Volk und Obrigkeit (1984), 185–258, hier 197.
32 Archiwum Państwowe we Wrocławiu, Ks. Wrocław, Archiwum Hatzfeldów, 5863, p. 4 ff.
33 Ebenda, p. 8 ff., vgl. Anm. 14.
34 W. DANCKERT, Unehrliche Leute. Die verfemten Berufe (1979), 55.
35 M. DOUGLAS, Reinheit und Gefährdung. Eine Studie zu Vorstellungen von Verunreinigung und Tabu (1985).
36 Vgl. dazu neuerdings F. J. BAUER, Von Tod und Bestattung, in: HZ 254 (1992), 1–31, hier 9.
37 B.-U. HERGEMÖLLER, Randgruppen der spätmittelalterlichen Gesellschaft. Einheit und Vielfalt, in: DERS. (Hg.), Randgruppen der spätmittelalterlichen Gesellschaft (1990), 1–51, hier 28 f.
38 Dazu vor allem PH. ARIÈS, Geschichte des Todes (1980).
39 F. BRAUDEL, Sozialgeschichte des 15.–18. Jahrhunderts. Der Alltag (1985), 76.
40 E. WOEHLKENS, Pest und Ruhr im 16. und 17. Jahrhundert (1954), 87.
41 J. DELUMEAU, Angst im Abendland (1989), 140–200.
42 R. GIRARD, Ausstoßung und Verfolgung. Eine historische Theorie des Sündenbocks (1992).
43 F. GRAUS, Pest – Geissler – Judenmorde. Das 14. Jahrhundert als Krisenzeit (1987).
44 C. GINZBURG, Hexensabbat. Entzifferung einer nächtlichen Geschichte (1990).
45 B. P. LEVACK, Witch-Hunt in Early Modern Europe (1987), 153 f., nennt einige wenige Fälle und bezeichnet es als überraschend, daß Hexen nicht öfter für Seu-

chen verantwortlich gemacht wurden. Eine Ausnahme scheinen die schweizerischen »engraisseurs« zu sein, vgl. P. KAMBER, La chasse aux sorciers et aux sorcières dans le Pays de Vaud. Aspects quantitatifs (1581–1620), in: Revue historique vaudoise 90 (1982), 21–33.

46 [H. INSTITORIS u. J. SPRENGER]: Der Hexenhammer (Malleus Maleficarum). Aus dem Lateinischen übertragen und eingeleitet von J. W. R. SCHMIDT. (1906, ND 1982), 190.

47 ARIÈS, Geschichte des Todes, 125.

48 L. C. F. GARMANN, De miraculis mortuorum (1660 u. ö., Ausgabe 1709), Lib. 1, Tit. III, 106–142: »De cadaveribus, porcorum mandentium instar, in cryptis feralibus sonantibus, vulgò SCHMAETZENDE TODE.«

49 HERRN BAKERS VOLLSTÄNDIGE HISTORIE DER INQUISITION (1741), 19.

50 GINZBURG, Hexensabbat, 69.

51 MEICHE, Sagenbuch, 511.

52 KLOSE, Fragment, 463–464.

53 HERGEMÖLLER, Randgruppen, 255.

54 A. PATSCHOVSKY, Waldenserverfolgung in Schweidnitz 1315, in: DA 36 (1980), 137–176, hier 155.

55 R. ŻERELIK, Nieznany Rocznik Świdnicki z pierwszej połowy XVI wieku, (1990), 29 über die Hungersnot 1438: »Viel Iuden seyndt in dysser zeyt vorbrandt worden, darumb das sie viel borne vnd ander wasser vergifft hatten.«

56 M. BRANN, Geschichte der Juden in Schlesien (1896), 149.

57 G. SCHWERHOFF, Köln im Kreuzverhör. Kriminalität, Herrschaft und Gesellschaft in einer frühneuzeitlichen Stadt (1991), 28.

58 G. FRITZ, Denkwürdigkeiten, Erzählungen und Sagen von Groß-Glogau und den umliegenden Ortschaften (1861), 28.

Gerd Schwerhoff
Verordnete Schande?

1 J. DÖPLER, Theatrum Poenarum (1693), cap. 35; G. BADER-WEISS / K. S. BADER, Der Pranger (1935), 93 ff. – Herzlichen Dank an Ursula Bender-Wittmann, Heinrich R. Schmidt und Peter Wettmann-Jungblut für ihre Unterstützung sowie an Ulrich Meier für kritische Lektüre!

2 L. ENNEN, Geschichte der Stadt Köln, Bd. 5 (1880), S. 236, Anm. 2. Für die Jurisdiktionsverhältnisse vgl. G. SCHWERHOFF, Köln im Kreuzverhör: Kriminalität, Herrschaft und Gesellschaft in einer frühneuzeitlichen Stadt (1991), 72 ff.; für den Pranger ebenda, 140 f.

3 T. HARSTER, Das Strafrecht der freien Reichsstadt Speier (1900), 83 f.

4 W. SCHILD, Alte Gerichtsbarkeit (1985^2), 212.

5 Vgl. die einschlägigen Artikel im Handwörterbuch der deutschen Rechtsgeschichte (HRG), die Darstellungen von W. SCHILD, Gerichtsbarkeit; R. V. DÜLMEN, Theater des Schreckens (1985), 62 ff., oder K. S. KRAMER, Grundriß einer rechtlichen Volkskunde (1974), 57 ff; veraltet und fehlerbehaftet R. QUANTER, Die Schand- und Ehrenstrafen in der deutschen Rechtspflege (1901).

6 BADER-WEISS, Pranger, 1 und 25 f. Vgl. außerdem für das Folgende R. SCHMIDT-WIEGAND, Art. ›Pranger‹ in: HRG III, Sp. 1877–1884.

7 E. FHR. V. KÜNSSBERG, Rechtsgeschichte und Volkskunde (1965), 43.

8 Vgl. für den städtischen Bereich G. SCHINDLER, Verbrechen und Strafen im

Recht der Stadt Freiburg i. B. 1520–1806 (1937), 118ff., oder H. KNAPP, Beiträge zum älteren Nürnberger Kriminalrecht (1895), 91ff.; eher für den ländlichen die Arbeiten von K. S. KRAMER über Franken – etwa Volksleben im Hochstift Bamberg und im Fürstentum Coburg 1500–1800 (1967), 243ff. und 310f., oder H. LINDERKAMP, Niedergerichtliche Strafformen und ihre Anwendung nach Quellen der Rechtspraxis (1985) für Schleswig.

9 Constitutio Criminalis Theresiana (1789, ND 1975), Art. 10, § 1.

10 H. HIRSCH, Die hohe Gerichtsbarkeit im deutschen Mittelalter (1922), 80.

11 Z. B. R. HIS, Das Strafrecht des deutschen Mittelalters I (1920), 579ff.; vgl. A. ERLER, Art. ›Rechtlosigkeit‹ in: HRG IV, Sp. 258–261.

12 B. SCHWENK, Das Hundetragen. Ein Rechtsbrauch im Mittelalter, in: Historisches Jahrbuch 110 (1990), 289–308.

13 Ebenda, 295.

14 Ebenda, 293.

15 K. SCHREINER, Gregor VIII., nackt auf einem Esel. Entehrende Entblößung und schandbares Reiten im Spiegel einer Miniatur der ›Sächsischen Weltchronik‹, in: D. BERG / H.-W. GOETZ (Hg.), Ecclesia et Regnum. Fs. f. F.-J. SCHMALE (1989), 190ff.

16 Ebenda, 179ff.

17 SCHILD, Gerichtsbarkeit, 14; K. KROESCHELL, Deutsche Rechtsgeschichte, Bd. 1, (1989^{9}), 196ff.

18 W. EBEL, Lübisches Recht (1971), 330.

19 SCHILD, Gerichtsbarkeit, 212; SCHMIDT-WIEGAND, Pranger, 1881; D. KLUGE, Die ›Kirchenbuße‹ als staatliches Zuchtmittel im 15.–18. Jh., in: Jb. f. Westf. Kirchengesch. 70 (1977), 53ff., 57f.

20 KÜNSSBERG, Rechtsgeschichte, 44; R. SCHMIDT-WIEGAND, Art. ›Lasterstein‹, HRG II, Sp. 1629ff.; DIES., Art. ›Steinetragen‹, HRG IV, Sp. 1950f.

21 E. WOHLHAUPTER, Die Kerze im Recht (1940), 80ff.; SCHWERHOFF, Köln, 139.

22 HIS, Strafrecht, 569ff.; Justiz in alter Zeit, hg. vom mittelalterlichen Kriminalmuseum Rothenburg o. d. T. (1984), 335ff.

23 Vgl. E. OSENBRÜGGEN, Das alamannische Strafrecht im dt. Mittelalter (1860), 111; A. WACKE, Art. ›Schupfen, Prellen‹, HRG IV, S. 1521f.

24 K.-E. MEINHARDT, Das peinliche Strafrecht der freien Reichsstadt Frankfurt a. M. (1957), 146f.

25 Zit. n. J. K. KAMES, Die weltliche Gerichtsbarkeit in der Stadt Hildesheim während des Mittelalters (1910), 72.

26 Die Chroniken der deutschen Städte, Bd. 11 (1874), 550.

27 MEINHARDT, Frankfurt, 147; EBEL, Lübisches Recht, 329; F. RAU, Beiträge zum Kriminalrecht der Freien Reichsstadt Frankfurt a. M. im Mittelalter bis 1532 (1916), 125; H. NORDHOFF-BEHNE, Gerichtsbarkeit und Strafrechtspflege in der Reichsstadt Schwäbisch-Hall seit dem 15. Jahrhundert (1971), 145f.; HARSTER, Speier, 84; E. LINDGEN, Die Breslauer Strafrechtspflege unter der Carolina (1939), 79; SCHINDLER, Freiburg, 126.

28 DÖPLER, Theatrum, 830.

29 RAU, Frankfurt 175.

30 SCHWERHOFF, Köln, 145ff.; SCHINDLER, Freiburg, 123ff.

31 K. S. KRAMER, Bauern und Bürger im nachmittelalterlichen Unterfranken (1957), 93.

32 LINDERKAMP, Strafformen, 23.
33 F. MERZBACHER, Das »Alte Halsgerichtsbuch« des Hochstifts Eichstätt, in: ZRG GA 73 (1956), 390f.; RAU, Frankfurt, 123; HARSTER, Speier, 81f.
34 Vgl. G. SCHMIDT, Libelli famosi (1985), 105.
35 RAU, Frankfurt, 95ff.
36 W. LINDEMANN, Das Soester Strafrecht bis zum Beginn des 16. Jh. (1939), 38; vgl. EBEL, Lübisches Recht, 331.
37 G. STRAHM, Das Strafrecht der Stadt Dortmund bis zur Mitte des 16. Jh. (1910), 257f.
38 NORDHOFF-BEHNE, Schwäbisch-Hall, 147; P. FRAUENSTÄDT, Breslaus Strafrechtspflege im 14. bis 16. Jahrhundert, in: Zs. f. d. ges. Strafrechtswiss. 10 (1890), 18; HIS, Strafrecht, 570; vgl. J. GÉNY (Hg.), Schlettstadter Stadtrechte (1902), 294 u. 607.
39 HARSTER, Speier, 82.
40 A. MEYNE, Das Strafrecht der Stadt Danzig 1532–1793 (1935), 53.
41 K. P. HERZOG, Das Strafensystem der Stadt Rothenburg ob der Tauber im Spätmittelalter (1971), 111; A. NIEDERSTÄTTER (Hg.), Vorarlberger Urfehdebriefe (1985), Nr. 88; OSENBRÜGGEN, Strafrecht, 107. Nacktheit wird in mittelalterlichen Chroniken schon früh als Element von bzw. als konstitutiv für Entehrung verwendet, SCHREINER, Gregor VIII., 183ff. Grundsätzlich zur Bedeutung von Nacktheit R. JÜTTE, Der anstößige Körper. Anmerkungen zu einer Semiotik der Nacktheit, in: K. SCHREINER/N. SCHNITZLER (Hg.), Gepeinigt, begehrt, vergessen. Symbolik und Sozialbezug des Körpers im späten Mittelalter und in der frühen Neuzeit (1992), 109–129.
42 NIEDERSTÄTTER, Vorarlberger Urfehdebriefe, Nr. 50, Nr. 85, Nr. 103, Nr. 125, ähnlich etwa Nr. 126 oder 129.
43 KRAMER, Grundriß, 70ff.; DERS., Bauern und Bürger, 99; zur Charivari J. LE-GOFF/J.-C. SCHMITT (Hg.), Le charivari (1981), und zuletzt N. SCHINDLER, Widerspenstige Leute. Studien zur Volkskultur in der frühen Neuzeit (1992), 142f.
44 SCHWERHOFF, Köln, 99; EBEL, Lübisches Recht, 331; M. FRANK, Kriminalität, Strafrechtspflege und sozialer Wandel. Das Zuchthaus Detmold 1750–1801, in: Westfälische Forschungen 42 (1992), 286f.
45 R. KAISER, Wirtschaftsdelikte als Zeichen wirtschaftlichen und sozialen Wandels im Mittelalter, in: GWU 40 (1989), 282.
46 H. REISS, Die strafrechtliche Behandlung der Eigentums- und Vermögensdelikte nach den Strafurteilen der Praxis im Bereich der Hansestädte (13.–16. Jahrhundert) (1973), 107f.
47 Das Bamberger Echtbuch (liber proscriptorum) von 1414–1444, in: 59. Bericht des Hist. Vereins Bamberg (1898), 55, 91.
48 Ebenda, 20.
49 MERZBACHER, Halsgerichtsbuch, 391f.
50 LINDGEN, Strafrechtspflege, 79.
51 E. V. NOTTBECK, Die alte Criminalchronik Revals (1884), 55, ähnlich 72.
52 KRAMER, Bauern und Bürger, 93f.
53 C. BECCARIA, Über Verbrechen und Strafen (1988), 112.
54 SCHWERHOFF, Köln, 142f., 460ff.; vgl. VAN DÜLMEN, Theater, 65, 208f.; DERS., Kultur und Alltag in der Frühen Neuzeit, Bd. 2 (1992), 248.
55 Wie sich das Verhältnis von unehrlichen Hinrichtungsarten wie dem Galgen

und dem ›ehrlichen‹ Schwert entwickelte, kann an dieser Stelle nicht thematisiert werden.

56 M. FRANK, Gestörte Ordnung. Dörfliche Gesellschaft und Kriminalität – Das Fallbeispiel Lippe (1650–1800), (masch. Diss., Bielefeld 1992), 179.

57 P. WETTMANN-JUNGBLUT, ›Stelen inn rechter hungersnodtt‹. Diebstahl, Eigentumsschutz und strafrechtliche Kontrolle im vorindustriellen Baden 1600–1850, in: R. V. DÜLMEN (Hg.), Verbrechen, Strafen und soziale Kontrolle (1990), 143f., sowie die freundliche Auskunft des Verfassers (Quellenbasis: Bad. Generallandesarchiv Karlsruhe 133358 a+b, 133359 a+b); ferner KRAMER, Grundriß, 58; W. HARTINGER, Rechtspflege und Volksleben, in: K. KÖSTLIN/K. D. SIEVERS (Hg.), Das Recht der kleinen Leute (1976), 56ff.

58 Das gilt auch für Hinrichtungen, vgl. SCHWERHOFF, Köln, 163ff.

59 Staatsarchiv Nürnberg, Rep. 60b, Nr. 7, fol. 430f., nach J. NOWOSADTKO, Die Ehre, die Unehre und das Staatsinteresse, in: GWU 44 (1993), 363f.; TH. HAMPE, Die Nürnberger Malefizbücher als Quellen der reichsstädtischen Sittengeschichte vom 14. bis 18. Jahrhundert (1927), 85.

60 MEINHARDT, Frankfurt, 141f.

61 EBEL, Lübisches Recht, S. 247.

62 G. HABERER, Art. ›Schandstrafen‹, in: HRG IV, Sp. 1353ff.; QUANTER, Ehrenstrafen, 6ff.

63 Formulierung nach VAN DÜLMEN, Theater, 80.

64 SCHWERHOFF, Köln, 143.

65 HARTINGER, Rechtspflege, 57; Beschlüsse des Rates der Stadt Köln, bearb. von M. GROTEN, 5. Bd. (1990), Nr. 342 u. 355 zum Jahr 1544; NOTTBECK, Criminalchronik, 66.

66 KRAMER, Grundriß, 58f.

67 SCHINDLER, Widerspenstige Leute, 64.

68 Beschlüsse des Rates der Stadt Köln, 1544, Nr. 212 u. Nr. 219.

69 MEYE, Danzig, 53f.

70 BADER-WEISS, Pranger, 132f.

71 G. WILBERTZ, Scharfrichter und Abdecker im Hochstift Osnabrück (1979), 317ff.; NOWOSADTKO, Ehre.

72 Hist. Archiv d. Stadt Köln Verf. Verw. G 212, fol. 121b; C. KAPPL, Die Not der kleinen Leute (1984), 96.

73 SCHWERHOFF, Köln, 144f.

74 H. MOSER, Jungfernkranz und Strohkreuz, in: KÖSTLIN/SIEVERS, Das Recht der kleinen Leute, 140ff.

75 Stadtarchiv Lemgo A 3621; vgl. U. BENDER-WITTMANN, Schadenszauber und Teufelspakt: Hexereikontrolle im städtischen Umfeld (Lemgo 1628–1637), Magisterarbeit Bielefeld (1991), 48.

76 SCHWERHOFF, Köln, 144.

77 H. WASSERSCHLEBEN (Hg.), Sammlung dt. Rechtsquellen, Bd. 1 (1869), 355f.

78 Die Chroniken der dt. Städte, Bd. 1, 666f.

79 E. REICKE, Geschichte der Reichsstadt Nürnberg (1896), 755ff.; für die neuere Literatur vgl. Veit Stoß: die Vorträge des Nürnberger Symposiums, hg. von R. KAHSNITZ (1985).

80 OSENBRÜGGEN, Strafrecht, 110; NORDHOFF-BEHNE, Schwäbisch-Hall, 146f.

81 LINDERKAMP, Strafformen, 23.
82 FRANK, Gestörte Ordnung, 189 u. 192ff.
83 KLUGE, Kirchenbuße, 53, 55.
84 VAN DÜLMEN, Theater, 76ff.
85 O. ULBRICHT, Kindsmord und Aufklärung in Deutschland (1990), 279; M. MUSTER, Das Ende der Kirchenbuße, in: ZRG KA 74 (1988), 564–573.
86 H. SCHILLING, »Geschichte der Sünde« oder »Geschichte des Verbrechens«? in: Jb. d. ital.-dt. hist. Instituts in Trient 12 (1986), 169–192.
87 BECCARIA, Verbrechen und Strafen, 77.
88 Vgl. aus der Fülle der neueren Literatur hier nur M. DINGES, Die Ehre als Thema der Stadtgeschichte, in: ZHF 16 (1989), 409–440; R. WALZ, Schimpfende Weiber (MS, erscheint in: H. WUNDER/C. VANJA (Hg.), Frauen in der ländlichen Gesellschaft der frühen Neuzeit).
89 Vgl. NOWOSADKO, Ehre; R. V. DÜLMEN, Der infame Mensch. Unehrliche Arbeit und soziale Ausgrenzung in der Frühen Neuzeit, in: DERS., Arbeit, Frömmigkeit und Eigensinn (1990), 106–140.
90 M. DINGES, ›Weiblichkeit‹ in ›Männlichkeitsritualen‹? Zu weiblichen Taktiken im Ehrenhandel in Paris im 18. Jahrhundert, in: Francia 18 (1991), 71–98.
91 SCHINDLER, Widerspenstige Leute, 355f.; als eine Schimpfwortliste unter vielen vgl. R.-E. MOHRMANN, Volksleben in Wilster (1977), 350f.
92 Beispiel bei G. SCHWERHOFF, Mach, daß wir nicht in eine Schande geraten! Frauen in Kölner Kriminalfällen des 16. Jahrhunderts, in: GWU 43 (1993), 452ff.
93 HARTINGER, Rechtspflege, 58f., der allerdings zu einer entgegengesetzten Schlußfolgerung kommt.
94 A. BUFF, Verbrechen und Verbrecher zu Augsburg in der zweiten Hälfte des 14. Jahrhunderts, in: Zs. d. Hist. Vereins f. Schwaben und Neuenburg 4 (1878), 165; zur Interpretation SCHINDLER, Widerspenstige Leute, 101ff.
95 LINDERKAMP, Strafformen, 49; NIEDERSTÄTTER, Urfehdebriefe, 67.
96 VAN DÜLMEN, Theater, 66.
97 K. SCHNEIDER-FERBER, Kriminalität in Augsburg (ca. 1348–1378): Das Achtbuch als Spiegel für städtische Konfliktsituationen?, erscheint in: Zs. d. Hist. Vereins für Schwaben.
98 E. SCHUBERT, Mobilität ohne Chance: Die Ausgrenzung des fahrenden Volkes, in: W. SCHULZE (Hg.), Ständische Gesellschaft und soziale Mobilität (1988), 113–164.

Martin Dinges
Michel Foucault, Justizphantasien und die Macht

1 A. MEGILL, The Reception of Foucault by Historians, in: Journal of the History of Ideas 48 (1987), 118f. U. J. SCHNEIDER, Zur amerikanischen und französischen Rezeption Michel Foucaults, in: Zeitschrift für philosophische Forschung 42 (1988), 311–317. Zu einem quantitativen Ländervergleich siehe die Graphik in M. DINGES, Foucault's Impact on the History of Asylums and Criminal History in Germany, in: N. FINZSCH/R. JÜTTE (Hg.), The Iron Cage (1994) (im Druck).
2 W. ESSBACH, Deutsche Fragen an Foucault, in: FR. EWALD/B. WALDENFELS (Hg.), Spiele der Wahrheit. Michel Foucaults Denken (1991), 74–85. Siehe auch

A. HONNETH, Zur philosophisch-soziologischen Diskussion um Michel Foucault, in: E. ERDMANN u. a. (Hg.), Ethos der Moderne. Foucaults Kritik der Aufklärung (1990), 11–32.

3 D. J. K. PEUKERT, Die Unordnung der Dinge. Michel Foucault und die deutsche Geschichtswissenschaft, in: EWALD/WALDENFELS, Spiele der Wahrheit 320–333. M. Dinges, The Reception of Michel Foucault's Ideas on Social Discipline, Mental Asylums, Hospitals and the Medical Profession in German Historiography, in: C. JONES/R. PORTER (Hg.), Reassessing Foucault: Power, Medicine and the Body (1993) (im Druck).

4 Vgl. M. PERROT (Hg.), L'impossible prison (1980); FINZSCH/JÜTTE, The Iron Cage; JONES/PORTER, Reassessing Foucault; L. GIARD, Michel Foucault. Lire l'œuvre (1992).

5 S. a. R. JÜTTE, Disziplinierungsmechanismen in der städtischen Armenfürsorge der Frühneuzeit, in: CHR. SACHSSE/FL. TENNSTEDT (Hg.), Soziale Sicherheit und soziale Disziplinierung (1986), 101–118.

6 Zum Diskursbegriff bei Foucault siehe M. FRANK, in: J. FOHRMANN/H. MÜLLER (Hg.), Diskurstheorien und Literaturwissenschaft (1988), 25–44.

7 M. FOUCAULT, Wahnsinn und Gesellschaft (1969); DERS., Die Geburt der Klinik (1973); DERS., Überwachen und Strafen (1977). Zum Werk siehe H. FINK-EITEL, Foucault zur Einführung (1989), und D. ERIBON, Michel Foucault. Eine Biographie (1991).

8 Zur Rezeption siehe DINGES in: JONES/PORTER, Reassassing Foucault.

9 E. PATLAGEAN, L'histoire de l'imaginaire, in: J. LE GOFF u. a. (Hg.), La nouvelle Histoire (1978), 249–269. Siehe auch L. DE MAUSE (Hg.), Die Grundlagen der Psychohistorie (1989).

10 So z. B. R. C. TREXLER, Public Life in Renaissance Florence (1980).

11 Siehe aber jetzt H.-J. LÜSEBRINK/R. R. REICHARDT, Die Bastille (1990); H. D. KITTSTEINER, Die Entstehung des modernen Gewissens (1991); E. LABOUVIE, Zauberei und Hexenwerk (1991).

12 M. CL. PHAN, Les amours illégitimes – histoires de séduction en Languedoc 1676–1786 (1986); E. P. THOMPSON, Die ›moralische Ökonomie‹ der englischen Unterschichten im 18. Jahrhundert, in: DERS., Plebeische Kultur und moralische Ökonomie (1980), S. 66–130.

13 W. PLEISTER/W. SCHILD, Recht und Gerechtigkeit im Spiegel der europäischen Kunst (1988). Vgl. O. R. KISSEL, Die Justitia (1984). Die Rechtsgeschichte ist ansonsten unergiebig, vgl. M. DINGES, Frühneuzeitliche Justiz, in: H. MOHNHAUPT/D. SIMON (Hg.), Vorträge zur Justizforschung, Band 1, (1992), 269–292. Zu ihrem blassen Normenbegriff auch G. SCHWERHOFF, Devianz in der alteuropäischen Gesellschaft. Umrisse einer historischen Kriminalitätsforschung, in: ZHF 19 (1992), 388–414.

14 Vgl. den Überblick von H. SCHEMPF, Rechtliche Volkskunde, in: R. W. BREDNICH (Hg.), Grundriß der Volkskunde (1988), 291–310.

15 E. MOSER-RATH, Predigtmärlein der Barockzeit (1964), 60, 315 f., 328, 483 f., 487; DIES., »Lustige Gesellschaft«. Schwank und Witz (1984), 182 ff. Siehe auch A. HENKEL/A. SCHÖNE, Emblemata (1967), 1048 ff., 1555 ff. und das Supplement von 1975.

16 H.-J. LÜSEBRINK, Kriminalität und Literatur im Frankreich des 18. Jahrhunderts (1983).

17 W. BRAUNGART (Hg.), Bänkelsang – Texte – Bilder – Kommentare (1985), 409,

415ff. Siehe auch J. SCHÖNERT (Hg.), Erzählte Kriminalität (1989), und DERS. (Hg.), Literatur und Kriminalität (1983).

18 FOUCAULT, Überwachen und Strafen, 228f.

19 Siehe dazu DINGES in: JONES/PORTER, Reassassing Foucault; J. HABERMAS, Der philosophische Diskurs der Moderne (1988), 279ff.; dagegen D. JANICAUD, Rationalität und Macht, in: EWALD/WALDENFELS, Spiele der Wahrheit, 251–276.

20 H. STEINERT, Ist es aber auch wahr, Herr F.?, in: Kriminalsoziologische Bibliographie 5 (1978), 30–45.

21 M. DINGES, Frühneuzeitliche Armenfürsorge als Sozialdisziplinierung?, in: Geschichte und Gesellschaft 17 (1991), 5–29.

22 ST. BREUER, Foucaults Theorie der Disziplinargesellschaft. Eine Zwischenbilanz, in: Leviathan 15 (1987), 319–337, 330ff.

23 E. KÖHLER, Arme und Irre (1977), 152.

24 A. FARGE/M. FOUCAULT, Familiäre Konflikte (1989). Zur Entstehung des Buches: A. FARGE, Arbeiten mit Michel Foucault, in: W. SCHMID (Hg.), Denken und Existenz bei Michel Foucault (1991), 223–227.

25 Siehe dazu und zum folgenden FARGE/FOUCAULT, Familiäre Konflikte, 271ff. Vgl. zu den Lettres de rémission (Gnadenbriefen) die etwas anderen Machtstrukturen: N. Z. DAVIS, Der Kopf in der Schlinge (1988), 23ff., und jetzt CL. GAUVARD, »De grace especial«, 2 Bände (1991), 895ff.

26 Zu Foucaults Machttheorie zuletzt HONNETH, Philosophisch-soziologische Diskussion, 21ff.

27 Eine brillante Rekonstruktion des Werkes von Michel Foucault in dieser Perspektive unternimmt P. MACHEREY, Für eine Naturgeschichte der Normen, in: EWALD/WALDENFELS, Spiele der Wahrheit, 171–192, 172ff.

28 Siehe dazu JANICAUD, ebenda, 254.

29 FARGE/FOUCAULT, Familiäre Konflikte, 274.

30 Ebenda, 276.

31 Zu »transzendentalphilosophischen« Begriffen bei Foucault: R. FORST, Endlichkeit, Freiheit, Individualität, in: ERDMANN, Ethos der Moderne, 162.

32 Ähnlichkeiten zu den »Kräftefeldern« von A. LÜDTKE, Herrschaft als soziale Praxis (1991), 11–19, sind gegeben. Foucaults sprachtheoretischer Ansatz überschreitet aber die rein interaktionistische Konzeptualisierung von Machtfeldern.

33 Vgl. A. WILLIAMS, The Police of Paris, 1718–1789 (1979).

34 Die Quellen entstammen meinem Projekt über »Die Ehre des Volkes in Paris im 18. Jahrhundert«; siehe dazu M. DINGES, Die Ehre als Thema der Stadtgeschichte. Eine Semantik im Übergang vom Ancien Régime zur Moderne, in: ZHF 16 (1989), 409–440; DERS., »Weiblichkeit« in »Männlichkeitsritualen«? in: Francia 18 (1991), 71–98; DERS., Ehrenhändel als »Kommunikative Gattungen«. Kultureller Wandel und Volkskulturbegriff, in: Archiv für Kulturgeschichte (1993) (im Druck), und DERS., Der Maurermeister und der Finanzrichter. Ehre, Geld und soziale Kontrolle im Paris des 18. Jahrhunderts (1994) (im Druck).

35 Archives Nationales, Paris (wie alle anderen Belege), Y 15313 (Sigle des Quellencorpus: AN 30).

36 Y 9663 (ON 18).

37 Y 15 312 (AN 9), Y 9663 (ON 15), Y 9666 (ON 23), »mettre toute la police à ses trousses«.

38 Y 9666 (ON 26).
39 Y 9666 (ON 29).
40 Y 9663 (ON 22), Y9663 (ON 13), Y 9765 (ON 34). Vgl. M. BENABOU, La prostitution et la police des mœurs au XVIIIe siècle (1987).
41 Y 15313 (AN 24). Vgl. TH. V. COHEN, The Case of the Mysterious Coil of Rope, in: Sixteenth Century Journal 19 (1988), 209–221, hier 213.
42 Y 15313 (AN 20).
43 Vgl. zum Galgenhumor MOSER-RATH, Schwank und Witz, 188 ff.
44 Y 9663 (ON 21), vgl. Y 9657 (ON 4).
45 Y 9657 (ON 6).
46 Unbefriedigend zur Phantasie in der Lebenswelt: A. SCHÜTZ/TH. LUCKMANN, Strukturen der Lebenswelt, 2 Bände (1984), Bd. 1, 54 ff.; desgl. P. L. BERGER/TH. LUCKMANN, Die gesellschaftliche Konstruktion der Wirklichkeit (1980), 98 ff., 102 ff., 139 ff.
47 E. WEINGARTEN/FR. SACK, Ethnomethodologie (1976), 20.
48 Y 13163 und 10940.
49 Y 15313 (AN 39).
50 Y 9657 (ON 6).
51 Y 15313 (AN 38).
52 Y 15313 (AN 33).
53 V. GESSNER, Recht und Konflikt (1976), 162 ff. relativierend.
54 R. HEGENBARTH, Sichtbegrenzungen, Forschungsdefizite und Zielkonflikte in der Diskussion um Alternativen zur Justiz, in: E. BLANKENBURG (Hg.), Alternative Rechtsformen und Alternativen zum Recht (1980), 48–82, hier 53; vgl. GESSNER, Recht und Konflikt, 212 ff.
55 J. CASEY, Household disputes and the law in Early Modern Andalusia, in: J. BOSSY (Hg.), Disputes and Settlements (1983), 189–218.
56 Y 9657 (ON 4), »impertinent d'assigner«.
57 Vgl. L. KAGAN, A Golden Age of Litigation, in: BOSSY, Disputes and Settlements, 153.
58 Vgl. J. A. SHARPE, Crime in Early Modern England 1550–1750 (1986²), 87; D. W. SABEAN, Das zweischneidige Schwert (1986), 169 ff.
59 Zum Beispiel Y 9663 (ON 22).
60 Diese Machtwirkung ist hier im Unterschied zu empirischen Effekten besonders interessant, weil die Quellen keinen Hinweis darauf enthalten, daß die »Justizmißbräuche« bestraft worden wären.
61 Y 9666 (ON 23).
62 A. FARGE, Vivre dans la rue à Paris au XVIIIe siècle (1979), 211.
63 Vgl. E. BLOCH, Das Prinzip Hoffnung, 3 Bände (1985).
64 Das utopische Element in den moralökonomischen Vorstellungen bestreitet jetzt auch K. V. GREYERZ, Die englischen und französischen Brotaufstände des 18. Jahrhunderts und die Anfänge der Französischen Revolution, in: M. HAGENMAIER/S. HOLTZ (Hg.), Krisenbewußtsein und Krisenbewältigung in der Frühen Neuzeit (1992), 99–112, hier 111 f.
65 Vgl. W. RUMMEL, Bauern, Herren und Hexen (1991), bes. 114 ff.; LABOUVIE, Zauberei und Hexenwerk, 82 ff., 138; R. WALZ, Die autopoetische Struktur der Hexenverfolgungen, in: Sociologia internationalis 27 (1989), 39–55, auch zu den unterschiedlichen Wissensbeständen.
66 Zu Foucaults Begriff des Subjekts und der Subjektivität S. M. RÜB, Das

Subjekt und sein Anderes, in: ERDMANN, Ethos der Moderne, 187–201, bes. 198.

67 G. SCHWERHOFF, Köln im Kreuzverhör (1991), 166ff., 445f.

68 R. L. ABEL, Theories of Litigation in Society, in: BLANKENBURG, Alternative Rechtsformen, 165–191.

69 BOSSY, Disputes and Settlements, 286f.

Die Autorinnen und Autoren des Bandes

ANDREAS BLAUERT, geb. 1956, studierte Geschichte und Germanistik in Konstanz. 1988 Promotion. Wird zur Zeit durch ein Habilitandenstipendium der Deutschen Forschungsgemeinschaft (DFG) gefördert.
Arbeits- und Interessengebiete: Sozial- und Kulturgeschichte des 15.–19. Jahrhunderts, Theorie der Geschichte. Veröffentlichte u. a.: Frühe Hexenverfolgungen. Ketzer-, Zauberei- und Hexenprozesse des 15. Jahrhunderts (1989). – Hexenverfolgung in einer spätmittelalterlichen Gemeinde. Das Beispiel Kriens/Luzern um 1500, in: Geschichte und Gesellschaft 16 (1990), 8–25. – Ketzer, Zauberer, Hexen. Die Anfänge der europäischen Hexenverfolgungen (1990). – Soziale Proteste und Arbeitskämpfe Berliner Handwerker und Arbeiter, 1806–89 (erscheint in: H.-W. Bayer u. a. (Hg.), Arbeitskämpfe in Deutschland im 19. Jahrhundert). – Sackgreifer und Beutelschneider. Die Diebesbande der Alten Lisel, ihre Streifzüge um den Bodensee und ihr Prozeß 1732 (1993).
Bereitet eine Habilitationsschrift über das spätmittelalterliche und frühneuzeitliche Urfehdewesen vor.

MARTIN DINGES, geb. 1953, studierte Rechtswissenschaft, Politik und Geschichte in Köln, Mainz, Bonn, an der FU Berlin und in Bordeaux. 1986 Promotion an der FU Berlin, 1992 Habilitation in Mannheim. 1987 Forschungsaufenthalt an der École des Hautes Études en Sciences Sociales in Paris; 1988 Archivar am Stadtarchiv Köln; 1989–91 Archivreferendariat; seit 1991 Archivar und Wissenschaftlicher Mitarbeiter am Institut für Geschichte der Medizin der Robert Bosch Stiftung, Stuttgart.
Zahlreiche Veröffentlichungen, insbesondere zur frühneuzeitlichen Geschichte Frankreichs, u. a.: Stadtarmut in Bordeaux 1525–1675. Alltag, Politik, Mentalitäten (1988). – Die Ehre als Thema der Stadtgeschichte. Eine Semantik am Übergang vom Ancien Régime zur Moderne, in: Zeitschrift für historische Forschung 16 (1989), 409–440. – Frühneuzeitliche Armenfürsorge als Sozialdisziplinierung? Probleme mit einem Konzept, in: Geschichte und Gesellschaft 17 (1991), 5–29. – »Weiblichkeit« in »Männlichkeitsritualen«? Zu weiblichen Taktiken im Ehrenhandel in Paris im 18. Jahrhundert, in: Francia 18/2 (1991), 71–98. – Der ›feine Unterschied‹. Die soziale Funktion der Kleidung in der höfischen Gesellschaft, in: Zeitschrift für historische Forschung 19 (1992), 49–76. – Michel Foucault und die Historiker – Ein Gespräch, in: Österreichische Zeitschrift für Geschichtswissenschaften 4 (1993) (i. Dr.). – Ehre, Geld und soziale Kontrolle im Paris des 18. Jahrhunderts (1994).
Derzeitige Forschungsfelder: Geschichte der Pest, Rezeption des Werkes von Michel Foucault.

KAREN LAMBRECHT, geb. 1962, studierte Germanistik und Geschichte in Hamburg und Stuttgart. Ihre Doktorarbeit über die Geschichte der schlesischen Hexenverfolgungen steht vor dem Abschluß. Wissenschaftliche Mitarbeiterin am Historischen Institut der Universität Stuttgart.
Verschiedene Veröffentlichungen zur schlesischen Landesgeschichte. In Vorbereitung befinden sich außerdem: Die südschlesische Grenzregion als spätes Zentrum der Hexenverfolgung. West-Ost-Verschiebung oder regionales Konfliktpotential?, in: D. R. Bauer/S. Lorenz (Hg.), Die große abendländische Hexenverfolgung. Zentren und treibende Kräfte. Tagungsband (Weingarten, 18.–22.11.1992). – Holzgerlingen in der Frühen Neuzeit, in: S. Lorenz (Hg.), Die Geschichte von Holzgerlingen. – N. Conrads/K. Lambrecht (Hg.), Johann Ignaz von Felbiger (1724–1788). Kritische Edition seines Briefwechsels.

LYNDAL ROPER, geb. 1956, studierte Geschichte und Philosophie an den Universitäten Melbourne (Australien), London, Augsburg und Tübingen. Promovierte 1985 in London. Lehrt am Royal Holloway College, University of London.
Ihr Arbeitsgebiet ist die Sozial-, Kultur- und Geschlechtergeschichte der Frühen Neuzeit. Wichtigste Veröffentlichungen: The Holy Household. Women and Morals in Reformation Augsburg (1989, dt. Ausg. 1994). – Sexuelle Utopien, in: H. Bachorski (Hg.), Lust und Ordnung. Bilder von Liebe und Ehe in Spätmittelalter und Früher Neuzeit (1991). – Wille und Ehre. Sexualität, Sprache und Macht in Augsburger Kriminalprozessen, in: C. Vanja/H. Wunder (Hg.), Wandel der Geschlechterbeziehungen zu Beginn der Neuzeit (1991). – Männlichkeit und männliche Ehre im 16. Jahrhundert, in: H. Wunder/K. Hausen (Hg.), Frauengeschichte – Geschlechtergeschichte (1992). – Oedipus and the Devil. Essays in Witchcraft, Sexuality and Religion in Early Modern Europe (1994).
Weitere Untersuchungen zur psychoanalytischen bzw. psychohistorischen Deutung von Magie und Hexerei sind geplant.

WALTER RUMMEL, geb. 1958, studierte Geschichte und Politikwissenschaft in Trier und Yale (New Haven, USA). Promotion 1989 in Trier. Er ist jetzt als Archivar am Landeshauptarchiv Koblenz tätig.
Verschiedene Veröffentlichungen zur Sozial- und Mentalitätsgeschichte der frühneuzeitlichen Hexenverfolgungen, u. a.: Die »Ausrottung des abscheulichen Hexerey Lasters«. Zur Bedeutung populärer Religiosität in einer dörflichen Hexenverfolgung des 17. Jahrhunderts, in: W. Schieder (Hg.), Volksreligiosität in der modernen Sozialgeschichte (1986), 51–72. – Soziale Dynamik und politische Problematik der kurtrierischen Hexenverfolgungen. Das Beispiel der Stadt Cochem (1593–1595), in: Geschichte und Gesellschaft 16 (1990), 26–55. – Gutenberg, der Teufel und die Muttergottes von Eberhardsklausen. Erste Hexenverfolgung im Trierer Land, in: A. Blauert (Hg.), Ketzer, Zauberer, Hexen. Die Anfänge der europäischen Hexenverfolgungen (1990), 91–117. – Bauern, Herren und Hexen. Studien zur Sozialgeschichte sponheimischer und kurtrierischer Hexenprozesse (1991).
Bereitet eine Edition des Augenzeugenberichts der Hexenprozesse in Rheinbach von Hermann Löher (»Wehmütige… Klage, Amsterdam 1676«) vor.

PETER SCHUSTER, geb. 1957, studierte Geschichte und Mathematik in Bielefeld. 1987–88 Referendariat. 1991 Promotion. Wissenschaftlicher Angestellter.

Veröffentlichte u.a.: Das Frauenhaus. Städtische Bordelle in Deutschland 1350–1600 (1992).
Arbeitet an einer Studie zum Gewaltverhalten im Übergang vom Mittelalter zur Neuzeit.

GERD SCHWERHOFF, geb. 1957, Studium der Geschichte, Soziologie und Pädagogik in Köln und Bielefeld. Promotion 1989 in Bielefeld. Seit 1990 Wissenschaftlicher Assistent an der Universität Bielefeld.
Veröffentlichungen zur Geschichte der Hexenverfolgungen und der Kriminalität, zur sozialen und politischen Geschichte des spätmittelalterlichen und frühneuzeitlichen Stadtbürgertums sowie zur Didaktik historischer Ausstellungen, u.a.: Rationalität im Wahn. Zum gelehrten Diskurs über die Hexen in der frühen Neuzeit, in: Saeculum 37 (1986), 45–82. – »...die groisse oeverswenckliche costlichcheyt zo messigen«. Bürgerliche Einheit und ständische Differenzierung in Kölner Aufwandsordnungen, in: Rheinische Vierteljahrsblätter 54 (1990), 95–122. – Köln im Kreuzverhör. Kriminalität, Herrschaft und Gesellschaft in einer frühneuzeitlichen Stadt (1991). – Devianz in der alteuropäischen Gesellschaft. Umrisse einer historischen Kriminalitätsforschung, in: Zeitschrift für historische Forschung 19 (1992), 385–414. – »Mach, daß wir nicht in eine Schande geraten!« Frauen in Kölner Kriminalfällen des 16. Jahrhunderts, in: Geschichte in Wissenschaft und Unterricht 44 (1993), 451–473.
Arbeitet zur Zeit an einer Sozial- und Mentalitätsgeschichte der Gotteslästerung in Mittelalter und Früher Neuzeit.

OTTO ULBRICHT, geb. 1944, studierte Geschichte, Anglistik, Philosophie und Pädagogik in Kiel. Promovierte 1978 und habilitierte 1987 in Kiel. 1982 Research Fellow an der Macquarie University, Sydney (Australien); 1988–89 Gastprofessor am Wellesley College (Mass., USA). Apl. Professor, Akad. Rat an der Universität Kiel.
Zahlreiche Veröffentlichungen zur Sozial- und Agrargeschichte der Frühen Neuzeit, u.a.: Englische Landwirtschaft in Kurhannover in der zweiten Hälfte des 18. Jahrhunderts (1980). – Kindsmord und Aufklärung in Deutschland (1990). – »Angemaßte Leibeigenschaft«. Supplikationen von schleswigschen Untertanen gegen ihre Gutsherrn zu Beginn des 17. Jahrhunderts (1991). – Der Einstellungswandel zur Kindheit in Deutschland am Ende des Spätmittelalters (1470–1520), in: Zeitschrift für historische Forschung 19 (1992), 159–187. – Der sozialkritische unter den Gegnern. Hermann Witekind und sein »Christlich bedencken vnd erjnnerung vor Zauberey« von 1585, in: H. Lehmann/O. Ulbricht (Hg.), Vom Unfug des Hexenprozesses. Gegner der Hexenverfolgung von Weyer bis Spee (1992), 99–128.
Laufende Arbeiten (Auswahl): Vorbereitung einer Quellensammlung über Frauen aus der Unterschicht, 1650–1800; Herausgeber eines Tagungsbandes zur weiblichen Kriminalität im frühneuzeitlichen Deutschland.

Orts- und Personenregister

Mentalitäts- und Sozialgeschichte

Günter Barudio
Paris im Rausch
Die Revolution in Frankreich 1789-1795
Band 10503

Dirk Blasius
Ehescheidung in Deutschland im 19. und 20. Jahrhundert
Band 10406

Fernand Braudel, Georges Duby, Maurice Aymard
Die Welt des Mittelmeeres
Zur Geschichte und Geographie kultureller Lebensformen
Band 4443

Roger Chartier
Die unvollendete Vergangenheit
Geschichte und die Macht der Weltauslegung. Band 10968

Pierre Chaunu
Europäische Kultur im Zeitalter des Barock. Bd. 7421

Alain Corbin
Pesthauch und Blütenduft
Eine Geschichte des Geruchs. Band 4402

N. Zemon Davis
Frauen und Gesellschaft am Beginn der Neuzeit
Studien über Familie, Religion und die Wandlungsfähigkeit des sozialen Körpers
Band 4403

N. Zemon Davis
Humanismus, Narrenherrschaft und die Riten der Gewalt
Gesellschaft und Kultur im frühneuzeitlichen Frankreich
Band 4369

Der Kopf in der Schlinge
Gnadengesuche und ihre Erzähler
Band 10335

Die wahrhaftige Geschichte von der Wiederkehr des Martin Guerre
Band 4433

Georges Duby
Der heilige Bernhard und die Kunst der Zisterzienser
Band 10727

Fischer Taschenbuch Verlag

fi 1702 / 3 a

Richard van Dülmen

Reformation als Revolution
Soziale Bewegung und religiöser Radikalismus in der deutschen Reformation
Band 4366

Entstehung des frühneuzeitlichen Europa 1550-1648
Fischer Weltgeschichte Band 24

Frauen vor Gericht
Kindsmord in der frühen Neuzeit
Band 4431

Herausgegeben von Richard van Dülmen:

Verbrechen, Strafen und soziale Kontrolle
Studien zur historischen Kulturforschung III
Band 10239

Dynamik der Tradition
Studien zur historischen Kulturforschung IV
Band 11052

Hexenwelten
Magie und Imagination vom 16.-20. Jahrhundert
Band 4375

Fischer Taschenbuch Verlag

fi 626 / 9